잠수기능사 필기 총정리

Craftsman Diver

출제기준에 딱 맞춘

빠른합격 잠수기능사 필기 총정리

표형근·류석민 지음

메림원

PROLOGUE

처음 잠수기능사 교재 출판을 제안받았을 때 제일 먼저 떠오른 단어는 '쉽게, 간단하게, 얇게'였다. 잠수기능사 필기시험을 준비하는 응시생 대부분은 평소에 미리미리 공부하며 시험을 치르는 경우는 매우 드물 것으로 예상한다. 왜냐하면 나도 그랬고 내가 아는 사람들 모두가 그랬기 때문이다. 그래서인지 첫 시험이나 재시험에서 항상 상황적 어려움에 처하는 응시생들이 많았다.

따라서 시험뿐만 아니라 잠수에 있어 꼭 필요한 기본지식을 짧은 시간에 최대한 부담 없이 쉽게 이해할 수 있는 내용이 되도록 노력하였다.

본 교재는 잠수물리와 잠수생리는 본인이, 잠수장비와 잠수작업은 류석민 대표가 각자의 전문분야를 집필하였다. 그리고 집필하면서 항상 부딪치는 고민이었지만 국가자격시험에 있어서 국제표준단위계 사용의 필요성이었다. 하지만 그것은 출간하는 시점까지도 해결되지 않았다. 예전에 관련 부서에 정식으로 제기도 했었지만 해결까지는 아직 시간이 필요한 것 같다. 아무튼 응시생들의 합격을 위하여 이 고민을 안고 교재를 편찬하는 과정이 우리에겐 가장 큰 어려움이었다.

바라건대, 응시생들에게 이 교재가 잠수기능사 합격의 지름길이 되고 나아가 우리나라 해양산업 발전에 밑거름이 되는 인재로 거듭나길 기대한다.

저자 올림

차례

프롤로그 —— 5

Chapter 01
잠수 물리

01 물의 압력, 밀도 및 부력

1. 압력 —— 12
2. 밀도 —— 13
3. 부력 —— 15

03 빛과 소리

1. 빛의 굴절과 반사 —— 25
2. 빛의 흡수와 산란 —— 26
3. 소리의 전달 —— 27

02 해수 및 담수의 일반 물리환경

1. 해류 —— 17
2. 조석 및 조류 —— 19
3. 파랑 및 바람 —— 21
4. 온도 및 수온 —— 22
5. 해저지형 —— 23

04 기체

1. 기체의 특성 —— 29
2. 기체의 법칙 1 —— 30
3. 기체의 법칙 2 —— 33

* 핵심POINT —— 35

* 문제은행(80제) —— 39

Chapter 02
잠수 생리

01 인명구조 및 응급처치

1. 잠수 일반안전수칙 —— 52
2. 잠수사고(상해 등) 시 구조 및 응급처치 —— 54

02 잠수생리

1. 호흡계와 순환계 —— 58
2. 인체의 공기 공간 및 압력 —— 61
3. 폐의 파열 —— 63
4. 산소 및 일산화탄소 중독 —— 66
5. 질소마취 —— 68
6. 호흡과 잠수 —— 69
7. 수온과 인체 —— 70

03 감압표 및 치료표

1. 감압표·잠수표 일반상식 —— 72
2. 치료표 및 기압조절실 —— 74

04 감압병

1. 감압병 일반상식 —— 78

05 위험한 생물

1. 상어, 곰치, 바다뱀 —— 82

* 핵심POINT —— 84
* 문제은행(130제) —— 88

Chapter 03
잠수 장비

01 잠수 종류
1. 잠수의 종류 —— 110
2. 스쿠버 잠수 —— 111

02 스쿠버 장비
1. 물안경 —— 112
2. 숨대롱 —— 113
3. 잠수복 —— 114
4. 호흡기 —— 117
5. 부력조절기 —— 119
6. 수중나침반 —— 121
7. 다이빙 칼 —— 123
8. 공기통 —— 124

03 공기압축기와 기체
1. 공기압축기 —— 127
2. 공기압축기 사용 —— 128
3. 혼합기체의 종류 —— 129

04 표면공급식
1. 스쿠버 잠수와 표면공급식 잠수 —— 131
2. 잠수 헬멧과 밴드마스크 —— 132
3. 생명줄 —— 134
4. 수중통화기 —— 136
5. 잠수조정장치 —— 138
6. 공급기체압력과 기체량 —— 139

05 재압실
1. 재압실 —— 140
2. 챔버의 기체표시와 도색 —— 142

06 잠수종
1. 잠수종 —— 144

* 핵심POINT —— 145

* 문제은행(76제) —— 150

Chapter 04
잠수 작업

01 수중공사
1. 수중공사 —— 162

02 로프
1. 섬유색(로프) —— 164
2. 와이어로프의 구조 특징 및 종류 —— 165
3. 로프의 결색 및 취급 방법 —— 167

03 바파괴 검사
1. 바파괴 검사 —— 170

04 수중용접 및 절단
1. 수중용접 —— 172
2. 수중절단 —— 174
3. 각종 가스용기의 도색부분 —— 177
4. 수중절단 및 용접 안전수칙 —— 178
5. 아크용접기 —— 180
6. 피복제의 역할 —— 182
7. 수중용접의 토치 —— 183
8. 전기 등의 안전수칙 —— 185

05 폭발 및 폭약
1. 폭발과 폭약 —— 187
2. 발파용 폭약 기폭제(뇌관) —— 188
3. 폭파와 폭약의 주요사항 —— 190
4. 폭약 취급과 발파 후 처리 —— 191

06 보조사 및 줄신호
1. 보조사의 역할 —— 193
2. 잠수신호법(안전보건공단) —— 194
3. 수중 탐색조사 —— 196

07 수중 촬영
1. 수중 촬영 —— 198

08 구조 및 예인
1. 해난구조 —— 200
2. 예인의 안전수칙 —— 201

09 기관
1. 기관 —— 203
2. 기관의 배수 펌프 —— 204

10 해양오염
1. 해양 오염 방지 및 제거 —— 207

* 핵심POINT —— 209
* 문제은행(156제) —— 215

Chapter 05
핵심기출모의고사

01 핵심기출모의고사 1회 —— 238　　**03** 핵심기출모의고사 3회 —— 254
02 핵심기출모의고사 2회 —— 246

01 물의 압력, 밀도 및 부력

01 압력

1. 압력 : 단위 면적당 누르는 무게, 단위 : kg/cm^2

2. 종류 : 대기압, 수압, 계기압, 절대압

3. 대기압(ATM, atmospheric pressure) : 대기권 내에서 지구를 둘러싸고 있는 기체의 무게

(1) 넓이($1cm^2$) × 높이(해발 약 10,960m 기준)

(2) 1기압(1ATM) = 1.033 kg/cm^2 = 14.7psi = 760mmHg = 1.013bar = 0.1MPa = 1013hPa

> **알아둡시다!**
>
> **공기의 구성** : 질소78% + 산소21% + 기타1%

4. 수압 : 물이 누르는 무게 : 넓이($1cm^2$) × 깊이(10m)

(1) 해수(1기압) = 10msw(meter sea water) = 1.025kg/cm^2 = 33ft = 14.7psi

(2) 담수(1기압) = 10.3mfw(meter fresh water) = 1.003kg/cm^2 = 34ft = 14.7psi

5. 계기압 : 기계로 만들어진 압력(게이지에 표시된 압력, 대기압 내에서는 '0')

6. 절대압(ATA, atmospheres absolute pressure) : 수압 또는 계기압에 대기압 "1"을 더한 압력(잠수사가 실제 받는 압력)

- 절대압(ATA) = 수압(계기압) + 대기압 "1"

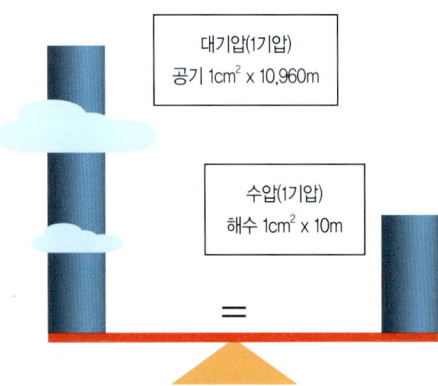
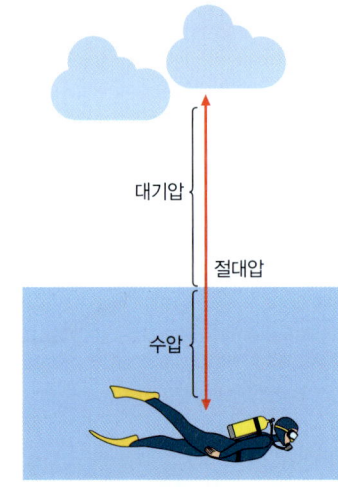

Chapter 01 잠수 물리

: 확인 문제 :

1 대기권 내에서 지구를 둘러싸고 있는 기체가 해수면을 누르는 무게를 무엇이라고 하며, 단위 면적당 압력으로 올바른 것은?

① 대기압, 1.033kg/cm² ② 절대압, 1.025kg/cm²
③ 계기압, 14.7psi ④ 수압, 1.025kg/cm²

정답 ①

2 바다 20m 수심에 있는 잠수사가 받는 절대압으로 올바른 것은?

① 2.025ATA ② 수압 + 계기압
③ 1.033kg/cm² + 1.025kg/cm² ④ 3ATA

해설 절대압(ATA) = 수압(계기압) + 대기압
 바다 수심 20m에서는 수압(2) + 대기압(1)의 절대압(ATA)을 가진다.

정답 ④

02 밀도

1. 밀도 : $\dfrac{무게}{부피}$, 물질을 구성하고 있는 최소 단위인 원자나 분자들이 빽빽하게 들어선 정도

예 같은 모양과 부피를 가진 물체라도 그것을 구성하고 있는 물질에 따라 무게가 서로 다르다. 이를 밀도의 차이라고 한다.

(1) **물의 밀도** : 같은 부피를 기준으로 해수가 담수보다 다소 무겁다. 따라서 담수보다 해수의 밀도가 높다.

① 해수의 밀도 : $1.025 \text{ kg}/l = 64 \text{ lbs/ft}^3$
② 담수의 밀도 : $1 \text{ kg}/l = 62 \text{ lbs/ft}^3$

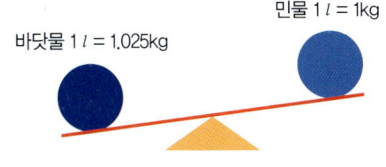

바닷물과 민물의 밀도 비교 (밀도차 : 1.025배)

알아둡시다!

수중에서는 밀도가 높기 때문에 저항의 크기와 소리·빛·열의 전달 속도에 영향을 미친다.

13

(2) **공기의 밀도** : 공기의 밀도는 물의 밀도 보다 약 800배 작다.

공기의 밀도 : $1.21g/l = 0.08\,lbs/ft^3$

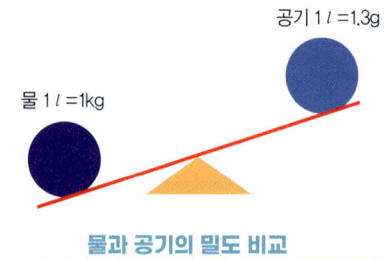

물과 공기의 밀도 비교

> **알아둡시다!**
>
> 기체는 압력이 높아질수록 부피가 줄어들고 밀도가 높아진다. 즉, 잠수 중에 수심이 깊어지면 압력이 높아지고 따라서 공기의 부피는 줄어들고 밀도가 높아진다. 이는 호흡 저항이 커지고, 공기 소모량이 많아지는 원인을 초래한다.

2. 압력·부피·밀도의 상관관계 : 기체의 부피는 절대압에 반비례하고, 밀도는 절대압에 비례한다.

예 수면에서 30 l 풍선을 수심 20m로 가지고 내려가면 10 l 가 되며, 밀도는 3배 높아진다.

잠수 깊이		대기압			부피	밀도	PO_2/PN_2
ft	m	ATA(절대압)	PSI	mmHg			
0	0	1	14.7	760	1	1	0.21 / 0.79
33	10	2	29.4	1,520	1/2	2	0.42 / 1.58
66	20	3	44.1	2,280	1/3	3	0.63 / 2.37
99	30	4	58.5	3,040	1/4	4	0.84 / 3.16
132	40	5	73.5	3,800	1/5	5	1.05 / 3.95
165	50	6	88.2	4,560	1/6	6	1.26 / 4.74

※ PO_2(산소의 부분압력), PN_2(질소의 부분압력)

3. 비중 : 액체의 경우 1대기압에서 순수한 4℃의 물을 표준으로 어떤 물체와의 질량을 비교했을 때 비율을 말한다.

예 해수가 담수보다 비중이 높다.

> **알아둡시다!**
>
> 해수의 경우에는 염분도와 압력이 높을수록, 온도는 낮을수록 비중이 높다.

Chapter 01 잠수 물리

확인 문제

1 수중 30m에서 25ℓ인 풍선을 수면으로 가지고 올라오면 풍선의 부피는 몇ℓ가 되며, 그 풍선을 다시 10m로 가지고 내려가면 풍선의 부피는 몇ℓ가 되는가?

① 75ℓ, 37.5ℓ
② 100ℓ, 50ℓ
③ 100ℓ, 75ℓ
④ 75ℓ, 50ℓ

해설 수심 30m의 부피는 수면기준 1/4이다. 따라서 수심 30m에 있는 25ℓ인 풍선은 수면에서의 부피는 100ℓ이고 수심 10m에선 1/2인 50ℓ이다.

정답 ②

2 수온이 24℃인 해수면에서 공기로 숨 쉬는 잠수사가 수심 25m를 내려갔을 때 공기의 밀도 변화로 올바른 것은?

① 2.5배 높아진다.
② 2.5배 낮아진다.
③ 3.5배 낮아진다.
④ 3.5배 높아진다.

해설 기체의 부피는 절대압에 비례하므로 수심 25m에서 공기의 밀도는 3.5배 높아진다.

정답 ④

3 다음 중 비중이 가장 높은 잠수 환경은?

① 바다
② 수심 20m의 호수
③ 한강
④ 해발 200m의 호수

정답 ①

03 부력

1. 부력 : 물에 뜨는 힘, 어떠한 물체가 물에 잠기면 물체가 밀어낸 물의 무게만큼 부력이 생긴다. (아르키메데스의 원리)

 (1) **부력** = 배수 중량(물체가 밀어낸 물의 무게) − 물체의 중량
 (2) **배수 중량** = 부피 × 밀도

Chapter 01 잠수 물리

> **알아둡시다!**
>
> 밀도가 클수록 부력이 커진다. 예 바닷물이 민물보다 부력이 크다. (2.5%)

(3) **부력의 3가지 종류** : 양성부력, 중성부력, 음성부력
(4) **잠수사에게 영향을 미치는 부력 요소** : 장비의 부력(잠수복, 웨이트량, 부력조절기, 공기잔압 등), 신체 구성비, 호흡량, 수심, 물의 밀도 등

: 확인 문제 :

1 수심 10m 바닷속에서 중성부력 이였던 잠수사가 동일한 장비 상태로 수심 10m 민물에 들어가면 어떤 부력 상태가 되는가?

① 양성부력   ② 중성부력   ③ 음성부력   ④ 고부력

정답 ③

2 중량이 1,000kg인 자동차가 바다 10m 수심에 가라앉아 있고, 자동차의 부피는 800 l 이다. 이 자동차를 인양하려고 할 때 수중에서의 중량은 얼마인가? 그리고 수중에서 자체 부력이 중성인 60 l 인양백을 최소 몇 개를 사용해야 인양이 가능한가?

① 400kg, 11개   ② 820kg, 3개   ③ 800kg, 4개   ④ 180kg, 3개

해설 배수중량 = 부피 × 밀도,   부력 = 배수중량 − 물체의 중량
배수중량 = 800 l × 1.025(해수의 밀도) = 820kg이고, 부력 = 820 − 1000 = −180(음성부력)이다.
따라서 자체중성부력 60 l 인양백 3개 이상이 인양에 필요하다.
정답 ④

02 해수 및 담수의 일반 물리 환경

01 해류

1. 해류 : 일정하게 지속적으로 이동하는 바닷물의 흐름

2. 해류 생성에 영향을 미치는 요인 : 바람, 기압, 수온, 밀도, 인력, 자전, 지형 등

3. 우리나라 주변에 흐르는 해류

   (1) **난류** – 쿠로시오 해류, 대마 난류, 황해 난류, 동한 난류 등

   (2) **한류** – 중국 연안류, 북한 한류, 연해주 한류, 오야시오 해류 등

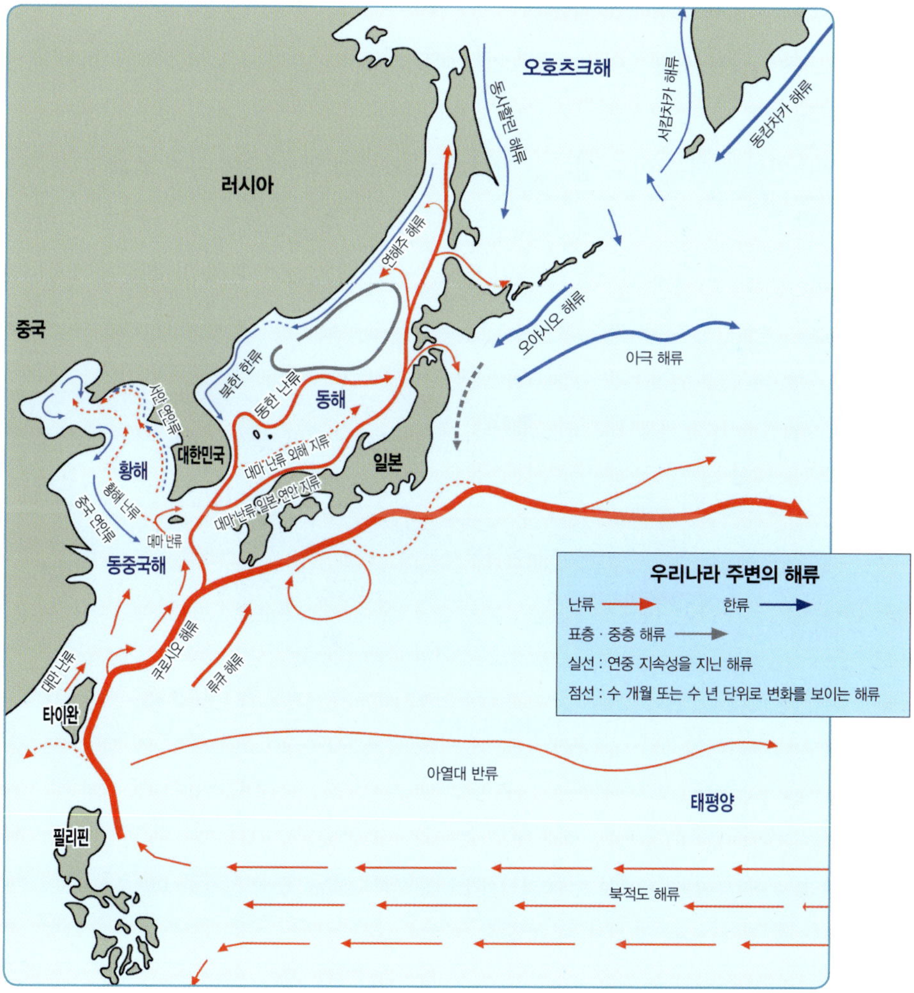

〈참고 : 국립해양조사원(2020)〉

> **알아둡시다!**
>
> 일반적으로 흐름이 강하고 오래도록 일정한 방향으로 흐르지 않으면 해류라 하지 않는다.

4. 주요 해류와 생성 원인

(1) **취송류** : 바람에 의해 생성된 해류(에크만의 취송류)

(2) **밀도류** : 수온과 염분 차이로 발생하는 해류(열 염분 순환)

(3) **경사류** : 비와 바람, 기압 및 기온의 변화, 강물의 유입 등으로 해수면에 높이 차이가 발생되고 그로 인해 경사가 생겨 발생하는 해류

(4) **보류** : 어느 곳에 있는 바닷물이 다른 곳으로 이동할 경우 그 자리를 보충하기 위한 물 흐름으로 생성되는 해류

(5) **지형류** : 해수면의 높이 차이로 생기는 압력 차이(경도력)와 지구의 자전 효과로 생기는 전향력(코리올리 효과)이 평형을 이룰 때 생성되는 해류

(6) **이안류(역류)** : 파도에 의해 밀려왔던 물이 평균수심을 유지하기 위해 바다로 돌아가는 빠르고 강한 흐름

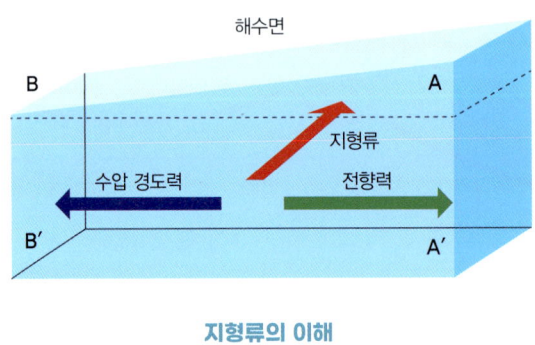

지형류의 이해

> **알아둡시다!**
>
> **노트(knot)** : 해상 및 수중에서 사용하는 속도 단위이다. 1시간에 1해리(약 1,852m), 1초에 약 0.5m 이동하는 속도를 1노트(knot)라 한다.

Chapter 01 잠수 물리

: 확인 문제 :

1 다음 중 해류에 가장 적은 영향을 미치는 것은?

① 중력　　② 바람　　③ 염분도　　④ 조석

정답 ③

2 다음 중 해류 생성의 주요 요인이 아닌 것은?

① 수온차이　　② 인력　　③ 바람　　④ 화산폭발

정답 ④

3 조류가 4노트(knot)일 때 초당 약 몇 m 이동하는 속도인가?

① 약 2m　　② 약 3m　　③ 약 4m　　④ 약 5m

해설 1노트는 1초에 약 0.5m 이동한다.

정답 ①

02 조석 및 조류

1. 조석 : 지구와 달, 태양 사이에 작용하는 인력에 의해 주기적으로 해수면이 상승·하강하는 운동

2. 조류 : 조석에 의한 바닷물이 수평으로 흐르는 물의 흐름

> **알아둡시다!**
>
> 조석에 의해 해면의 물 높이가 가장 높은 상태를 "고조(만조)"라 하고, 가장 낮은 상태를 "저조(간조)"라 한다. 그리고 고조 또는 저조 상태로 잠시 물 흐름이 멈춰진 상태를 "정조"라 한다. 평균적으로 하루에 6시간을 기준으로 고조 2회, 저조 2회가 발생한다. (정조 4회)

3. 조금

(1) 조석 운동이 가장 적고 조류가 가장 약할 때

(2) 지구와 달과 태양의 위치가 직각일 때 – 음력 8일, 23일(상현 또는 하현)

4. 사리

(1) 조석 운동이 가장 크고 조류가 가장 강할 때

(2) 지구와 달과 태양이 위치가 일직선상일 때 : 음력 15일, 30일(보름달 또는 초승달)

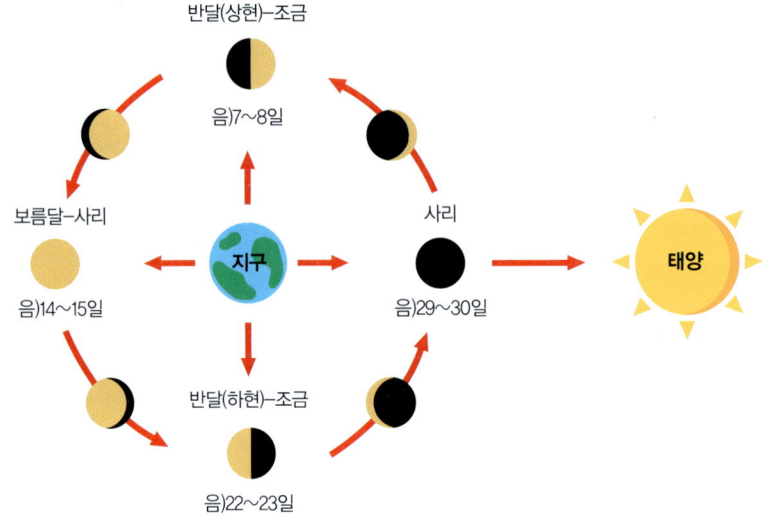

:확인 문제:

1 다음 중 서해에서 물흐름이 가장 강해서 잠수가 어려울 때는 언제인가?

① 사리　　　　② 고조　　　　③ 조금　　　　④ 반달

정답 ①

2 다음 중 우리나라 삼면의 평균 조류 세기를 강한 순서대로 나타낸 것은?

① 남해 > 서해 > 동해안　　　　② 서해 > 남해 > 동해
③ 동해 > 서해 > 남해　　　　④ 동해 > 남해 > 서해

정답 ②

3 우리나라 조류는 대략 몇 시간 마다, 몇 차례 그 흐름이 변히는가?

① 12시간, 2번　　② 4시간, 6번　　③ 6시간, 4번　　④ 8시간, 3번

정답 ③

03 파랑 및 바람

1. 파랑 : 바람에 의해 해수 표면에 생긴 해파(파도)

  (1) **파랑의 발생 원인** : 상태 변화를 일으키는 교란력과 원상태로 되돌리려는 복원력의 영향

  (2) **교란력의 요인** : 바람에 의한 풍파, 달과 태양의 인력에 의한 조석파, 지각변동에 의한 지진 해파 등

  (3) **복원력의 요인** : 표면장력파, 중력파 등

2. 파랑의 분류 : 풍랑, 너울, 연안 쇄파

3. 파랑의 크기에 영향을 미치는 요소 : 바람의 세기, 지속시간, 취송거리, 수심 등

4. 파랑의 구조 : 파장, 마루, 파고, 골 등

> **알아둡시다!**
> • 파랑은 보통 해파 또는 파도라고도 한다.
> • 너울 : 바람이 약해지거나 멈춘 뒤에도 먼 해수면에서 전달되어 오는 긴 파장의 파랑

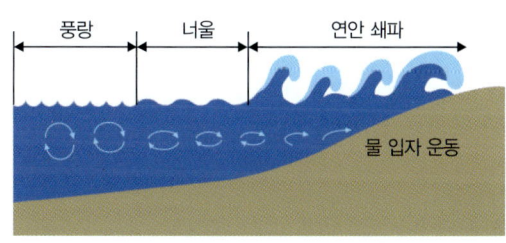

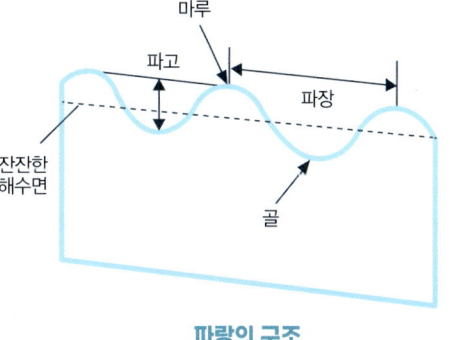

파랑의 구조

: **확인 문제** :

1 바람의 직접적인 영향으로 발생하여 마루가 뾰족한 모양으로 해수면이 거칠어지는 파랑은?

① 풍랑   ② 너울   ③ 쇄파   ④ 파동

정답 ①

2 파랑이 얕은 수심의 연안에 밀려오면 파장과 파고는 어떻게 변하는가?

① 파장이 길어지고, 파고는 낮아진다.   ② 파장이 길어지고, 파고는 높아진다.

③ 파장이 짧아지고, 파고는 낮아진다.   ④ 파장이 짧아지고, 파고는 높아진다.

정답 ④

04 온도 및 수온

1. 온도 : 물질의 차갑고 뜨거운 정도를 수치로 나타낸 것을 온도라고 한다.

2. 수온 : 물의 온도를 수온이라 하며 물이 가지는 가장 중요한 물리적 요소이다. 해수의 수온 변화는 물의 흐름 및 생물 분포에 중요 요인이기도 하다.

> **알아둡시다!**
>
> 극지방의 차가운 해수는 염분 밀도가 높아 무거워지고, 무거운 해수는 적도의 깊은 바다로 흘러 적도 지방에 물을 극지방으로 흐르게 하는 순환이 생긴다.

3. 온도의 종류 : 섭씨온도, 절대온도, 화씨온도

(1) **섭씨온도(℃)**

1기압 하에서 순수한 물의 빙점을 0℃, 끓는 온도를 100℃로 기준하고, 그 사이를 100등분 하여 나타낸 온도

(2) **절대온도(K ; 켈빈온도)**

물질의 분자 운동에 대한 활성화 정도를 측정한 온도로 물질의 성질에 상관하지 않는 절대적인 온도

① 모든 물질은 −273.15℃에서 분자 운동이 정지되며 이를 절대 0K라 한다.

② 섭씨온도와 눈금 간격이 같다(섭씨온도가 1℃ 높아지면 절대온도도 1K 높아진다).

③ 절대온도(K) = 섭씨온도(℃) + 273

(3) **화씨온도(℉)**

1기압 하에서 순수한 물의 빙점을 32℉, 끓는 온도를 212℉로 기준하고, 그 사이를 180등분 하여 나타낸 온도

• 화씨온도(℉) = [섭씨온도(℃) × $\frac{9}{5}$] + 32

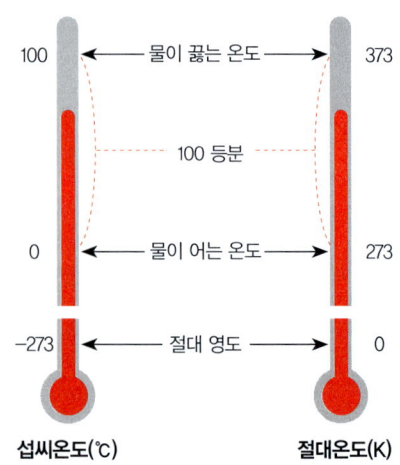

05 해저지형

1. 대륙붕 : 해안선에서 평균수심 200m 미만의 범위이며, 기복이 적고 경사도가 완만한 지형이다. 풍부한 영양분으로 좋은 어장이 형성되어 있고 또한 석유와 천연가스, 광물 등의 지하자원이 풍부하게 매장되어 있어 국가 간의 해양개발에 대한 중요성이 가장 높은 지역이다.

2. 대륙사면 : 대륙붕이 끝나는 지점에서 바다 쪽으로 이어지는 수심이 약 200m~2,000m 또는 3,000m까지의 경사도가 상대적으로 급격하게 기울어지는 구간이다.

3. 심해저평원 : 대륙사면 또는 대륙대가 끝나는 지점부터 이어지며 약 4,000m~6,000m 수심대에 넓고 평평한 해저지형이다.

4. 해구 : 수심 약 6,000m 이상의 경사가 매우 급하고 좁고 긴 협곡을 해구라 한다.

5. 해산 : 심해저로부터 높이가 1,000m 이상이며 원뿔 모양의 봉우리를 가진 해저산이다.

6. 해령 : 심해저에 있는 수중 산맥이라 불리며, 2개의 대양 판이 움직일 경우 그 사이의 빈 공간을 채우기 위해 마그마가 분출되어 형성된다.

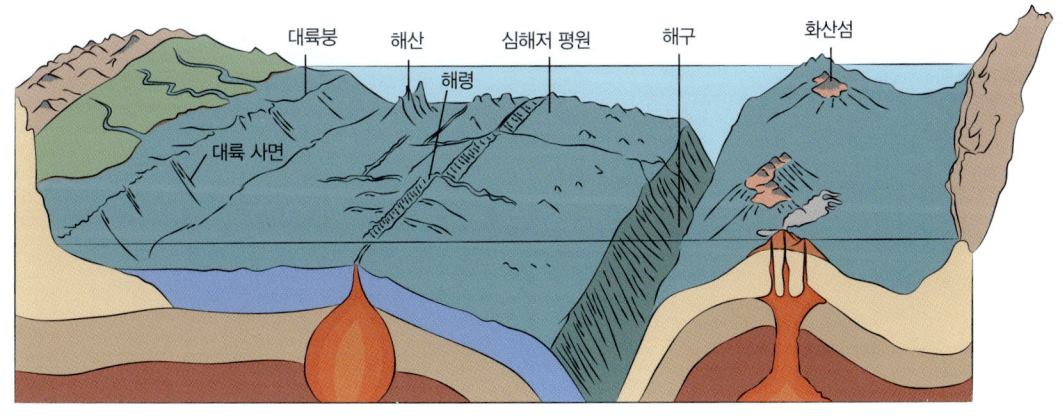

해저 지형

> **알아둡시다!**
>
> 삼면이 바다인 우리나라는 난류와 한류가 교차하는 지역이며, 평균 수심이 동해 약 1,500m, 서해 약 50m, 남해 약 100m의 다양한 수심대로 동·서·남해별 지역차가 큰 해저지형으로 이루어져 있다.

Chapter 01 잠수 물리

:: 확인 문제 ::

1 섭씨 21℃를 화씨온도로 계산하면?

① 44.6°F　　② 42.5°F　　③ 69.8°F　　④ 68.8°F

해설 화씨온도(°F) = (21 × 9/5) + 32, 37.8 + 32 = 69.8

정답 ③

2 섭씨 40℃를 절대온도로 계산하면?

① 313K　　② 314K　　③ -233K　　④ -234K

해설 절대온도(K) = 섭씨온도(℃) + 273, 40 + 273 = 313

정답 ①

3 육지에서 가장 가까우며 어장과 광물자원이 풍부한 해저지형은?

① 대륙사면　　② 대륙대　　③ 해산　　④ 대륙붕

정답 ④

4 해양지각의 침강을 입증해주는 해저지형은?

① 해산　　② 심해저평원　　③ 해구　　④ 화산섬

정답 ③

03 빛과 소리

01 빛의 굴절과 반사

1. 빛의 굴절 : 빛은 서로 다른 매질을 통과할 때 굴절현상이 일어난다. 즉, 물과 공기가 만나는 경계선을 지나갈 때 굴절현상이 일어난다.
  (1) 태양 빛이 공기층을 지나 해수면을 통과할 때
  (2) 수중에서 마스크를 착용하고 어떤 물체를 볼 때 물체가 약 25%(약 1.25배) 크고 가깝게 보이는 현상

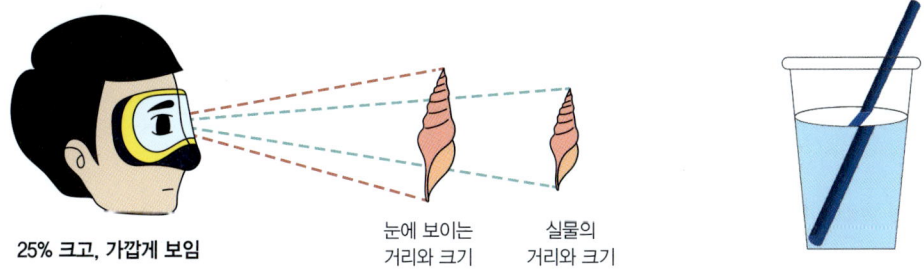

2. 빛의 반사 : 태양 빛은 해수면에 닿으면 상당 부분 튕겨져 나간다. 이러한 현상을 빛의 반사 현상이라고 한다.
  (1) 태양의 위치각에 따라 반사율에 영향을 미침
  (2) 빛의 입사각이 크면 반사율이 높아지므로 수중 속 빛의 투과율이 떨어지고 어두워진다.
  (3) 수면에 파도가 일어나면 반사면적이 커져 빛의 투과율이 떨어지고 어두워진다.

> **알아둡시다!**
> - 물컵에 잠긴 빨대가 두껍고 꺾여 보이는 현상도 빛의 굴절 때문이다.
> - 잠수 시간대는 보통 빛의 반사율이 가장 낮고 수중 투과율이 가장 높은 10:00~14:00 시간대가 적합하다.

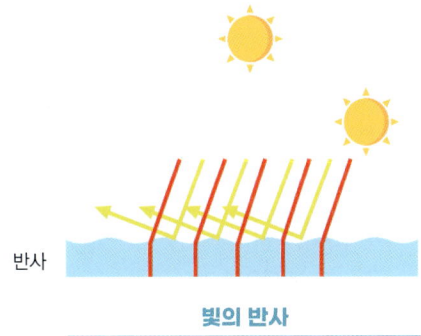

빛의 반사

> **: 확인 문제 :**
>
> **1** 수중에서 물체가 실제보다 크고 가깝게 보이는 이유는?
>
> ① 빛의 반사 ② 빛의 굴절 ③ 빛의 흡수 ④ 빛의 산란
>
> 정답 ②
>
> **2** 태양의 위치와 파도의 크기에 따라 수중 속의 밝기가 달라지는 가장 큰 이유는?
>
> ① 빛의 반사 ② 빛의 굴절 ③ 빛의 흡수 ④ 빛의 산란
>
> 정답 ①

02 빛의 흡수와 산란

1. 빛의 흡수 : 태양의 빛은 물속에 투과됨과 동시에 물에 흡수되어 순서대로 사라지게 된다.

   (1) 붉은 색이 가장 낮은 수심대에서 먼저 흡수되고 파란색이 가장 깊은 수심대까지 투과된다.

   (2) 빛의 파장에 따른 흡수 순서 : 붉은색 > 주황색 > 노란색 > 보라색 > 초록색 > 파란색

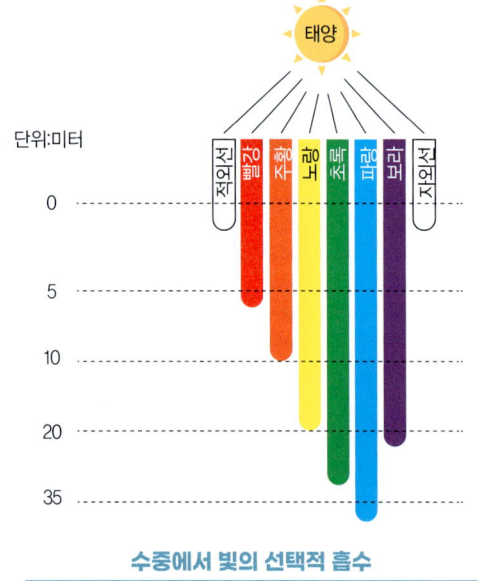

수중에서 빛의 선택적 흡수

> **알아둡시다!**
>
> 수중에서 사물의 고유 색상을 보기 위해 인공 광원 및 색 보정 필터를 사용한다.

2. 빛의 산란 : 태양 빛이 물속에 있는 플랑크톤이나 먼지 등 작은 입자들과 부딪혀서 퍼지는 현상

(1) 물속에 부유물이 많을수록 산란 현상이 커지고 따라서 수중 시야가 흐려지고 어두워진다.

(2) 산란 : 빛이나 파동이 미립자 등에 충돌하여 그 방향이 불규칙하게 바뀌는 것을 말한다. 보통 수중에서는 빛의 산란과 확산을 같은 개념으로 말한다.

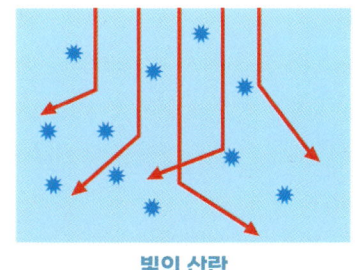

빛의 산란

: 확인 문제 :

1 수중에서 가장 먼저 흡수되어 사라지는 빛의 색깔은?

① 붉은색   ② 주황색   ③ 노란색   ④ 파란색

정답 ①

2 다음 중 수중에서 빛의 산란 현상과 관련 있는 것은?

① 수중에서는 다이버에게 사물이 실제 크기보다 크고 가깝게 보인다.
② 태양의 위치에 따라 수중에 투과되는 빛의 양이 달라진다.
③ 수중 부유물이 많을수록 수중 시야는 흐려진다.
④ 잠수 중 수심이 깊어질수록 붉은색부터 사라지게 된다.

정답 ③

---

03 소리의 전달

1. 소리의 전달 : 음파는 반드시 진동이 가능한 전달 매체가 있어야 소리가 전달된다.

(1) 물의 밀도가 공기의 밀도보다 약 800배 높다. 전달 매체의 밀도가 높을수록 전달 속도가 빠르다.

(2) 측정 결과 수중에서 음파는 육상보다 약 4배 빠른 속도로 전달된다.
    (소리 전달 속도 : 육상 약 340~360m/sec, 수중 약 1440~1460m/sec)

Chapter 01 잠수 물리

(3) 육상에 적응된 인간의 소리기관은 수중에서는 소리의 근원지 및 방향을 구분하기가 어렵다.

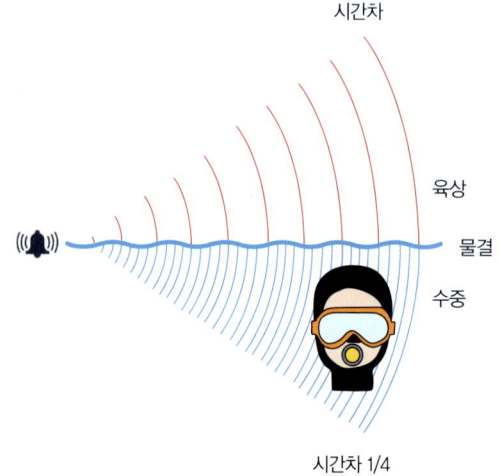

알아둡시다!

소리 전달 속도 차이로 수중에서는 소리의 크기가 아닌, 소리의 근원지 및 방향을 아는 게 어렵다.

: 확인 문제 :

1 수중에서 소리 전달 속도는 육상에 비해 몇 배 빠른가?

① 약 1.25배   ② 약 2배   ③ 약 3배   ④ 약 4배

정답 ④

2 다음 중 수중과 육상의 소리 전달 속도 차이로 발생하는 현상은?

① 소리는 들리지만 어느 방향에서 들리는지 잘 알기 힘들다.
② 육상보다 수중에서 소리가 크고 가깝게 들린다.
③ 수중보다 육상에서 소리가 크고 가깝게 들린다.
④ 수중에서는 육상보다 소리 전달 속도가 빠르기 때문에 소리가 4배 작게 들린다.

정답 ①

04 기체

01 기체의 특성

1. 공기 : 지구를 둘러싸고 있는 무색, 무취의 혼합기체이다.
   (1) **공기(Air)의 구성** : 산소 21% + 질소 78% + 기타 1%
   (2) 공기 중 1%에는 헬륨, 네온, 크립톤, 제논, 수소, 메탄, 아르곤, 이산화탄소 등 아주 미량의 기체들이 구성되어 있다. 일반적으로 1%는 미량이라 생략하고, 산소 21%+질소 79%로 표기하기도 한다.
   (3) 수심 약 30m까지는 가장 안전하고 경제적인 기체이므로 일반적인 잠수에서 가장 많이 사용하는 기체

공기의 구성

알아둡시다!
공기는 압축이 되며, 열전도율이 가장 낮다.

2. 산소(O_2) : 무색, 무취의 기체로서 세포의 신진대사를 도우며 생명 유지의 가장 필수적인 기체이다.
   (1) 고압의 산소는 인체에 독성을 발생시킨다(산소 부분압 1.6기압 이상).
   (2) 100% 산소를 사용하여 잠수할 경우 6m 이내로 잠수 제한
   (3) 활성기체

3. 질소(N_2) : 무색, 무취의 기체로서 공기 중에 가장 많이 포함된 기체이다.
   (1) 액체보다 지방질에 약 5배 정도 더 잘 녹는다.
   (2) 약 30m 이상 수심이 깊어지고 압력이 높아지는 환경에서는 질소마취와 감압병을 발생시킨다.
   (3) 불활성기체

> **알아둡시다!**
> - **활성기체** : 다른 물질과 혼합이 잘되며, 반응성이 크고 활발하게 움직이는 기체이다.
> - **불활성기체** : 다른 물질과 잘 혼합이 안 되며, 잘 없어지지 않는 부동(不動)기체라고도 한다.

확인 문제

1 활성기체로서 생명 유지에 가장 중요한 기체이며, 고압에서 독성을 발휘할 수 있는 기체는?

① 산소　　② 질소　　③ 이산화탄소　　④ 헬륨

정답 ①

2 잠수 중 감압병을 발생시키는 기체는?

① 산소　　② 질소　　③ 수소　　④ 아르곤

정답 ②

02 기체의 법칙 I

1. 보일의 법칙 Boyle's law : 기체의 압력과 부피에 대한 상관관계

(1) 일정한 온도에서 기체의 부피는 절대압력에 반비례한다.

(2) 기체의 부피 변화 : 기체는 절대압이 높아지면 부피가 작아지고, 절대압이 낮아지면 부피는 커진다.

(3) 물속으로 깊이 들어갈수록 부력은 감소하고 압착 현상과 공기소모율은 증가한다.

(4) 압력과 부피 변화에 대한 공식 : $P_1 \times V_1 = P_2 \times V_2$

(5) P_1(처음 압력) × V_1(처음 부피) = P_2(변화된 압력) × V_2(변화된 부피)

> **알아둡시다!**
> 기체의 밀도는 부피가 작아지면 높아지고, 부피가 커지면 낮아진다.

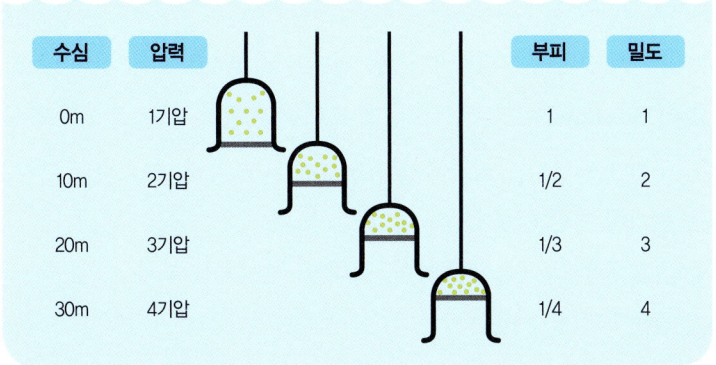

2. 게이 뤼삭의 법칙 Gay-Lussac's law : 기체의 부피가 일정할 때 온도와 압력에 대한 상관관계

(1) 기체의 부피가 일정할 때 기체의 압력은 절대온도에 비례한다.

(2) 기체의 부피가 일정할 때 절대온도가 높아지면 압력도 높아지고, 절대온도가 낮아지면 압력도 낮아진다.

(3) 공기통 온도에 따른 잔압의 변화를 계산하기에 가장 적합한 물리법칙이다.

(4) 온도와 압력에 대한 공식 : $\dfrac{P_1}{T_1} = \dfrac{P_2}{T_2}$

(5) P_1(처음 압력, 절대압), P_2(변화된 압력, 절대압), T_1(처음 절대온도), T_2(변화된 절대온도)

3. 샤를의 법칙 Charles's law : 기체의 압력이 일정할 때 온도와 부피에 대한 상관관계

(1) 일정한 압력에서 기체의 부피는 절대온도에 비례한다.

(2) 압력이 일정할 때 절대온도가 높아지면 기체의 부피는 커지고, 절대온도가 낮아지면 기체의 부피도 작아진다.

(3) 온도와 부피에 대한 공식 : $\dfrac{V_1}{T_1} = \dfrac{V_2}{T_2}$

(4) V_1(처음 부피), V_2(변화된 부피), T_1(처음 절대온도), T_2(변화된 절대온도)

4. 일반 기체의 법칙 Gas laws : 보일의 법칙, 게이 뤼삭의 법칙, 샤를의 법칙을 종합한 법칙

(1) 온도, 압력, 부피에 대한 상관관계를 설명한 법칙으로 보일-샤를의 법칙이라고도 한다.

(2) 온도, 압력, 부피에 대한 관계 공식 : $\dfrac{P_1 V_1}{T_1} = \dfrac{P_2 V_2}{T_2}$

(3) P_1(처음 압력, 절대압), P_2(변화된 압력, 절대압), V_1(처음 부피), V_2(변화된 부피), T_1(처음 절대온도), T_2(변화된 절대온도)

> **알아둡시다!**
> - 온도에 따른 고무풍선의 부피 변화를 설명할 수 있는 물리법칙이다.
> - 보일, 게이 뤼삭, 샤를의 법칙에 아보가드로의 법칙을 더하면 이상기체 법칙이 된다.

: 확인 문제 :

1 다음 중 보일의 법칙을 설명한 것은?

① 기체의 부피가 일정할 때 기체의 압력은 절대온도에 비례한다.

② 일정한 압력에서 기체의 부피는 절대온도에 비례한다.

③ 일정한 온도에서 기체의 부피는 절대압력에 반비례한다.

④ 일정한 온도에서 액체에 대한 기체의 용해도는 부분압에 비례한다.

정답 ③

2 기체의 부피가 일정할 때 온도와 압력에 대한 상관관계를 설명한 기체의 법칙은?

① 샤를의 법칙　　② 게이 뤼삭의 법칙　　③ 보일의 법칙　　④ 헨리의 법칙

정답 ②

3 기체의 압력이 일정할 때 온도와 부피에 대한 상관관계를 설명한 기체의 법칙은?

① 샤를의 법칙　　② 게이 뤼삭의 법칙　　③ 보일의 법칙　　④ 헨리의 법칙

정답 ①

03 기체의 법칙 II

1. 돌턴의 법칙 Dalton's law : 혼합기체의 총 압력과 각 구성 기체의 압력과의 상관관계

(1) 돌턴의 부분압 법칙이라고도 한다.

(2) 혼합기체의 총 압력은 구성 기체의 부분압 합계와 같다. (예) 총압력 = 부분압+부분압+……)

(3) 부분압(분압) : 혼합기체를 구성하고 있는 각 기체의 압력

(4) 각 기체의 부분압은 혼합기체에서 차지하는 성분 비율에 비례한다.
- 성분 비율로 표기 : 공기 100% = 산소 21% + 질소 79%
- 압력 단위로 표기 : 공기 1기압 = 산소 0.21 + 질소 0.79

    ※공기의 구성을 산소 21%, 질소 79% 기준시.

(5) 수심이 깊어질수록 절대압(총 압력)이 높아지고, 호흡 기체의 부분압도 높아진다.(호흡 기체의 부분압이 높아지면 산소중독과 질소마취, 감압병의 위험성도 높아진다.)

수심(바다)	절대압(기압)	산소 부분압	질소 부분압
0m	1	0.21	0.79
10m	2	0.21 × 2기압 = 0.42	0.79 × 2기압 = 1.58
20m	3	0.21 × 3기압 = 0.63	0.79 × 3기압 = 2.37
30m	4	0.21 × 4기압 = 0.84	0.79 × 4기압 = 3.16
40m	5	0.21 × 5기압 = 1.05	0.79 × 5기압 = 3.95
70m	8	0.21 × 8기압 = 1.68	0.79 × 8기압 = 6.32

> **알아둡시다!**
> 질소마취, 산소중독을 설명할 때 가장 유용한 기체 법칙이다.

2. 헨리의 법칙 Henry's law : 액체에 대한 기체의 압력과 용해도(녹아들어 가는 정도)의 상관관계

(1) 일정한 온도에서 액체에 대한 기체의 용해도는 부분압에 비례한다.

(2) 공기의 기체 중 질소(N_2)는 특히 잠수사 체내 용해도에 가장 큰 영향을 미친다.

(3) 잠수사가 물속으로 깊이 들어가고 오래 있을수록 더 많은 질소가 잠수사의 체내에 녹아 들어간다.

(4) 잠수사의 하강 → 체류 → 상승의 과정에서 잠수사의 체내에서는 질소의 용해 → 포화 → 기

화의 현상이 진행된다.

(5) 기체의 용해도는 기체의 종류, 온도, 압력에 따라 차이가 발생한다.

> **알아둡시다!**
> 헨리의 법칙은 질소마취, 감압병의 원인을 설명할 때 가장 중요한 기체의 법칙이다.

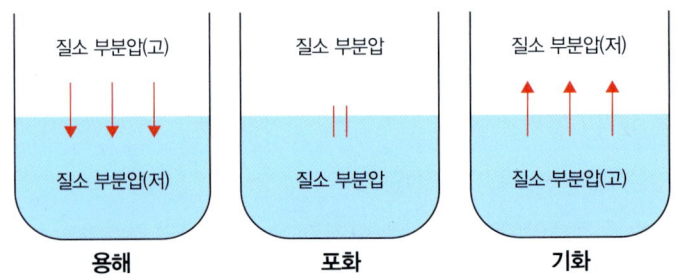

확인 문제

1 다음 중 감압병의 원인을 설명할 수 있는 가장 적합한 기체의 법칙은?

① 돌턴의 부분압 법칙   ② 헨리의 법칙   ③ 게이 뤼삭의 법칙   ④ 보일의 법칙

정답 ②

2 다음 중 돌턴의 법칙에 대한 정의는?

① 혼합기체의 총압력은 구성 기체의 부분압 합계와 같다.

② 일정한 온도에서 액체에 대한 기체의 용해도는 부분압에 비례한다.

③ 기체의 부피는 절대압력에 반비례하고, 기체의 밀도는 비례한다.

④ 일정한 압력에서 기체의 부피는 절대온도에 비례한다.

정답 ①

3 액체에 대한 기체의 압력과 용해도의 상관관계를 설명한 법칙은?

① 돌턴의 법칙   ② 게이 뤼삭의 법칙   ③ 보일의 법칙   ④ 헨리의 법칙

정답 ④

Chapter 01 잠수 물리
핵심 포인트

1. 압력

- **대기압(지구를 둘러싼 공기의 무게)** : 1기압(1.033kg/cm^2 = 14.7psi)
- **수압(물이 누르는 무게)** : 10m마다 1기압씩 늘어난다. (해수기준 : 1.025kg/cm^2 = 14.7psi)
- 절대압 = 수압 + 대기압 "1" = 잠수사가 실제로 받는 압력

2. 밀도

- **밀도 차이** : 해수 > 담수 > 공기, 해수와 공기의 밀도(무게) 차이는 약 800배 차이가 난다.
  1.025 kg/l (64lbs/ft^3) > 1 kg/l (62lbs/ft^3) > 1.21 g/l (0.08lbs/ft^3)
- 기체의 부피는 절대압에 반비례하고, 밀도는 절대압에 비례한다.
- 수중은 육상보다 밀도가 높은 환경이기 때문에 저항이 크다. 또한 깊이 들어갈수록 공기 밀도가 높아지므로 호흡 저항이 커지고 공기 소모량도 많아진다.
- 액체의 비중은 1대기압(1ATM)에서 순수한 4℃의 물을 표준물질로 기준한다.

3. 부력

- 부력 = 배수 중량 − 물체의 중량
- 배수 중량 = 부피 × 밀도
- 밀도가 클수록 부력이 커진다.

4. 해류

- **해류 생성에 영향을 미치는 요인** : 바람, 기압, 수온, 밀도, 인력, 자전, 지형 등
- **쿠로시오 해류** : 태평양의 강한 표층해류로 일본의 동부 해안을 타고 다시 북태평양으로 흘러

간다. 일부는 오키나와 서쪽에서 갈라져 우리나라의 동해와 서해로 북상한다.
- **해류** : 일정하게 지속적으로 이동하는 바닷물의 흐름
- 1초에 약 0.5m 이동하는 속도를 1노트(knot)라 한다.

5. 조석 및 조류
- 조석은 지구, 달, 태양의 인력으로 인한 해수면의 수직 운동이다.(고조 2회, 저조 2회, 정조 4회)
- 조류는 조석의 영향으로 물흐름이 생기는 수평 운동이다.
- 조금은 달 모양이 반달(상현, 하현)일 때 물흐름이 가장 적을 때이다.(음력 8일, 23일)
- 사리는 달 모양이 보름달, 초승달로 물흐름이 가장 클 때이다.(음력 15일, 30일)

6. 파랑 및 바람
- 교란력과 복원력의 영향으로 파랑(파도)이 발생한다.
- **파랑의 크기에 영향을 미치는 요소** : 바람의 세기, 지속시간, 취송거리, 수심 등
- **풍랑의 특징** : 마루가 뾰족하고 파장의 주기가 짧다.
- **너울의 특징** : 마루가 둥글고 파장의 주기가 길다.
- **연안 쇄파의 특징** : 수심이 얕은 곳에 이르면 파장이 짧아지고 파고가 높아지며 부서지는 파랑

7. 온도 및 수온
- **온도의 종류** : 섭씨온도, 절대온도, 화씨온도
- 화씨온도(°F) = [섭씨온도(℃) × $\frac{9}{5}$] + 32
- 절대온도(K) = 섭씨온도(℃) + 273
- 물은 온도가 낮아질수록 밀도가 높아진다.

8. 해저지형
- **대륙붕** : 해안선에서 수심이 약 200m까지의 완만한 경사의 해저지형으로 어장과 광물자원이 풍부하다.

Chapter 01 잠수 물리

핵심 포인트

- **심해저평원** : 약 4,000m~6,000m 수심대에 넓고 평평한 해저지형이다.
- **해구** : 수심 약 6,000m 이상의 경사가 매우 급하고 좁고 긴 협곡을 해구라 한다.

9. 빛의 굴절과 반사

- 다이버는 굴절 현상으로 인하여 수중에서 물체가 약 25% 크고 가깝게 보인다.
- 태양 빛이 해수면에 닿으면 상당 부분 수면 반사 현상이 일어나며, 반사량이 많으면 수중 밝기는 어두워진다.

10. 빛의 흡수와 산란

- 빛의 흡수 현상으로 인하여 수중에서는 붉은색이 가장 낮은 수심대에서 사라지고 파란색이 가장 깊은 수심대까지 투과된다.
- 물속에 부유물이 많아지면 수중 시야와 밝기가 어두워진다. (서해 펄물, 장마 때 흙탕물 등)

11. 소리의 전달

- 수중에서는 소리의 전달 속도가 육상에 비해 약 4배 빠르다.
- 수중에서는 소리의 방향을 알기가 어렵기 때문에 소리만 듣고 어느 방향에 배가 있는지 알기가 힘들다. 따라서 물속에서 뱃소리가 들리면 상승을 중지하고 소리가 작아지면 주의하면서 상승한다.

12. 기체의 특성

- 공기는 산소(O_2) 21% + 질소(N_2) 78% + 기타 1%의 기체로 구성되어 있다.
- 산소 부분압이 1.6기압 이상일 경우에는 독성이 발휘된다.
- 고압의 질소는 질소마취, 감압병을 발생시킨다.

13. 기체의 법칙 Ⅰ

- 기체의 부피는 절대압력에 반비례하고, 기체의 밀도는 비례한다.

Chapter 01 잠수 물리

핵심 포인트

- 기체는 온도가 높아지면 압력도 높아지고, 온도가 낮아지면 압력도 낮아진다.
- 기체는 온도가 높아지면 부피도 커지고, 온도가 낮아지면 부피도 작아진다.

14. 기체의 법칙 Ⅱ

- 수심이 깊어질수록 절대압이 높아지고 호흡기체의 부분압도 높아진다.
- 잠수사가 물속으로 깊이 들어가고 오래 있을수록 더 많은 질소가 잠수사의 체내에 녹아 들어 간다.
- 헨리의 법칙(질소마취 감압병), 돌턴의 법칙(질소마취, 산소중독)

Chapter 01 잠수 물리 종합편

01 다음 중 기압을 나타내는 단위가 아닌 것은?

① kg/cm² ② bar
③ lbs ④ psi

해설 lbs(lb) : 질량의 단위, 파운드
1파운드 = 0.453592kg   221lbs ≒ 10kg

02 민물에서 수압 1기압의 수심으로 올바른 것은?

① 10m ② 10.3m
③ 11m ④ 11.3m

03 절대압은 ( ) + ( )이다.

① 대기압, 계기압 ② 부분압, 대기압
③ 수압, 부분압   ④ 계기압, 수압

04 바다 수심 10m(33ft)에서 작업중이다. 잠수사가 받는 절대압력은 약 몇 kg/cm²이며, 몇 psi인가?

① 1.025kg/cm², 14.7psi
② 1.033kg/cm², 14.7psi
③ 2.05kg/cm², 29.4psi
④ 2.05kg/cm², 66psi

05 다음 중 물의 밀도에 대하여 바르게 설명한 것은?

① 물에 대한 점성도
② 물에 대한 인력
③ 물에 대한 염분도
④ 단위 부피당 물의 무게

06 다음 중 수중에서 잠수 활동에 제한을 주는 가장 큰 원인은?

① 압력 변화가 신체에 미치는 영향
② 수심 증가에 따른 부력 변화
③ 육상보다 빠른 음파 전달 속도
④ 육상보다 빠른 체온 손실

07 수은과 유리관을 이용한 실험에서 대기의 압력을 측정하고 수은기압계를 발명한 사람은?

① 보일   ② 돌턴
③ 갈릴레오 ④ 토리첼리

08 바닷물 수심 30m와 민물 수심 30m의 수압에 대한 비교로 바른 것은?

① 수온이 동일하면 수압은 같다.
② 바닷물의 수압이 조금 더 크다.
③ 민물의 수압이 조금 더 크다.
④ 바닷물과 민물은 수압이 같다.

정답 01 ③ 02 ② 03 ① 04 ③ 05 ④ 06 ① 07 ④ 08 ②

Chapter 01 잠수 물리 종합편 | 문제은행

09 해수면의 절대압력을 psi 단위로 나타내면 얼마인가?

① 7.35psi　　② 14.7psi
③ 29.4psi　　④ 1.033psi

10 바다 수심 33ft에서의 수압은 몇 기압인가?

① 1기압　　② 2기압
③ 3기압　　④ 4기압

11 수심과 물의 밀도의 관계로 바른 것은?

① 수심은 밀도에 거의 영향을 주지 않는다.
② 수심이 증가할수록 밀도가 낮아진다.
③ 수심이 증가할수록 밀도가 높아진다.
④ 민물은 수심이 증가할수록 밀도가 낮아진다.

12 잠수함이 유지하는 내부 기압을 설명한 것은?

① 수심대에 해당하는 절대압과 동일하게 유지한다.
② 대기압 조건과 비슷한 약 1기압 수준으로 유지한다.
③ 수심대에 상관없이 2기압으로 유지한다.
④ 바다 수심 30m에 해당하는 기압을 초과하지 않는다.

13 다음 중 물의 흐름을 유발하는 원인 중 가장 영향력이 적은 것은?

① 물의 염도　　② 중력
③ 바람　　　　④ 조석 현상

14 다음 중 가장 깊은 수심까지 투과되는 빛의 색깔은?

① 붉은색　　② 주황색
③ 노란색　　④ 파란색

15 다음 중 불활성기체에 해당하는 것은?

① 산소　　　　② 질소
③ 이산화탄소　④ 일산화탄소

16 공기 중 산소의 특성으로 옳은 것은?

① 색깔이 있다.
② 냄새가 있다.
③ 단맛이 난다.
④ 무색, 무미, 무취이다

정답　09 ②　10 ①　11 ③　12 ②　13 ①　14 ④　15 ②　16 ④

17 다음 중 잠수사의 수중 부력조절에 가장 영향을 적게 미치는 것은?

① 호흡　　　　② 잠수복
③ 중량벨트　　④ 물의 밀도

18 파도(Wave)의 특성에 대한 설명이 틀린 것은?

① 절벽이나 방파제를 만나면 반사파가 생긴다.
② 해변이나 암초지역에서는 쇄파(Break) 현상이 생긴다.
③ 수심이 깊은 곳일수록 영향이 크게 미친다.
④ 진행방향에 섬 등의 돌출부가 있으면 회절현상이 일어난다.

19 물의 열전도율을 공기와 비교하면?

① 같다.
② 낮다.
③ 높다.
④ 온도에 따라 높거나 낮음이 달라진다.

20 동일한 공기량을 가지고 잠수하여도 수심이 깊어질수록 공기가 빨리 소모되는 것과 가장 관계가 깊은 법칙은?

① 샤를(Chales)의 법칙
② 헨리(Henry)의 법칙
③ 돌턴(Dalton)의 법칙
④ 보일(Boyle)의 법칙

21 불활성기체로서 대기압 하에서는 산소중독을 예방 하지만 잠수 중 마취현상과 감압병을 유발하는 것은?

① 산소　　　② 질소
③ 헬륨　　　④ 이산화탄소

22 온도와 부피의 관계를 설명한 기체의 법칙은?

① 샤를의 법칙　　② 헨리의 법칙
③ 보일의 법칙　　④ 돌턴의 법칙

23 해류를 만드는 주된 요인이 아닌 것은?

① 수온차　　② 달의 인력
③ 바람　　　④ 바닥의 경사도

24 압력의 단위가 아닌 것은?

① psi　　　　② bar
③ mmHg　　④ kg/cm³

해설 kg/cm² : 압력의 단위　　kg/cm³ : 밀도의 단위

25 광선이 서로 다른 밀도의 해수를 통과할 때 입사점에서 꺾여 방향을 바꾸어 진행하는 현상은?(단, 여기서 해수는 불순물이 없이 완전히 용해된 상태로 가정한다)

① 분산　　② 반사
③ 간섭　　④ 굴절

정답 17 ④　18 ③　19 ③　20 ④　21 ②　22 ①　23 ④　24 ④　25 ④

Chapter 01 잠수 물리 종합편 | 문제은행

26 음파의 수중 전달 속도는 공기보다 약 몇 배 빠른가?

① 2배
② 3배
③ 4배
④ 10배

27 부력에 관한 설명으로 가장 거리가 먼 것은?

① 양성 부력은 수면 휴식 및 수면 수영 중에 필요하다.
② 음성 부력은 하강을 위해 필요하다.
③ 잠수사의 부력은 웨이트의 양, BC 안의 공기량과 폐 속 공기량 등에 의해 결정된다.
④ 중성 부력을 유지하기 위해서는 수심이 깊어질수록 BC의 공기를 빼야 한다.

28 다음 중 음력 15일에 평균적으로 조류가 가장 센 지역은?

① 동해 강릉 앞바다
② 부산 앞바다
③ 인천 앞바다
④ 제주도 앞바다

29 다음 중 가장 밀도가 높은 물은?

① 바닷물
② 민물
③ 증류수
④ 빙하수

30 압력, 온도, 기체의 용액 내 용해도에 관한 설명으로 가장 적합한 것은?

① 기체압력 및 온도가 상승하면 기체의 용해도는 증가한다.
② 기체압력 및 온도가 상승하면 기체의 용해도는 감소한다.
③ 기체압력이 상승하고 온도가 낮으면 기체의 용해도는 증가한다.
④ 기체압력이 감소하고 온도가 상승하면 기체의 용해도는 증가한다.

31 물속에서 빠른 음파속도가 미치는 영향으로 가장 적합한 것은?

① 고막에 통증이 생긴다.
② 집중력이 흐려진다.
③ 귀가 울린다.
④ 방향감각을 상실한다.

32 잠수용 호흡기체가 1%의 이산화탄소로 오염되었을 때 수심이 깊어지면 독성효과가 증가한다. 기체의 법칙 중 이러한 경우와 연관이 깊은 것은?

① 보일의 법칙
② 샤를의 법칙
③ 돌턴의 법칙
④ 아르키메데스의 원리

정답 26 ③ 27 ④ 28 ③ 29 ① 30 ③ 31 ④ 32 ③

33 잠수 중 하강으로 인해 발생하는 압착현상을 설명하는 기체의 법칙은?

① 돌턴의 법칙　② 헨리의 법칙
③ 샤를의 법칙　④ 보일의 법칙

34 수중에서 10ft(약 3m)의 거리에 있는 물체는 잠수사에게 얼마의 거리에 있는 것처럼 보이는가?

① 5ft　② 7.5ft
③ 13.3ft　④ 20ft

35 부력과 관련한 내용이 옳지 않은 것은?

① 부력의 종류는 양성, 중성, 음성부력의 3가지가 있다.
② 숨을 들이쉴 때 사람의 비중은 평균적으로 1보다 크다.
③ 잠수유영에 가장 적합한 부력은 중성부력이다.
④ 액체(물)에 물체가 뜨거나 가라앉는 것은 그 물체의 비중에 의해서 결정된다.

36 1기압을 미터법으로 옳게 표시한 것은?

① 0.1025kg/cm²　② 1.025kg/cm²
③ 0.1013kg/cm²　④ 1.013kg/cm²

37 잠수복이 몸에 비해 큰 경우 잠수복 안으로 들어온 물이 체온에 의해 데워지지만 곧 외부의 찬물과 교환되어 체온이 급격하게 떨어지게 된다. 이러한 물의 온도 변화와 가장 관계가 깊은 현상은?

① 대류　② 복사
③ 증발　④ 전도

38 다음 중 절대압력이란?

① 압력계기가 가리키는 압력
② 지구 표면에 둘러싸여 있는 대기 중의 압력
③ 계기압과 대기압의 합
④ 해면상의 압력

39 다음 중 열의 전도율이 가장 낮은 것은?

① 철　② 헬륨
③ 물　④ 공기

40 파의 속도가 13.4m/sec, 주기가 10sec인 파의 파장은?

① 9.36m　② 13.4m
③ 93.6m　④ 134m

정답　33 ④　34 ②　35 ②　36 ②　37 ①　38 ③　39 ④　40 ④

Chapter 01 잠수 물리 종합편 | 문제은행

41 호흡하는 기체의 밀도가 높아지면 어떤 현상이 생기는가?

① 호흡저항의 감소
② 호흡저항의 증가
③ 기체압력의 감소
④ 기체온도의 증가

42 일정한 온도하에서 액체에 녹아들어가는 기체의 양은 그 기체의 부분압에 비례한다는 법칙은?

① 보일 법칙
② 샤를 법칙
③ 돌턴 법칙
④ 헨리 법칙

43 잠수사에게 체온의 손실을 가져오는 1차적인 열의 이동 요인은?

① 전도
② 대류
③ 복사
④ 열하락층

44 다음 중 수심에 따른 공기부피의 변화가 가장 큰 곳은?

① 0~10m
② 10~20m
③ 50~60m
④ 100~120m

45 해수 33ft(10m)에서의 절대압력은?

① 10.4psi
② 12.4psi
③ 29.4psi
④ 44.1psi

46 수중에서 잠수사가 뜨지도 가라앉지도 않는 상태?

① 양성부력(Positive Buoyancy)
② 중성부력(Neutral Buoyancy)
③ 음성부력(Negative Buoyancy)
④ 보상부력(Compensation Buoyancy)

47 산소중독과 질소마취를 설명할 수 있는 기체의 법칙은?

① 게이루삭 법칙
② 보일 법칙
③ 헨리 법칙
④ 돌턴 법칙

48 해수면에서 60분간 호흡할 수 있는 양의 공기를 가지고 수심 20m의 바닷속에서 호흡한다면 약 몇 분간 호흡할 수 있는가?(단, 20m의 수온은 수면 수온과 같고 해류의 움직임도 거의 없으며, 잠수사는 수면에서와 마찬가지로 심리적인 안정상태가 유지되고 있다고 가정한다)

① 50분
② 30분
③ 25분
④ 20분

정답 41 ② 42 ④ 43 ① 44 ① 45 ③ 46 ② 47 ④ 48 ④

49 1기압의 공기 중 산소가 차지하고 있는 부분압은?

① 0.21기압　② 1.21대기압
③ 0.79기압　④ 1기압

50 해면상에 작용하는 절대기압은?

① 4기압　② 3기압
③ 2기압　④ 1기압

51 만일 해녀가 해면에 들여 마신 공기를 폐 속에 갖고 그대로 20m까지 내려갔다면 폐 속의 공기 용량은 얼마나 줄어드는가?

① 1/2　② 1/3
③ 1/4　④ 전과 동일하다.

52 잠수사가 상승 시 호흡을 참지 말아야 하는 주된 이유는?

① 신체공간의 압력을 제거하기 위하여
② 공기 공급 호스의 꼬임을 방지하기 위하여
③ 공기색전증을 방지하기 위하여
④ 질소마취를 방지하기 위하여

53 습식 잠수복(Wet Suit)의 부력은 수심 깊이 잠수해 내려 갈수록 어떻게 변하는가?

① 부력이 감소한다.
② 부력이 증가한다.
③ 변화 없다.
④ 수온에 따라 증가 또는 감소한다.

54 진공 속에서 소리의 전달이 없는 이유는?

① 음파 전달 매개체가 없기 때문
② 공기보다 온도가 낮기 때문
③ 소리의 진동이 너무 크기 때문
④ 소리의 진동이 너무 작기 때문

55 바다 수심 40m에서의 절대압력은?

① 6기압　② 5기압
③ 4기압　④ 3기압

56 2,500psi로 충전해 놓은 스쿠버 공기탱크가 다음 날 2,300psi로 줄었다. 이러한 현상과 가장 관계가 깊은 것은?

① 밸브의 손상
② 탱크의 손상
③ 탱크의 온도 저하
④ 탱크의 온도 상승

정답　49 ①　50 ④　51 ②　52 ③　53 ①　54 ①　55 ②　56 ③

Chapter 01 잠수 물리 종합편 | 문제은행

57 다음 중 인체에 가장 해로운 기체는?
① 질소(N_2) ② 산소(O_2)
③ 헬륨(He) ④ 일산화탄소(CO)

58 섭씨 19°C일 때 화씨 온도는?
① 66.2°F ② 68.2°F
③ 64.3°F ④ 65.3°F

해설 화씨(°F) = (섭씨온도 × $\frac{9}{5}$) + 32

59 높은 산속에 있는 저수지에서 잠수할 때 상승속도는 바다에서의 상승속도와 비교하여 어떠한가?
① 늦어야 한다. ② 같아야 한다.
③ 빨라야 한다. ④ 관계없다.

60 공기 중 질소의 비율은 약 얼마나 되는가?
① 18% ② 21%
③ 50% ④ 79%

61 다음 중 부력과 가장 관계가 깊은 법칙은?
① 헨리 법칙 ② 돌턴 법칙
③ 아르키메데스 원리 ④ 보일 법칙

62 높은 고지대의 호수나 저수지에서 잠수할 때, 감압 시간을 결정하는 데 가장 많은 영향을 주는 요인으로 적합한 것은?
① 기압 ② 수온
③ 물의 밀도 ④ 중량벨트

63 물의 열전도율은 공기보다 약 몇 배나 더 큰가?
① 약 10배 ② 약 25배
③ 약 45배 ④ 약 60배

64 잠수 시 발생하는 압착(Squeeze)과 공기색전증(Air Embolism)이 관계되는 기체의 법칙은?
① 게이루삭의 법칙 ② 헨리의 법칙
③ 돌턴의 법칙 ④ 보일의 법칙

정답 57 ④ 58 ① 59 ① 60 ④ 61 ③ 62 ① 63 ② 64 ④

65 절대압력으로 4기압에 해당되는 수심은?

① 33ft(10m)　　② 66ft(20m)
③ 99ft(30m)　　④ 132ft(40m)

66 일정한 온도 하에서 액체 속에 녹아 들어가는 기체의 양은 그 기체의 무엇과 비례하는가?

① 원자량　　② 부피
③ 부분압　　④ 밀도

67 육상에서 1L 부피를 지닌 고무풍선을 수심 20m의 바닷속으로 가져가면 고무풍선의 부피는 몇 L로 되는가?

① 0.33L　　② 0.5L
③ 2L　　　④ 3L

68 불완전연소 시 배기가스에서 배출되며 무색무취로 관찰이 어려우며, 중독 시 혈액의 산소운반능력이 상실되어 내부적인 질식 상태에 빠지게 되는 기체는?

① CO_2　　② CO
③ N_2　　　④ He

69 다음 중 물의 흐름에 영향을 가장 적게 끼치는 것은?

① 조수　　② 중력
③ 바람　　④ 염분도

70 온도가 일정할 때 기체의 부피는 절대압력에 반비례하고, 밀도는 압력에 비례한다는 기체의 법칙은?

① 샤를의 법칙　　② 돌턴의 법칙
③ 헨리의 법칙　　④ 보일의 법칙

71 수심 30m는 절대압력으로 몇 대기압에 해당되는가?

① 5기압　　② 3기압
③ 4기압　　④ 6기압

72 다음 중 파장이 가장 긴 빛은?

① 빨강　　② 노랑
③ 파랑　　④ 보라

해설　• 빛의 파장크기 : 빨강＞노랑＞파랑＞보라
　　　• 수중에서는 빨강이 가장 먼저 흡수된다.

정답　65 ③　66 ③　67 ①　68 ②　69 ④　70 ④　71 ③　72 ①

73 해류의 속도를 나타내는 단위는?

① knot　　② yd³
③ ha　　　④ kPa

74 주어진 온도에서 액체에 용해되는 기체의 양은 그 기체의 부분 압력과 비례한다는 법칙은?

① 돌턴의 법칙　　② 헨리의 법칙
③ 샤를의 법칙　　④ 보일의 법칙

75 수중에서의 1기압의 변화를 바르게 표시한 것은?

① 담수는 33ft, 해수는 34ft마다
② 담수와 해수 모두 33ft마다
③ 담수는 34ft, 해수는 33ft마다
④ 담수와 해수 모두 34ft마다

76 30℃의 온도를 지닌 공기통 속에 150kg/cm²의 압력으로 공기가 채어져 있다. 이 공기통을 수온이 10℃인 수중으로 가져가면 이때 공기통 속의 압력은 어떻게 되는가?

① 변화없다.　　② 50kg/cm²
③ 120kg/cm²　　④ 140kg/cm²

해설 〈게이뤼삭의 법칙〉
㉠ $\frac{150}{30+273} = \frac{x}{10+273}$　　㉢ $303x = 150 \times 283$
㉡ $150 : 303 = x : 283$　　㉣ $x = 140$

77 1.033kg/cm²과 동등한 압력은?

① 14.7psi　　② 18.7psi
③ 20.7psi　　④ 24.4psi

78 10L의 공기를 넣은 고무풍선을 수심 40m로 가지고 내려가면 그 고무풍선의 부피는?

① 2L　　② 2.5L
③ 4L　　④ 5L

해설 보일의 법칙. 수심 40m는 5기압(절대압)이므로 부피는 $\frac{1}{5}$로 감소한다.

정답　73 ①　74 ②　75 ③　76 ④　77 ①　78 ①

79 공기통 속에 150kg/cm²의 압력으로 공기를 충전하고 이때 공기통 온도가 25℃이었다고 하자. 이 공기통을 가지고 수온이 18℃인 수중으로 가지고 가면 이 공기통 속의 압력은 약 kg/cm²로 변하는가?

① 약 146.5kg/cm²
② 약 148.7kg/cm²
③ 약 150.2kg/cm²
④ 약 152.0kg/cm²

해설 ㉠ $\dfrac{150}{25+273} = \dfrac{x}{18+273}$ ㉢ $298x = 43,650$
㉡ $150 : 298 = x : 291$ ㉣ $x = 146.47$

80 5기압 하에서 질소의 부분압력은?(단, 질소는 79%)

① 800mmHg
② 3,000mmHg
③ 4,000mmHg
④ 5,000mmHg

해설 ㉠ 1기압의 공기부분압은 760mmHg이다.
㉡ 760mmHg×0.79 = 600.4mmHg
㉢ 600.4mmHg×5(ATM) = 3,002mmHg

정답 79 ① 80 ②

01 인명구조 및 응급처치

01 잠수 일반 안전수칙 : 24가지

(1) **구조요청** : 119 안전신고센터(화재 · 구조 · 구급 · 재난신고, 응급의료 · 병원 정보 관련)
(2) **정식교육 이수** : 전문 강사에게 규정에 입각한 정식 교육을 받는다.
(3) **짝 잠수** : 항상 2인 이상 짝과 함께 잠수한다.
(4) **숨 참기 금지** : 스쿠버 장비를 이용한 잠수 중에는 절대로 숨을 참지 않는다.
(5) **30m 초과 잠수 금지** : 30m 이내에서 본인 수준에 적합한 수심대에서 잠수를 한다.
(6) **감압잠수 금지** : 스포츠 다이빙에서는 감압이 필요한 잠수는 하지 않는다.
(7) **상승속도 준수** : 상승 시 분당 9m 속도로 상승한다.(초당 15cm 속도)
(8) **안전정지 준수** : 상승 중 5m 수심에서 3~5분간 정지(안정) 후 상승한다.
(9) **다이빙 표식기 사용** : 상승 전 또는 비상시 다이빙 표식기(SMB; Surface Marker Buoy)를 띄운다.
(10) **잠수표시기 게양** : 배를 이용한 잠수 시 목적에 적합한 표시기를 게양한다.
(11) **잠수지역 확인** : 잠수 계획 전 지역에 대한 사전 정보를 습득하고 위험지역(항로, 방파제 등)을 피한다.
(12) **잠수계획 수립** : 잠수는 항상 철저한 계획을 수립하고 계획대로 진행한다.
(13) **잠수전용장비 사용** : 잠수 환경에 적합하고 정식으로 검증된 장비를 사용한다.
(14) **필수장비 사용** : 웨이트 장치는 맨 겉에 착용하고 반드시 부력조절기(BC)를 사용한다.
(15) **안전한 공기 사용** : 잠수 전용 컴프레서로 깨끗하게 압축된 공기와 정기검사를 받은 공기통을 사용한다.
(16) **구조 및 응급처치 습득** : 구조 및 응급처치법은 상황 대처뿐만 아니라 사고 예방에도 도움이 된다.
(17) **기상 상황 확인** : 기상 상황이 좋지 않거나 예상이 될 때는 잠수를 금지한다.
(18) **건강 상태 확인** : 신체적 · 정신적으로 건강 상태가 양호하지 않을 때는 잠수를 금지한다.
(19) **최소 잔압 50kg/㎠ 이상으로 상승 시작** : 공기량은 항상 여유있는 상태로 상승한다.
(20) **잠수 능력 향상** : 잠수와 관련하여 지속적인 훈련과 운동으로 수준 유지 및 기술 향상에 대한 노력을 한다.

(21) **장비관련 사고예방 사항** : 잠수를 정식으로 배우지 않은 사람에게 장비를 빌려주지 않으며, 점검 상태가 검증된 장비가 아니면 대여 또는 빌려 사용하지 않는다.

(22) **잠수 후 비행기 탑승 대기시간** : 감압이 필요 없는 잠수 활동 시 12~18시간 이상, 그 외 잠수 활동 시 24시간 이상 지난 후에 비행기에 탑승한다.

(23) **수중생태보호** : 잠수 중 수중생물을 만지지 않고, 피해를 줄 수 있는 오염물질을 지니지 않는다.

(24) **잠수일지 기록** : 본인의 잠수 활동 기록을 통해 사전 점검과 계획에 활용한다.

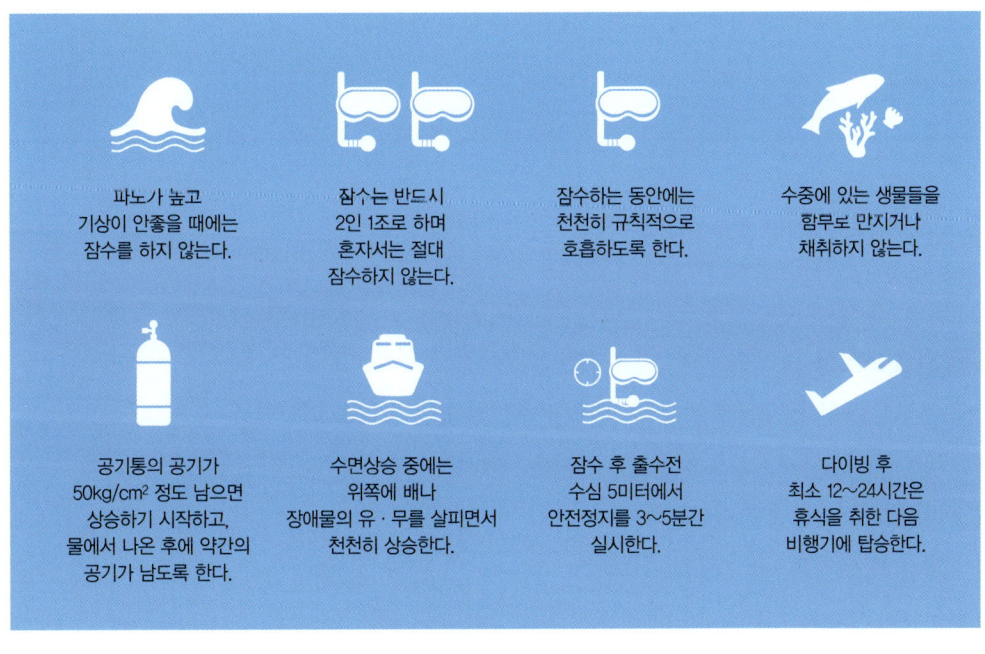

다이빙 유의사항

: 확인 문제 :

1 다음 중 권장 상승속도는?

① 분당 25m   ② 분당 5m   ③ 분당 3~5m   ④ 분당 9m

정답 ④

2 다음 중 잠수 안전수칙으로 올바른 것은?

① 감압이 필요한 잠수를 했을 경우 12시간 이후에 비행기에 탑승한다.
② 스쿠버 다이빙 중 공기가 고갈되었을 경우 숨을 참고 상승한다.
③ 무감압 잠수했을 경우 5m 안전정지는 진행하지 않는다.
④ 스포츠 다이빙에서는 감압이 필요한 잠수는 하지 않는다.

정답 ④

02 잠수사고(상해 등) 시 구조 및 응급처치

1. 구조의 일반원칙

: 반복 훈련을 통해 언제든지 비상 상황에 대처할 수 있는 능력을 배양한다.

(1) 행동 요령 3단계 : 심호흡(안정) → 판단 → 행동
(2) 자신의 구조 능력을 판단한다.
(3) 위급 시 물건을 버린다.
(4) 가능한 상승속도를 준수한다.
(5) 양성부력을 유지한다.
(6) 프리플로우 호흡을 대비한다.
(7) 주변 사람 및 구조기관에 도움을 요청한다.
(8) 시야에 조난자를 유지한다.
(9) 상황 변화에 대비한다.

> **알아둡시다!**
> 구조 활동 시 구조자 자신의 안전이 가장 중요하다.

Chapter 02 잠수 생리

2. 의식이 없는 스킨 다이버 구조

: 스킨 다이빙 시에는 산소결핍으로 정신을 잃었을 가능성이 크다.

① 조난자에게 접근
② 의식 확인
③ 마스크 안에 물 고임 확인(물이 고였으면 마스크 제거)
④ 조난자 웨이트 제거
⑤ 기도개방 자세로 수면으로 인양
⑥ 수면 도착 후 구조자 웨이트 제거
⑦ 조난자 기도개방 후 반응 확인(소리, 자극)
⑧ 호흡없으면 수면 인공(구조)호흡 실시(처음 2회는 연속으로 이후 5초마다 한 번씩 불어넣기)
⑨ 수면 인공(구조)호흡 하면서 육지 또는 배로 신속히 이동
⑩ 도움 요청 후 심폐소생술 실시

3. 의식이 없는 스쿠버 다이버 구조

: 스쿠버 다이빙 시에는 심정지 가능성이 크다.

① 조난자에게 접근
② 의식 확인
③ 마스크 안에 물 고임 확인(물이 고였으면 마스크 제거하고 코를 막는다.)
④ 조난자의 호흡기가 입에서 빠지지 않도록 고정 후 조난자 웨이트를 제거
⑤ 뒤에서 조난자를 잡고 기도개방 자세로 수면으로 인양 (상승속도는 조난자의 부력조절기로 조절)

> **알아둡시다!**
>
> 잠수 중 심정지 조난자는 전문 의료기관으로 최대한 빠른 이송 조치와 심폐소생술 시작이 필요하다.

⑥ 수면 도착 후 조난자의 장비를 벗기고, 구조자의 장비도 벗는다.(양성부력 확보)
⑦ 호흡 불어넣기 2회 후 육지 또는 배로 신속히 이동
⑧ 도움 요청 후 심폐소생술 실시

4. 심폐소생술 CPR, cardiopulmonary resuscitation

: 심장과 폐가 정지되었을 때 인위적으로 혈액 순환을 유지하여 뇌 손상을 지연시키고 회복에 도움을 주는 응급처치법

① **의식 확인** : 양쪽 어깨를 가볍게 치며 큰 소리로 반응을 확인한다.
② **구조요청** : 주변 사람 또는 직접 119에 연락하여 도움을 요청한다.
③ **가슴압박** : 의식이 없고 정상적인 호흡이 아닐 경우 심장이 멈춘 것으로 판단하고, 즉시 30회 가슴압박을 시작한다.(가슴압박 속도는 분당 100~120회 권장)
④ **기도개방** : 누워있는 환자의 이마에 손을 데고 나머지 한 손은 턱을 잡고 올려 기도를 개방한다.
⑤ **인공호흡** : 코를 막고 입대 입 방법으로 약 1초씩 2회 불어넣기를 한다.(인공호흡은 위생 문제 염려 및 숙달된 상태가 아니면 생략해도 된다.)
⑥ **가슴압박 30회, 인공호흡 2회 반복** : 구급대원 또는 응급구조사에게 인계될 때까지 계속 반복한다.

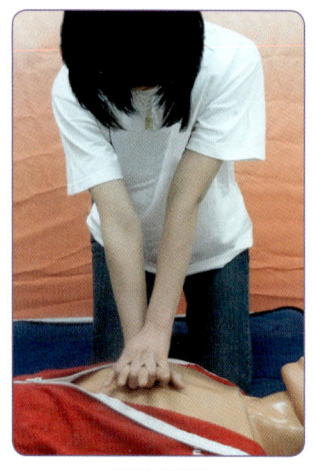
가슴 압박

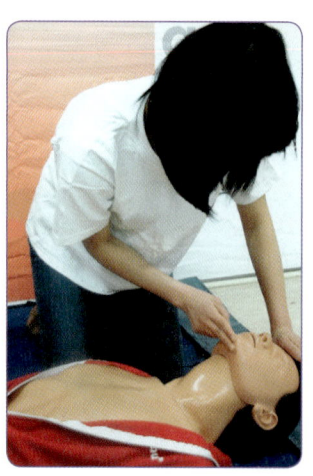
기도 개방

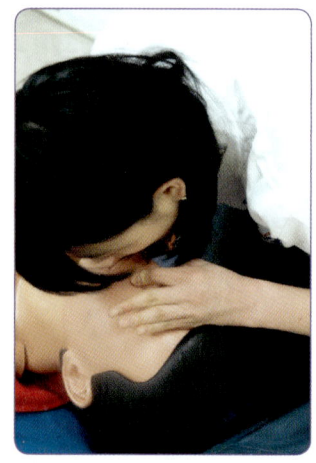
인공호흡

Chapter 02 잠수 생리

> **알아둡시다!**
> 특히 뇌는 혈액 공급 중단이 4분만 경과하여도 영구적인 손상이 발생할 수 있다.

: 확인 문제 :

1 뇌 손상은 혈액 공급이 몇 분 이상 중단되었을 때 발생하는가?

① 4분　　　　② 6분　　　　③ 8분　　　　④ 10분

정답 ①

2 수면에서 조난자가 발생하였다. 조난자의 심장은 뛰고 있지만 의식과 호흡이 없는 상태이다. 다음 중에서 가장 먼저 실시해야 하는 사항은?

① 가슴압박　　② 인공호흡　　③ 수분 섭취　　④ 마사지

정답 ②

3 다음 중 심폐소생술을 실시할 때 권장 가슴압박 속도는?

① 분당 50~60회　② 분당 60~70회　③ 분당 80~90회　④ 분당 100~120회

정답 ④

02 잠수 생리

01 호흡계와 순환계

1. 호흡계(호흡계통)

숨을 들이마시는 흡기(吸氣) 과정에서 혈액에 산소를 공급하고, 숨을 내쉬는 호기(呼氣) 과정에서 혈액에 이산화탄소를 배출하는 기체 교환 과정에 관여하는 장기를 말한다.

(1) **호흡기관** : 입, 인두, 후두, 기관, 기관지, 세기관지, 폐, 폐포, 늑골, 횡격막 등
(2) **폐의 구조** : 좌측 2개(상엽, 하엽), 우측 3개(상엽, 중엽, 하엽)
(3) **폐의 기능** : 산소 흡입, 이산화탄소 배출
(4) **총 폐용량** : 성인 기준 약 6ℓ
(5) **폐활량** : 최대한 들이마시고 내쉴 수 있는 공기량(약 4.5~4.8ℓ)

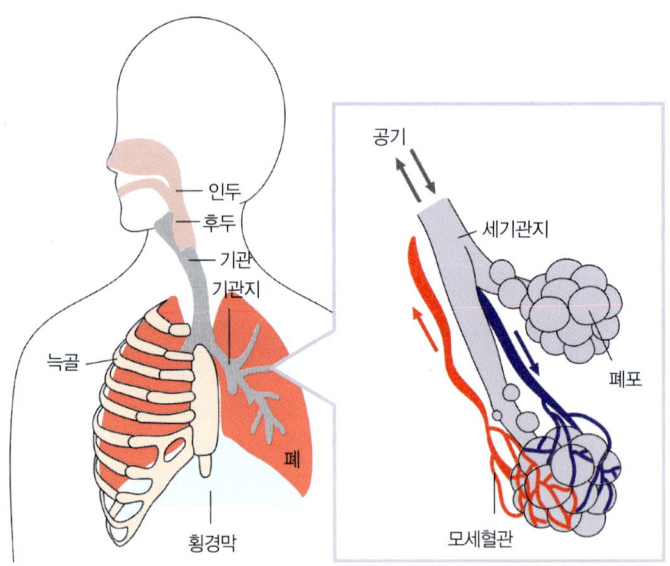

(6) **잔기용적** : 숨을 최대한 내쉰 후에도 폐에 남아 있는 공기량(약 1.2~1.5ℓ)
(7) **폐포** : 양쪽 폐에는 약 3억 개의 폐포가 있으며, 모세혈관으로 둘러싸여 있다.(폐포에서 기체 교환)

(8) **외호흡** : 폐포와 모세혈관 사이에서 일어나는 기체 교환 과정
(9) **내호흡** : 신체 조직 세포와 모세혈관 사이에서 일어나는 기체 교환 과정

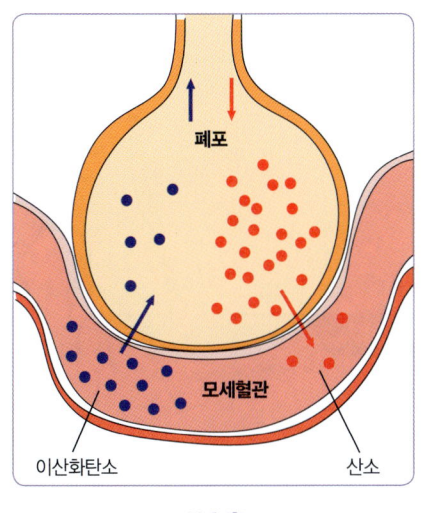
외호흡

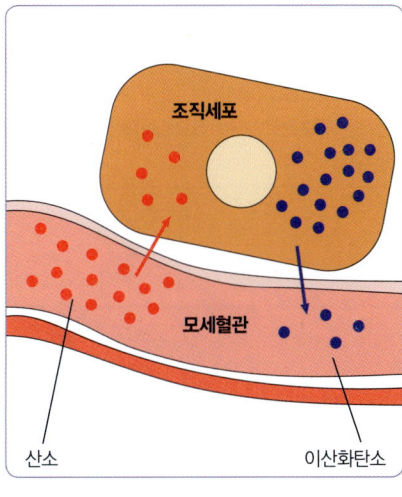
내호흡

> **알아둡시다!**
>
> 호기(내쉬는 숨)와 흡기(들이마시는 숨)를 합쳐서 '호흡'이라 한다.

2. 순환계(순환계통)

신체 조직에 영양분과 산소, 호르몬 등을 공급하고 대사 과정에서 생긴 이산화탄소, 노폐물 등을 호흡계나 배설계로 배출하는 과정과 관여하는 장기를 말한다.

(1) **순환기관** : 심장, 혈관, 혈액, 림프계 등
(2) **심장** : 심장 박동에 의해 혈액 순환이 이루어진다.
(3) **동맥** : 심장에서 혈액이 나오는 혈관으로 산소가 풍부하고 헤모글로빈과의 결합으로 붉은색을 띤다.
(4) **정맥** : 심장으로 혈액이 들어가는 혈관으로 산소가 적어 검붉은색을 띤다.

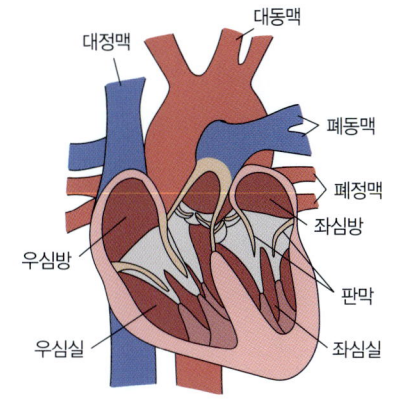

(5) **혈액 순환 과정** : 폐 ➡ 심장(좌심방 → 좌심실) ➡ 동맥
⬆ ⬇
심장(우심방→우심실) ⬅ 정맥 ⬅ 신체조직세포(모세혈관)

> **알아둡시다!**
> 산소는 헤모글로빈(Hemoglobin)과 결합하여 신체 조직 세포로 운반된다.

확인 문제

1 다음 중 호흡기관이 아닌 것은?

① 폐   ② 기관지   ③ 입   ④ 심장

정답 ④

2 다음 중 내호흡에 대해서 바르게 설명한 것은?

① 조직 세포와 폐포 사이에서 일어나는 기체 교환 과정
② 폐포와 모세혈관 사이에서 일어나는 기체 교환 과정
③ 조직 세포와 모세혈관 사이에서 일어나는 기체 교환 과정
④ 흡기 과정을 통해 혈액에 산소를 공급하는 과정

정답 ③

3 다음 중 순환계에 대한 설명으로 올바른 것은?

① 순환계에는 심장, 혈관, 뇌 등이 있다.
② 심장에서 혈액이 나오는 혈관을 동맥, 심장으로 혈액이 들어가는 혈관을 정맥이라고 한다.
③ 숨을 들이마실 때 혈액에 산소를 공급하고, 숨을 내쉴 때 이산화탄소를 배출한다.
④ 폐에는 약 3억 개 정도의 폐포가 있으며 폐포와 폐포를 둘러싼 모세혈관에서 기체 교환이 이루어진다.

정답 ②

02 인체의 공기공간 및 압착

1. 압착 Squeeze 현상 : 기체 부피가 줄어들며 생기는 현상
- 하강 중 압력 균형이 유지되지 않을 경우

2. 압력손상 : 잠수 중 압력의 증가와 감소로 인하여 인체가 직접 손상을 입는 현상
- 압력의 직접 영향 : 공기 부피 변화와 관련(보일의 법칙)
- 압력의 간접 영향 : 기체 분압의 변화와 관련(돌턴의 법칙, 헨리의 법칙)

3. 인체의 공기공간 : 중이, 부비동, 치아, 폐, 위, 창자 등

(1) **중이**(Middle ear)

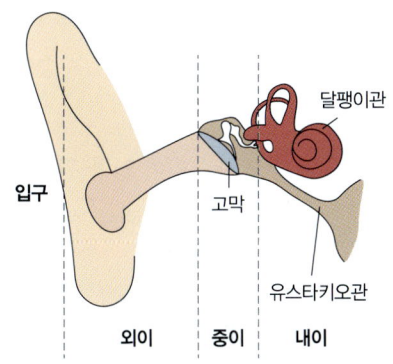

① 외이, 중이, 내이 귀의 세 부분 중 고막과 달팽이관 사이에서 소리를 전달하는 부위이며, 작은 공기 공간이다.

② **중이 압착** : 압력 증가때문에 중이에 있는 공기 공간 부피가 수축하면서 내부 통증이 유발된다(고막이 중이 안으로 밀려들어 가는 현상, 보일의 법칙).

③ 중이 압착을 무리하게 참을 경우 고막이 파열될 수도 있다.

> **알아둡시다!**
>
> 압착 현상으로 인한 통증을 해소하기 위해 몇 가지 "압력균형"을 맞추는 방법을 사용한다. 잠수에서는 일반적으로 영어로 "Equalizing"이라고 표현하며, 코를 막고 코를 불어 유스타키오관(이관)으로 공기를 밀어 넣어 중이에 압력을 조절해 주는 발살바 방법과 프렌젤, 토인비 방법 등이 있다.

(2) **부비동**(Sinus) : 머리뼈 속에 있는 4쌍의 작은 공기 공간으로 코와 가는 관으로 연결되어 있다.

① **부비동 압착** : 사이너스(Sinus)압착이라고도 하며 염증, 점액질 등으로 인해 코와 연결된 공기통로가 막혀 압력균형이 되질 않아 통증이 유발된다.

② 압착 현상이 지속될 경우 부비동 표면에 있는 모세혈관이 파열되어 약간의 출혈이 발생할 수 있다.

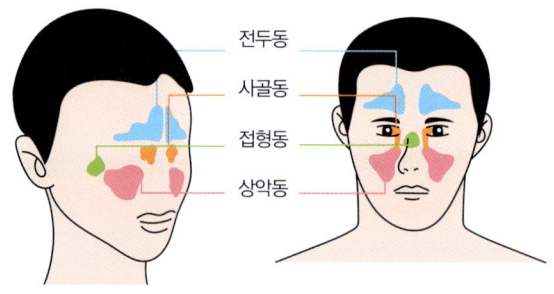

(3) **치아 압착** : 충치 치료 후 치아 속에 생긴 미세한 공기 공간으로 통증을 유발한다.

(4) **폐 압착** : 무호흡 잠수로 지나치게 깊은 수심으로 내려가 폐의 수축 한계점을 넘을 경우 폐의 조직 손상이 유발될 수 있다.

(5) **위·창자 역폐쇄** : 잠수 중에 위 또는 창자에서 발생된 기포가 상승 시 부피 팽창으로 통증이 유발될 수 있다.

(6) **기타 압착** : 외이 압착(원인 : 귀마개 사용), 물안경 압착(원인 : 하강 시 물안경 내에 압착 현상을 완화하지 못했을 경우 또는 수영용 물안경 사용), 잠수복 압착(원인 : 드라이 슈트 사용) 등이 있다.

> **알아둡시다!**
>
> 역폐쇄(Reverse block)란? 역압착이라고도 하며 상승 시 커지는 기체가 자연스럽게 통로를 통해 배출되지 못해 통증이 유발되는 현상을 말한다. 역폐쇄가 발생될 수 있는 신체 부위로는 중이, 부비동, 위와 창자 등이 있다.

확인 문제

1 다음 중 귀의 압착, 부비동 압착, 마스크 압착 현상은 잠수 과정 중 언제 발생하는가?

① 상승 중 발생
② 하강 중 발생
③ 하강·상승 모두 발생
④ 일정한 수심에서 유영 중 발생

정답 ②

Chapter 02 잠수 생리

2 정상적인 호흡과 속도로 상승을 했다. 수면에서 코에 약간의 출혈이 발생하였다면 다음 중 일반적 원인으로 유추할 수 있는 것은?

① 폐 압착
② 치아 압착
③ 귀의 압착
④ 부비동(사이너스)압착

정답 ④

3 잠수사의 눈 부위가 붓고 안구에 출혈 흔적이 보인다. 다음 중 그 원인에 가까운 것은?

① 부비동 압착
② 귀의 압착
③ 물안경 압착
④ 폐의 과다팽창 증후군

정답 ③

4 폐 압착 현상에 대한 설명으로 바른 것은?

① 혼합기체 잠수로 깊이 하강할 때 발생할 수 있다.
② 표면 공기 공급식 장비를 사용한 잠수에서 공기 압력이 잠수사 주변압보다 높을 경우 발생한다.
③ 스쿠버 잠수 시 숨을 참고 상승할 때 발생한다.
④ 무호흡 잠수로 과도한 수심에 도전할 때 발생할 수 있다.

정답 ④

03 폐의 파열

1. 공기색전증 Air Embolism

폐 손상으로 발생한 공기 기포가 뇌동맥을 막아 혈액 흐름을 차단하여 심각한 뇌 손상을 초래한다.

(1) **원인** : 잠수사가 호흡 잠수 중 숨을 참고 상승할 경우
(2) 잠수사가 수중에서 호흡을 하다 숨을 참고 상승하게 되면 폐 안에 있던 공기는 보일의 법칙

에 의해 부피가 커지게 된다. 폐 안에서 부피가 커진 공기가 호흡을 통해 배출되지 못할 경우에는 폐는 과팽창하게 되고 그로 인해 폐포가 파열되어 폐 모세혈관에 기포가 유입되게 된다. 이 기포는 심장을 통해 뇌동맥으로 들어가 심각한 뇌 손상을 초래한다.

(3) **증상** : 일반적으로 상승 직후 또는 10분 이내에 발생하며 입가에 피거품, 어지러움, 의식상실, 경련, 비대칭성 마비, 발작, 시각장애, 호흡곤란, 감각저하, 사망 등에 이른다.

(4) **치료 및 응급처치** : 신속한 재압실 치료 및 전문의 치료(이송 중 의료용 산소호흡, 심정지 발생 시 심폐소생술 실시)

(5) **예방** : 잠수 중에는 숨을 참지 않고 정상호흡을 하며 상승한다. 단, 공기 고갈, 장비의 문제 등 비상 상황 시에는 팽창된 공기가 배출될 수 있도록 고개를 뒤로 젖혀(기도개방 자세) 수면을 바라보고 "아~~" 소리를 내며 상승한다.

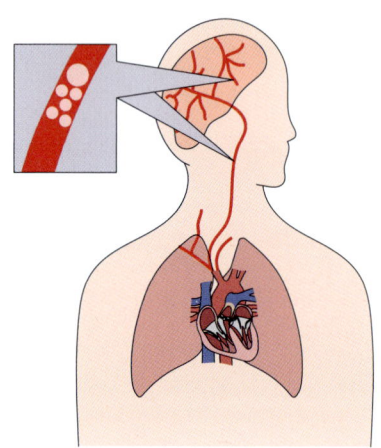

2. 종격기종 Mediastinal emphysema

폐의 과팽창에 의해 폐포 파열이 초래되고 그로 인해 생성된 기포가 종격동으로 유입되어 심장과 폐 기능을 방해

(1) **원인** : 잠수사가 호흡 잠수 중 숨을 참고 상승할 경우
(2) **증상** : 가슴 중앙의 통증 및 압박감, 호흡곤란, 청색증, 혈액순환 장애, 기절 등
(3) **치료 및 응급처치** : 전문의 치료, 재압실 치료, 산소호흡

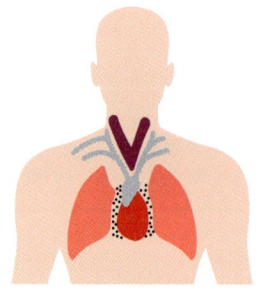

3. 피부밑의 기종 Subcutaneous emphysema

폐의 과팽창에 의해 폐포 파열이 초래되고 그로 인해 생성된 기포가 목 또는 쇄골 부위의 피부 밑으로 유입되어 피부가 부어올라 호흡을 방해

(1) **원인** : 잠수사가 호흡 잠수 중 숨을 참고 상승할 경우

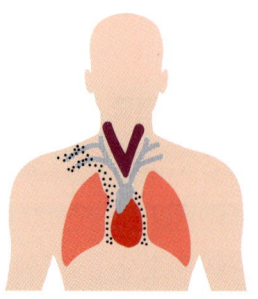

(2) **증상** : 피부가 부어오름, 만지면 바스락거리는 소리와 촉감이 느껴짐, 목소리 변화, 목 부위 조임 현상, 호흡곤란 등

(3) **치료 및 응급처치** : 경미할 경우 자연 치유, 심할 경우 피하주사로 기포제거(전문의 치료), 재압실 치료, 산소호흡

4. 기흉 Pneumothorax

폐의 과팽창에 의해 폐포 파열이 초래되고 그로 인해 생성된 기포가
폐와 가슴막 사이로 유입되어 폐의 기능을 방해

(1) **원인** : 잠수사가 호흡 잠수 중 숨을 참고 상승할 경우

(2) **증상** : 기침, 가슴의 통증, 청색증, 호흡곤란 등

(3) **치료 및 응급처치** : 수술로 기포제거(전문의 치료), 재압실 치료, 산소호흡

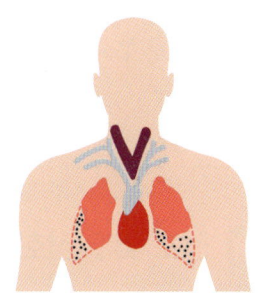

> **알아둡시다!**
>
> 폐 손상으로 인해 발생한 기포가 어느 부위로 유입되는지에 따라 "공기색전증, 기종과 기흉"이 발생한다.

확인 문제

1 다음 중 상승 과정에서 발생되는 질환이 아닌 것은?

① 폐 압착 ② 공기색전증 ③ 피부밑 기종 ④ 기흉

정답 ①

2 공기색전증의 특징으로 보기 어려운 것은?

① 신속한 재압실 치료가 필요하다.
② 어깨, 무릎 등의 관절 부위에 찌르는 듯한 통증이 발생한다.
③ 어지러움, 감각저하, 마비 현상이 나타난다.
④ 일반적으로 상승 직후 또는 10분 이내 발생한다.

정답 ②

3 공기 고갈로 비상 상승을 한 잠수사의 목 주위 피부가 부어올랐고, 손으로 만졌을 때 바스락거리는 소리와 촉감이 느껴졌다. 다음 중 관련이 있는 사항은?

① 폐 손상으로 발생 된 기포가 피부밑으로 들어간 상황이다.

② 급상승으로 인한 감압병 증상이다.

③ 숨을 참고 상승할 때 발생 되는 종격기종 증상이다.

④ 공기 기포가 경동맥으로 들어가 혈관을 막은 공기색전증 증상이다.

정답 ①

04 산소 및 일산화탄소 중독

1. 산소중독 Oxygen poisoning

인체에 산소는 가장 필수적인 요소이지만 과도하게 많은 산소는 전신 산소중독(폐 산소중독)및 중추신경계 산소중독 등을 발생시킨다.

(1) **종류 및 원인**

① **전신 산소중독(폐 산소중독)** : 산소분압이 0.5기압 이상의 기체로 약 24시간 이상 호흡을 할 경우 발생

② **중추신경계 산소중독** : 산소분압이 1.6기압 이상의 기체로 약 45분 이상 호흡할 경우 발생

※ 산소 21%의 압축공기로 수심 약 66m를 내려가면 산소 분압은 1.6기압이 된다.

(2) **증상**

① **전신 산소중독(폐 산소중독)** : 폐활량 감소, 가슴 통증, 폐부종, 기침, 심한 목마름 등

② **중추신경계 산소중독** : 근육 경련, 시각장애, 청각장애, 구토, 현기증, 흥분, 발작 등

(3) **치료 및 응급처치**

① 수면으로 상승, 누운 자세로 휴식 및 안정, 전문의 치료

② 일반인에 의한 응급처치에서는 산소호흡을 금지한다.

(4) **예방**

산소 허용 한계 수심 엄수, 스포츠 다이빙 중 순수 산소 사용 금지, 혼합기체 잠수 중 산소 분

Chapter 02 잠수 생리

압을 최대 1.6기압 이하로 유지, 압축공기를 사용한 잠수 권장

> **알아둡시다!**
> 중추신경계 산소중독은 일반적으로 산소분압이 1.6기압 이상이면 발생한다. 하지만 과도한 수중 작업 시에 산소분압이 1.2기압에서도 나타날 수 있다.

2. 일산화탄소 중독 Carbon monoxide poisoning

과거 연탄을 가정 연료로 사용하던 시기에 연탄가스 중독으로 잘 알려진 일산화탄소 중독은 불완전 연소가 될 때 주로 발생하며, 무색, 무취, 무미의 특성이 있으며 소량을 흡입하더라도 중독 증세를 일으킨다.

(1) **원인** : 공기압축기(Air compressor)의 내연기관에서 발생된 일산화탄소 또는 매연 등의 오염된 배기가스가 공기통이나 호흡 장비에 유입될 경우

(2) **증상** : 입술과 손톱이 비정상적으로 붉어짐, 두통, 현기증, 호흡곤란, 구토, 의식불명 등

(3) **치료 및 응급처치** : 고압산소 치료, 산소호흡, 전문의 치료

(4) **예방** : 공기압축기의 철저한 점검 및 관리, 깨끗한 공기충전 등

> **알아둡시다!**
> 인체의 각 조직세포는 산소를 필요하고 산소는 적혈구의 헤모글로빈과 결합하여야 혈액의 산소운반이 진행된다. 하지만 일산화탄소는 산소보다 약 200배 이상의 결합력을 가지기 때문에 산소와 헤모글로빈과의 결합을 방해하여 각 조직 세포에 산소결핍 증상이 발생한다.

확인 문제

1 다음 중 산소중독 증상으로 판단하기 어려운 것은?

① 근육 경련   ② 시각 장애   ③ 구토   ④ 피부 발진

정답 ④

2 흡연이 잠수사에 미치는 영향으로 보기 어려운 것은?

① 공기색전증에 걸릴 가능성이 커진다.   ② 감압병에 걸릴 가능성이 커진다.
③ 질소마취가 발생할 가능성이 커진다.   ④ 혈액의 산소운반 능력이 감소한다.

정답 ③

05 질소마취

1. 질소마취 Nitrogen narcosis

잠수 수심이 깊어질수록 공기의 압력이 증가하고 공기 기체를 구성하고 있는 각 기체들의 부분압도 증가한다. 이 중에 질소는 분압이 높아지면 신경 세포의 지질막 안으로 용해되어 일종의 마취 작용을 일으킨다.

(1) **원인**
　① 질소는 불활성 기체로서 대기압 하에서는 우리 인체에 아무런 해를 끼치지 않는다. 하지만 높은 압력의 불활성 기체는 우리 인체의 뇌와 신경계를 구성하는 지방질과 단백질에 용해되어 신경세포의 기능을 방해한다.
　② 압축 공기로 호흡을 하는 잠수사에게 있어서는 개인마다 다소 차이는 있지만 일반적으로 수심 30m 이상부터는 질소마취 현상이 발생될 가능성이 커진다.

(2) **증상**
　① 육체적 증상 : 운동 능력 감소, 반사 능력 감소 등
　② 정신적 증상 : 황홀감, 술에 취한 느낌, 자만감, 흥분, 강한 행복감, 판단력 저하, 방향감각 상실 등

(3) **치료 및 응급처치**
　① 수심 30m 이내로 상승(수심 30m 이내일 경우에는 발생 수심보다 낮은 수심으로 이동)
　② 질소마취는 대부분 수면으로 복귀 시 빠른 시간 내에 회복되며, 후유증도 극히 적다.

(4) **예방**
　① 수심 30m를 초과하여 잠수 금지
　② 잠수 전에 음주, 약물(멀미약, 진정제, 감기약, 설사약 등)복용 절대 금지

> **알아둡시다!**
> 질소마취의 위험성 때문에 스포츠 다이빙의 권장 한계 수심을 30m 이내로 제한하고, 짝 잠수의 중요성을 강조하게 되었다.

Chapter 02 잠수 생리

: 확인 문제 :

1 압축 공기로 심해에서 작업을 할 때 몸이 나른해지고 술에 취한 듯한 증상으로 판단 능력이 저하되는 현상이 발생하였다. 다음 중 설명으로 적합한 것은?

① 체온 손실로 인한 저체온증 현상
② 높은 수압의 폐 압착 현상
③ 높은 산소 부분압에 의한 산소중독 현상
④ 과도하게 용해된 질소에 의한 질소마취 현상

정답 ④

2 잠수를 마치고 육상에서 휴식을 취하면 몸 안에 질소는 어떻게 되는가?

① 아무 변화가 없다.
② 산소와 질소가 결합하여 산화질소가 생성된다.
③ 호흡을 통해 배출되어 질소의 양이 줄어든다.
④ 육상의 공기를 흡입함으로 질소의 양이 늘어난다.

정답 ③

06 호흡과 잠수

1. 호흡 呼吸, Respiration

일반적 의미로 내쉬는 숨(호기)과 들이쉬는 숨(흡기)을 합쳐서 호흡이라 한다. 숨을 들이쉬고, 내쉬며 외부 환경으로부터 산소를 섭취하고 이산화탄소를 배출하는 과정을 말한다.

(1) **분당 호흡속도** : 성인의 경우 약 12~15회

(2) **1회 호흡량** : 성인의 경우 약 0.5ℓ(500㎖) – 운동 시 약 3배 이상 증가

(3) 잠수 시 비정상적인 호흡을 할 경우 이산화탄소 축적(Hypercapnia)유발

(4) **이산화탄소 축적 원인** : 장시간 무리한 핀킥, 호흡 거르기, 호흡기의 호흡저항, 잠수 시 중노동, 잠수 헬멧 사용 시 환기 불량, 이산화탄소 흡수제 결함, 충전 기체의 이산화탄소 오염 등

(5) **이산화탄소 축적 증상** : 잠수 후 심한 두통, 메스꺼움, 현기증, 심할 경우 의식상실 등

(6) **이산화탄소 축적 치료** : 깨끗한 공기 호흡, 안정 및 휴식, 산소호흡 등

> **알아둡시다!**
> 성인의 분당 호흡속도는 약 12~15회, 1회 호흡량은 약 0.5ℓ(운동 시 약 1.5ℓ 이상 증가)이다.

: 확인 문제 :

1 다음 중 이산화탄소 축적의 예방법과 거리가 먼 것은?
① 짧고 빠른 호흡을 지속한다.
② 잠수 중에는 숨을 참지 않는다.
③ 호흡 저항이 낮은 성능이 좋은 호흡기를 사용한다.
④ 잠수 시 천천히 심호흡을 한다.

정답 ①

2 다음 중 수중에서 잠수사의 호흡 방법으로 올바른 것은?
① 빠르고 짧게   ② 천천히 길게   ③ 빠르고 길게   ④ 천천히 짧게

정답 ②

07 수온과 인체

1. 열 손실

열 손실은 복사, 전도, 대류, 증발 등의 물리적 요인으로 열 교환 현상이 발생하는 것을 말하며, 수중에서는 물의 높은 열 전도성으로 인하여 육상에 비해 약 20~25배 이상 더 많은 열 손실을 갖게 된다.

(1) **복사** : 열에너지가 전자기파의 형태로 방출 또는 방사되는 현상. 잠수사의 열 손실에는 미비한 영향을 끼친다.

(2) **전도** : 물체의 접촉을 통해 높은 온도는 낮은 온도로, 낮은 온도는 높은 온도로 열이 전달되

는 현상. 물은 공기보다 약 20~25배 열 전도성이 높기 때문에 잠수사의 피부가 물에 닿으면 열 손실에 큰 영향을 미친다.

(3) **대류** : 액체 및 기체가 이동함으로써 열이 골고루 이동되는 현상. 잠수 중에는 잠수사의 움직임과 물의 이동으로 잠수사 신체 주변에서 대류 현상이 발생한다. 대류 현상은 잠수사의 열 손실을 증대시킨다.

(4) **증발** : 액체가 기체로 변하는 과정에서 열이 이동되는 현상. 잠수사가 호흡할 때 차가운 공기를 들이쉬고 체온으로 따뜻해진 공기를 내쉬는 과정에서 열 손실이 발생된다. 잠수사의 열 손실에는 미비한 영향을 끼친다.

① **원인** : 장시간 잠수, 차가운 물에서 잠수, 호흡에 의한 열 증발, 부적절한 잠수복 사용 등

② **혼합기체와 열 손실** : 심해잠수사는 대심도 잠수를 위해 일반적으로 산소, 헬륨, 수소의 3가지 혼합기체를 사용한다. 헬륨은 질소에 비해 열전도율이 약 7배 크기 때문에 혼합기체로 호흡할 경우 빠른 체온 손실이 발생한다.

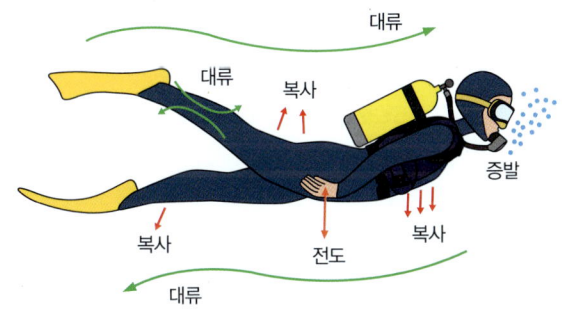

알아둡시다!
신체 부위에서 열 손실이 가장 큰 부위 : 머리, 목, 겨드랑이, 사타구니 등

확인 문제

1 다음 중 잠수사의 체온 손실의 원인과 거리가 먼 것은?

① 맨몸 잠수 ② 장시간 잠수 ③ 낮은 공기 압력 ④ 호흡에 의한 열 증발

정답 ③

2 저체온증 증상으로 틀린 것은?

① 몸 떨림 ② 호흡 증가 ③ 청색증 ④ 현기증

정답 ④

03 감압표 및 치료표

01 감압표·잠수표 일반상식

1. 감압 Decompression
용어의 의미만으로는 압력이 줄거나 줄이는 것을 뜻한다. 하지만 잠수에 있어서 감압이란 상승 시에 주변 압력 및 체내 압력을 감소시키면서 잠수 전의 상태로 돌아가는 것을 의미하며, 체내에 과도하게 용해되었던 불활성 기체(질소)를 배출시키는 일과 과정을 말한다.

2. 감압표 Decompression tables
잠수사가 감압이 필요한 잠수를 했을 때 신체에 과도하게 용해된 불활성 기체의 배출을 위하여 일정한 수심에서 반드시 정지해야 할 시간을 표시한 표. 일반적으로 산업잠수 분야에서 많이 사용한다.

3. 잠수표 Dive tables
잠수 중 체내에 용해되는 질소량의 위험 수위를 제한하기 위해 수심대별 무감압체류시간과 실수로 감압이 필요한 잠수를 한 경우 질소 배출에 필요한 수심과 시간을 계산하여 안전하게 잠수할 수 있는 범위를 수치로 나타낸 표를 말한다. 일반적으로 스포츠 잠수 분야에서 감압병을 예방하기 위한 목적으로 사용된다.

4. 잠수표 관련 용어
(1) **잠수 시간** : 하강 시작 ~ 상승 시작 전
(2) **잠수 수심** : 잠수 중 가장 깊이 하강했던 수심
(3) **첫 잠수** : 전 잠수 종료 12시간 후에 진행하는 잠수
(4) **재잠수** : 전 잠수 종료 10분 이후 ~ 12시간 이내에 진행하는 잠수
(5) **감압정지** : 무감압 한계 초과 시 지정 수심에서 지정 시간 동안 호흡을 통해 질소를 배출하는 절차
(6) **안전정지** : 무감압 한계 내에서 잠수하였더라도 수면 도착 전 수심 약 5m에서 3~5분간 머물면서 체내에 있는 기준치 이상의 잔여 질소를 최대한 배출해주는 절차. 안전정지는 잠수 시 매번 적용하는 것이 바람직하다.
(7) **반복 그룹** : 잠수 종료 후 잠수사의 몸 안에 잔류 질소의 양을 알파벳으로 나타낸 표
(8) **잔류(잔여)질소시간** : 잠수 종료 후 아직 잠수사의 몸 안에 잔류하고 있는 질소를 시간으로

계산한 수치로 다음 재잠수 시간에 반드시 더해야 하는 시간

(9) **무감압 한계 시간** : 잠수 시 감압 정지없이 머물 수 있는 최대 시간

(10) **간주되는 잠수 시간** : 재잠수 시 해저에서 체류한 실제 시간에 잔류질소시간을 합한 시간

(11) **휴식 시간** : 잠수 종료 후 수면 도착 시각부터 다음 잠수 하강 시작 전까지

5. 잠수 일반상식

(1) **찬물이나 힘든 잠수** : 잠수표의 잠수시간 중 한 단계 더 긴 잠수시간 적용

(2) **잠수 후 비행기 탑승 대기 시간**

　① 잠수 1회 시 : 12시간 이상 대기 후 탑승

　② 잠수 2회 이상 시 : 18시간 이상 대기 후 탑승

　③ 감압 잠수 또는 3일간 연속 잠수 시 : 24시간 이상 대기 후 탑승

(3) **비상감압절차** : 실수 또는 불가피한 상황으로 인하여 감압이 필요한 잠수를 한 경우 수심 5m에서 잠수표에 지정된 시간만큼 감압한다.(잠수 컴퓨터 사용 시 감압 모드가 사라질 때까지 감압한다.)

(4) **상승 속도를 어긴 경우** : 정상 상승 속도로 상승했을 때 걸리는 시간만큼 5m 안전정지에 추가한다.

(5) **다중수심잠수**(Multi-level diving) : 깊은 수심대에서 얕은 수심대 순서로 잠수 장소를 계획한다.(잠수 컴퓨터 사용 권장)

(6) 해발 300m 이상의 고도잠수 시에는 고도용 잠수표 또는 고도잠수용 컴퓨터를 사용한다.

> **알아둡시다!**
>
> 일반적으로 잠수사의 감압 위치는 잠수사의 가슴이 지정 수심에 위치하는 것을 기준으로 한다.

: 확인 문제 :

1 다음 중 안전정지(Safety stop)에 대한 설명으로 바른 것은?

① 무감압 한계 초과 시 지정 수심에서 지정 시간 동안 호흡을 통해 질소를 배출하는 절차
② 실수 또는 부득이한 이유로 감압이 필요한 잠수를 한 경우 수심 5m에서 잠수표에 지정된 시간만큼 정지하는 절차
③ 급상승 시 정상 상승 속도로 상승했을 때 걸리는 시간만큼 5m에서 정지하는 절차
④ 수면 도착 전 수심 약 5m에서 3~5분간 머물면서 체내에 있는 잔여 질소를 최대한 배출해 주는 절차

정답 ④

2 감압정지 시 감압 수심을 잠수사 신체의 어느 부분을 기준으로 하는 것이 적합한가?

① 머리　　② 어깨　　③ 가슴　　④ 허리

정답 ③

02 치료표 및 기압조절실

1. 치료표 Treatment tables

잠수사는 수중에서 감압병 및 공기색전증 등의 잠수병을 예방을 위해 안전 규정을 준수하며 잠수를 하게 된다. 하지만 부주의 또는 예기치 못한 상황으로 잠수병이 발생될 수 있다. 이러한 잠수병을 치료하기 위하여 재압실(Recompression chamber)치료가 가장 효과적으로 사용되고 있고 병증에 따라 적합한 치료표를 적용하고 있다.

(1) **산소 치료표** : 순수 산소호흡을 이용한 재압 치료는 혈액순환 개선, 기포 분해, 부종 경감, 불활성 기체 배출 등에 큰 효과가 있으며 회복 시간 단축과 후유증을 최소화할 수 있는 장점이 있다.

(2) **공기 치료표** : 산소호흡에 비해 치료 효과는 크지 않지만 산소 내성이 떨어지거나 부작용이 있는 사람 또는 산소 공급이 원활하지 않은 경우에 사용한다.

> **알아둡시다!**
> 일반적으로 미 해군 치료표를 가장 많이 사용하고 있다.

  (3) **치료표 종류** : 미 해군 치료표, COMEX 30 치료표, 1ALPHA 치료표 등

2. 재압실 Recompression chamber

기압조절실이라고도 하며 잠수 중에 감압병 및 공기색전증 등의 잠수병이 발생하였을 경우 재압 치료에 사용하는 것을 주요 목적으로 한 압력 용기의 시설을 말한다.

 (1) **재압실 치료** : 감압병이 발생한 환자를 재압실에 들여보낸 후 재압실 내에 압력을 가하면 환자의 조직 속에 발생한 질소 기포는 그 크기가 줄어들게 된다. 크기가 작아진 질소 기포는 다시 용해되어 혈액에 의한 순환을 하게 되고 압력을 단계별로 줄여 호흡을 통한 배출을 유도한다. 이 과정에서 증세에 적합한 치료표를 활용하여 가장 효과적인 재압 치료를 하게 된다. 감압병 치료에는 재압실 치료가 가장 효과적이며, 신속한 재압실 치료를 받을 수록 치료 성공률이 높다.

 (2) **재압실 유의사항**

  ① **재압실 압력 검사** : 처음 설치된 후 그리고 매 2년 간격으로 검사를 받는다. 그리고 수리 또는 부품을 교체할 경우와 재압실을 이동할 경우에도 압력 검사를 받는다.

  ② **화재 예방** : 재압실 내부에 산소 비율이 높아질 경우 폭발성 화재 발생의 위험성이 크다. 따라서 정전기 발생 물질 및 인화성·가연성 물질은 사전에 반입을 철저히 금지해야 한다. 또한 재압실 내부 산소 비율을 21% 유지하고 25%를 초과하지 않도록 한다.

  ③ **소방 시설** : 재압실 내에 소화 장비로는 물통과 모래통을 비치한다.

  ④ **경고판 부착** : 재압실 내·외부 눈에 잘 보이는 곳에 부착한다.

  ⑤ **도색** : 재압실의 재질이 강철일 때만 도색을 하되 반드시 불연성 도료만을 사용해야 한다.

  ⑥ **위생 관리** : 재압실 내부에서 사용하는 섬유 제품은 자주 세탁해서 일광 소독하여 청결 상태을 유지한다.

> **알아둡시다!**
>
> **재압실의 기체(표시)와 도색**
>
> | 헬륨(He) | 담황색(Buff) |
> |---|---|
> | 산소(O_2) | 녹색(Green) |
> | 헬륨-산소($He-O_2$) | 오렌지색(Orange) |
> | 질소(N_2) | 밝은 회색(Light Gray) |
> | 배기(E) | 은색(Silver) |
> | 고압공기(AHP) | 검은색(Black) |
> | 저압공기(ALP) | |

확인 문제

1 감압병이 발생된 잠수사의 재압실 치료와 관련이 없는 것은?

① 재압 치료에 산소 치료표를 적용한다.

② 재압 치료에 공기 치료표를 적용한다.

③ 재압 치료에 표준 잠수표를 적용한다.

④ 감압병은 신속한 재압 치료를 받아야 치료 성공률이 높다.

정답 ③

2 재압 치료 중 순수 산소호흡의 장점이 아닌 것은?

① 혈액순환 개선   ② 기포분해 효과   ③ 산소중독 예방   ④ 부종 경감

정답 ③

3 다음 중 재압실 배관(밸브)색깔에 대한 표시로 틀린 것은?

① 공기 공급 밸브 : 밝은 회색

② 공기 배기 밸브 : 은색

③ 산소 공급 밸브 : 녹색

④ 헬륨-산소 공급 밸브 : 오렌지색

정답 ①

4 재압실 내부에 가연성 윤활유, 알코올, 탄화수소 등의 물질이 반입되면 위험한 가장 큰 이유는?

① 미끄러지는 사고가 발생할 수 있다.

② 재압실 내에 냄새가 난다.

③ 공기 오염이 심해질 수 있다.

④ 폭발성 화재의 우려가 있다.

정답 ④

04 감압병

01 감압병 일반상식

1. 감압병 DCS, Decompression sickness

감압병은 공기 중에 불활성기체인 질소에 의해 유발된다. 잠수 수심이 깊어질수록 주변 압력이 높아지고 잠수사가 호흡하는 기체의 압력도 높아진다. 압력이 높아진 기체 중 질소는 잠수사 체내에 용해되고, 수중 체류시간에 비례하여 점차적으로 잠수사의 체내에 녹아 들어가 포화 상태가 되어진다. 포화된 질소는 정상적인 호흡과 적절히 압력을 낮추는 상승 과정을 통해 기화되어 호흡으로 배출되어야 한다. 하지만 급상승 또는 감압이 필요한 잠수에서 감압정지를 하지 않는 등의 비정상적인 상승과정으로 인해 질소가 정상적으로 배출되지 못할 경우 체내에 기포가 형성되어 병증을 유발하는 것을 감압병이라 한다. [감압병을 케이슨 병(Caisson Disease)또는 벤즈(Bends)라고도 한다]

> **알아둡시다!**
>
> 헨리의 법칙(Henry's law)에 의해 기체는 분압차에 따라 액체 속으로 용해 → 포화 → 기화 과정을 통해 이동한다.

(1) **감압병 주요 원인**
　① 오랜 잠수 후 급상승
　② 감압이 필요한 잠수 후 감압정지 없이 상승
　③ 잠수 종료 후 비행기 탑승 제한시간 어김 또는 높은 고도로 이동

(2) **감압병 증세**
　① 제1형(경증: 피부, 근골결계, 임파선 등 관련) 감압병 : 피부발적 및 가려움, 관절 및 근육 통증, 부종 등
　② 제2형(중증: 중추신경계, 호흡계, 순환계 등 관련) 감압병 : 전신 피부 발진, 반신 또는 전신마비, 호흡곤란, 의식불명, 현기증, 어지러움, 구토 등

(3) **감압병 발생 추이** : 일반적으로 수면 도착 후 평균 10분 이후에 발생함

1시간 이내	3시간 이내	8시간 이내	24시간 이내
약 42% 발생	약 60% 발생	약 83% 발생	약 98% 발생

(4) 응급처치 및 치료

① 신속한 재압 치료

② 이동 시 쇼크 예방 자세 및 순수 산소호흡 처치

③ 헬리콥터 이용 시 최대한 저공비행

> **알아둡시다!**
> 재압실 치료 시설까지의 이동거리가 멀다고 수중 재압을 시도하는 것은 매우 위험하다.

2. 감압병 촉진 요소

(1) **질병 및 상처** : 인체의 순환계, 호흡계 등의 질병은 혈액 순환에 문제를 초래하여 정상적인 질소 배출 기능에 장애를 발생시킬 수 있다.

(2) **탈수** : 체내에 수분이 부족하면 혈액의 점성이 높아져 혈액 순환에 장애를 유발시켜 질소 배출 능력을 감소시킨다.

(3) **음주** : 알코올의 산화물인 아세트알데히드(Acetaldehyde)를 간에서 분해할 때 수분이 필요로 하게 된다. 이 과정에서 체액에 있는 수분을 간에서 사용하여 탈수 현상을 초래한다.

(4) **추위** : 수온이 떨어지면 체온을 유지하기 위해 호흡수가 증가하고 그로 인해 질소 흡수율이 높아지게 된다. 또한 신체 말단 부위의 혈관 축소 현상은 혈액 순환 장애를 유발한다.

(5) **비만** : 지방질에는 질소 흡수율이 약 5배 높고 질소 배출 능력은 매우 떨어진다. 따라서 비만 잠수사는 감압병에 취약하다.

(6) **난원공개존**(PFO ; Patent foramen ovale) : 선천적인 장애로 심방중격에 있는 나원공이 닫히지 않은 상태를 난원공개존이라고 한다. 감압병에 매우 취약하다.

(7) **고령** : 신체 기관의 기능 저하로 체내 질소 배출 능력이 감소하게 된다. 단, 개인적인 건강상태에 따라 차이가 있다.

(8) **격렬한 움직임** : 잠수 중이나 후에 격렬한 움직임은 호흡량을 증가시켜 질소 흡수를 증가하게 한다. 또한 미세기포를 활성화하여 감압병을 촉진한다.

(9) **이산화탄소 축적** : 과도하게 축적된 이산화탄소는 혈액 내의 질소 기포 속으로 녹아들어 가 기포의 크기를 증대시킬 수 있으며 커진 기포는 혈액 순환을 방해하여 감압병 발생을 증가시킬 수 있다.

(10) **잠수 후 목욕** : 일반적으로 기체는 온도에 따라 부피가 변화한다. 체내에 축적된 기포도 체온이 올라가면 부피에 영향을 미쳐 감압병을 유발할 수 있다. 또한 피부 부위 모세혈관 확장으로 조직은 혈액을 빼앗기게 되고 혈액이 부족한 조직은 질소 배출 능력이 감소될 수 있다.

3. 감압병의 예방

(1) 스포츠잠수 분야에서는 반드시 무감압 한계시간을 초과하지 말아야 한다. 또한 산업잠수 분야에서도 되도록 무감압 한계시간 내에서 진행이 되어야 한다.
(2) 상승속도는 1분당 9m의 속도를 준수하며 천천히 올라온다.
(3) 산업잠수 분야에서 감압이 필요한 잠수를 하였을 경우 반드시 감압표의 지시를 따라야 한다.(감압표 암기 금지)
(4) 상승 중 5m에서 약 3~5분간 안전정지를 진행한다.
(5) 사전 조사를 통해 잠수 진행에 대한 정확한 계획을 수립하고, 계획한 잠수에서 벗어나지 않고 철저히 따른다.
(6) 잠수 직후 비행기 탑승 제한시간 엄수
(7) 감압병 촉진 요소 주의

: 확인 문제 :

1 다음 중 감압병 예방으로 올바른 것은?
① 가장 느린 속도로 올라온다.
② 감기 증상이 있을 때 잠수하지 않는다.
③ 잠수를 마치면 되도록 빠른 속도로 상승한다.
④ 잠수표의 지시를 철저히 준수한다.

정답 ④

2 다음 중 중추신경계 감압병 증상으로 판단하기 어려운 것은?
① 부종   ② 마비   ③ 질식   ④ 의식불명

정답 ①

Chapter 02 잠수 생리

3 다음 중 급상승으로 잠수사의 몸속에 기포가 형성되면 가장 흔하게 모이는 부위는?

① 머리 ② 복부 ③ 피부 ④ 관절

정답 ④

4 다음 중 감압병에 대한 설명으로 틀린 것은?

① 잠수사가 급상승하여 압력이 급격히 낮아지면 배출되지 못한 질소가 체내에서 기포를 형성하게 된다.
② 잠수사의 체내 질소 부분압이 외부 압력보다 높아지면 신체 조직에서 기화되어 호흡을 통해 배출되어야 한다.
③ 수심 30m에서는 잠수사가 받는 절대압은 3기압이 되어 육상보다 3배가 많은 질소가 체내에 용해된다
④ 잠수사의 체내 질소 부분압이 같아질 때까지 질소는 계속 용해되어 흡수된다.

정답 ③

05 위험한 생물

1. 상어

지구상에는 약 400여 종의 상어가 서식하며, 그 중의 사람에게 피해를 줄 수 있는 종류로 백상아리, 범상어, 황소상어, 청상어, 귀상어 등 약 30여 종 정도이다.

(1) 주의 사항 및 대처 방법

① 피 흘리는 물고기, 수면에서 발차기, 반짝이는 물건, 진동 등으로 상어를 흥분시키거나 부르는 행동을 하지 않는다.

② 상어 위험지역에서는 잠수하지 않는다.

③ 상어를 예의 주시하며 가까이 오면 딱딱한 물건으로 밀어낸다. 주변을 빠르게 돌기 시작하면 특히 조심해야 한다.

④ 수면으로 도망치거나 첨벙첨벙하는 행동 등 먹이로 오인될 행동을 하지 않는다.

⑤ 큰 바위에 붙거나 동료들끼리 바닥에 무리 지어 움직이지 않는다. 상어가 멀어져 없어지면 천천히 상승하여 물 밖으로 나온다.

⑥ 상어가 공격할 때는 막대기 또는 딱딱한 물체로 눈이나 코를 내리치며 방어한다.

⑦ 작살이나 칼로 상어에게 상처를 내어 피를 흘리게 하는 행위는 다른 상어를 부르거나 흥분시킬 수 있다.

(2) 응급처치 및 치료

① 신속하게 응급 기관에 도움을 요청하여 전문의 치료를 받아야 한다.

② 출혈이 심할 경우 상처 부위를 깨끗한 면으로 압박하거나 지혈대 사용법으로 과다 출혈을 예방한다.

③ 응급 기관으로 이동 시 쇼크 예방 자세를 취한다.

④ 과다 출혈로 인해 심정지 또는 호흡이 없을 경우 심폐소생술을 한다.

2. 곰치

주로 열대성 바다에 서식하며 어두운 굴속이나 바위틈을 좋아한다. 이빨이 뾰족하고 무는 힘이 세기 때문에 물속에서 주의가 필요하다.

(1) 주의 사항 및 대처 방법

① 어두운 굴이나 바위틈에 손을 넣지 않는다.

② 작살을 이용하여 곰치를 잡지 않는다.

③ 먹이를 주려고 하거나 만지려는 행동은 매우 위험하다.

(2) **응급처치 및 치료**

① 신속하게 응급 기관에 도움을 요청하여 전문의 치료를 받아야 한다.

② 출혈이 심할 경우 상처 부위를 심장보다 높이고 깨끗한 면으로 압박하여 과다 출혈을 예방한다.

③ 응급 기관으로 이동 시 쇼크 예방 자세를 취한다.

3. 바다뱀

공기를 호흡하는 파충류이며 주로 열대성 바다에 서식한다. 배의 색상이 노란색이거나 띠 모양의 바다뱀은 위험성이 높을 수 있어 잠수사의 주의가 필요하다.

(1) **주의사항 및 대처방법**

① 바다뱀이 서식하는 장소에서는 잠수복, 장갑, 후드, 부츠 등을 착용하여 피부가 최대한 노출되지 않도록 주의한다.

② 먹이를 주려고 하거나 만지려는 행동은 매우 위험하다.

(2) **응급처치 및 치료**

① 신속하게 응급 기관에 도움을 요청하여 전문의 치료를 받아야 한다.

② 이동 시 최대한 안정시킨다.

③ 심정지 또는 호흡이 없을 경우 심폐소생술을 한다.

: **확인 문제** :

1 잠수 중 상어를 만났을 때 대처방법으로 가장 바른 것은?

① 상어를 만나면 신속히 수면으로 올라간다.

② 움직임을 최소화하고 상어가 멀어져 없어지면 천천히 상승하여 물 밖으로 나온다.

③ 상어가 가까이 오면 작살, 칼 등을 이용해 상어의 눈 또는 코를 찌른다.

④ 상어는 감각기관이 매우 발달하였기 때문에 수면에서 오리발을 첨벙거려 도망가게 한다.

정답 ②

Chapter 02 잠수 생리
핵심 포인트

1. 잠수 일반안전 수칙 - 24가지

- (1) 구조요청
- (2) 정식교육이수
- (3) 짝 잠수
- (4) 숨 참기 금지
- (5) 30m 초과 잠수 금지
- (6) 감압잠수 금지
- (7) 상승속도 준수
- (8) 안전정지 준수
- (9) 다이빙 표식기 사용
- (10) 잠수표시기 게양
- (11) 잠수지역 확인
- (12) 잠수계획 수립
- (13) 잠수전용장비 사용
- (14) 필수장비 사용
- (15) 안전한 공기 사용
- (16) 구조 및 응급처치 습득
- (17) 기상 상황 확인
- (18) 건강상태 확인
- (19) 최소 잔압 50kg/㎠ 이상으로 상승 시작
- (20) 잠수능력 향상
- (21) 장비관련 사고예방 사항
- (22) 잠수 후 비행기 탑승 대기시간 준수
- (23) 수중생태보호
- (24) 잠수일지 기록

2. 잠수사고(상해 등) 시 구조 및 응급처치

- **의식이 없는 스킨 다이버 구조** : 스킨 다이빙 시에는 산소결핍으로 정신을 잃었을 가능성이 크다.
- **의식이 없는 스쿠버 다이버 구조** : 스쿠버 다이빙 시에는 심정지 가능성이 크다.
- **심폐소생술**(CPR, cardiopulmonary resuscitation) : 심장과 폐가 정지되었을 때 인위적으로 혈액 순환을 유지하여 뇌 손상을 지연시키고 회복에 도움을 주는 응급처치법
  ① 의식 확인 → ② 구조요청 → ③ 가슴압박 → ④ 기도개방 →
  ⑤ 인공호흡(인공호흡은 생략가능) → ⑥ 가슴압박 30회, 인공호흡 2회 반복

3. 호흡계와 순환계

- **호흡계(호흡계통)**

  숨을 들이마시는 흡기 과정에서 혈액에 산소를 공급하고, 숨을 내쉬는 호기 과정에서 혈액에 이산화탄소를 배출하는 기체 교환 과정과 관여하는 장기를 말한다.

  예) 호흡기관 : 입, 인두, 후두, 기관, 기관지, 세기관지, 폐, 폐포, 늑골, 횡격막 등

- **순환계(순환계통)**

  신체 조직에 영양분과 산소, 호르몬 등을 공급하고 대사 과정에서 생긴 이산화탄소, 노폐물 등을 호흡계나 배설계로 배출하는 과정과 관여하는 장기를 말한다.

  예) 순환기관 : 심장, 혈관, 혈액, 림프계 등

4. 인체의 공기 공간 및 압착

- 귀의 압력균형(Equalizing)이 되지 않을 경우 무리한 잠수는 고막파열을 유발할 수 있다.(일시적이고 경미할 경우는 약간 상승하여 압력균형을 재시도 한다.)
- 감기나 코 막힘 등은 부비동 압착과 역폐쇄 현상을 유발시킬 수 있어 잠수시의 건강상태가 좋지 않을 경우 잠수는 포기한다.
- 물안경 압착 현상이 발생할 경우 코로 조금씩 물안경 안에 공기를 불어 넣어준다. 압착 상태가 계속 될 경우 마스크 착용이 불편하며 눈 주위가 붓고 멍이 든다. 심할 경우 안구 출혈이 발생할 수도 있다.

5. 폐의 파열

- **폐 과팽창증(Lung over-expansion syndrome)의 종류** : 공기색전증, 종격기종, 피부 밑 기종, 기흉이 있다.
- 잠수사에게 공기색전증, 기종과 기흉의 공통점은 압축 공기를 이용한 호흡 잠수 중 숨을 참고 상승할 때 발생한다는 것에 있다.(숨 참고 상승 절대 금지)
- 공기색전증과 가장 관련 있는 물리 법칙은 "보일의 법칙"이다.

6. 산소 및 일산화탄소 중독
- 산소중독은 산소 분압이 1.6기압(수심 약 66m) 이상의 기체로 약 45분 이상 호흡할 경우 발생
- 일산화탄소 중독은 공기압축기(Air compressor)의 내연기관에서 발생 된 일산화탄소 또는 매연 등의 오염 된 배기가스가 공기통이나 호흡 장비에 유입될 경우 발생한다.

7. 질소마취
- 일반적으로 수심 30m 이상부터는 질소마취 현상이 발생할 가능성이 커진다.
- 질소마취가 느껴지거나 목격되었을 경우 수심 30m 이내로 상승.(수심 30m 이내일 경우에는 발생 수심보다 낮은 수심으로 이동)

8. 호흡과 잠수
- 이산화탄소 축적(Hypercapnia)이란? 탄산가스 축적이라고도 하며 체내에서 과다하게 생성된 이산화탄소가 적절히 체외로 배출되지 못해 혈중 이산화탄소 농도가 비정상적으로 높아진 상태를 말한다.
- 이산화탄소 축적을 예방하기 위해서는 숨을 거르지 않고 천천히 깊은 호흡을 한다.

9. 수온과 인체
- 저체온증(Hypothermia)은 사람의 심부온도(중심체온)가 35℃ 이하로 떨어진 상태를 말하며, 증상으로는 떨림 현상, 청색증, 호흡 증가, 배뇨(오줌) 현상, 심할 경우에는 의식장애 등이 발생한다.
- 수중에서는 육상에 비해 약 20~25배 이상 더 많은 열 손실을 갖게 된다.

10. 감압표 · 잠수표 일반상식
- **상승 속도** : 1분당 9m(1초당 15cm) 권장
- **잔류(잔여) 질소 시간** : 잠수 종료 후 아직 잠수사의 몸 안에 잔류하고 있는 질소를 시간으로 계산한 수치로 다음 재잠수 시간에 반드시 더해야 하는 시간

Chapter 02 잠수 생리

핵심 포인트

- **반복 그룹** : 잠수 종료 후 잠수사의 몸 안에 잔류 질소의 양을 알파벳으로 나타낸 표
- **안전 정지** : 무감압 잠수 후 수심 약 5m에서 3~5분간 머물면서 체내에 있는 기준치 이상의 잔여 질소를 최대한 배출해주는 절차

11. 감압병 일반상식
- 감압병과 가장 관련이 깊은 물리 법칙은 헨리의 법칙(Henry's law, 일정한 온도에서 액체에 대한 기체 용해도는 부분압에 비례)이다.
- 상승 속도는 1분당 9m의 속도를 준수하며 천천히 올라온다.
- **감압병 원인** : 급상승, 감압잠수에서 감압정지 무시, 비행기 탑승 제한시간 어김
- **감압병 촉진 요소** : 질병, 탈수, 음주, 추위, 비만, 고령, 난원공개존, 잠수 후 목욕 등
- 수중 재압 금지

12. 위험한 생물
- 상어를 만나면 수면으로 도망치거나 첨벙첨벙하는 행동은 매우 위험하다.
- 상어가 주변에 있을 때는 큰 바위에 붙어 움직이지 않다가 상어가 멀어져 없어지면 천천히 상승하여 물 밖으로 나온다.
- 상어가 공격할 때는 막대기 또는 딱딱한 물체로 눈이나 코를 내리치며 방어한다.

Chapter 02 잠수생리 종합편

01 다음 호흡기체 중 가장 열전도율이 높아 체온 손실을 증가시키는 기체는?

① 산소   ② 질소
③ 이산화탄소   ④ 헬륨

02 잠수 중 신체에 발생되는 압착 증상의 원인을 설명할 수 있는 기체의 법칙은?

① 샤를의 법칙   ② 달톤의 법칙
③ 보일의 법칙   ④ 헨리의 법칙

03 다음 중 성인의 분당 평균 호흡 횟수로 올바른 것은?

① 약 10~15번   ② 약 16~20번
③ 약 21~25번   ④ 약 26~30번

04 다음 중 압력균형(Equalizing)을 맞추는 시점으로 가장 올바른 것은?

① 귀에 통증을 느낄 때 한다.
② 하강 시작과 함께 수시로 자주 한다.
③ 수심이 5m씩 증가될 때 한다.
④ 수심이 10m씩 증가될 때 한다.

05 잠수 중에 고막이 파열 될 경우 어떠한 증상이 발생되는가?

① 현기증과 함께 방향 감각을 잃어버리게 된다.
② 심한 두통 증상이 발생된다.
③ 의식을 잃어버리게 된다.
④ 몸이 나른해지고 술에 취한 듯한 증상이 발생된다.

06 공기색전증이 환자에 대한 응급처치 방법으로 올바른 것은?

① 수면에서 증상이 발견되면 즉시 하강하여 수중 재압을 실시한다.
② 즉시 이송하여 재압실 치료를 한다.
③ 신경안정제를 복용 시킨다.
④ 온수 목욕으로 체온을 상승시킨다.

07 다음 기체 중 호흡 충동과 가장 연관이 있는 것은?

① 산소   ② 일산화탄소
③ 질소   ④ 이산화탄소

정답 01 ④ 02 ③ 03 ① 04 ② 05 ① 06 ② 07 ④

08 수중에서 가장 체온을 많이 빼앗기는 신체 부위는?

① 다리　　② 팔
③ 가슴　　④ 머리

09 불완전연소가 될 때 주로 발생되며, 무색, 무취, 무미의 특성을 가지고 있으며 소량을 흡입하더라도 생명이 위험할 수 있는 기체는?

① 이산화탄소　　② 일산화탄소
③ 헬륨　　④ 질소

10 수중 작업 후 체온이 떨어진 잠수사의 체온을 올리는 방법으로 바르지 않은 것은?

① 마른 옷으로 갈아 입는다.
② 낮은 도수의 알코올 음료를 섭취한다.
③ 따뜻한 물을 마신다.
④ 외부에 체온을 빼앗기지 않도록 바람막이를 착용한다.

11 다음 중 잠수 중 다리에 경련이 발생했을 경우 올바른 대처 방법은?

① 경련 부위를 강하게 주무른다.
② 부력조절기를 이용하여 수면으로 상승한다.
③ 오리발 끝을 잡고 다리를 펴서 경련 부위를 최대한 늘려준다.
④ 경련 부위를 칼로 찔러 출혈 시킨다.

12 하강 중 압력균형 조절을 적절히 하지 못해 귀에 통증이 발생하였다. 다음 중 적절한 대처 방법은?

① 약간 위로 상승하여 다시 압력균형을 맞추며 하강한다.
② 수면으로 상승하여 약 10분간 안정을 취한 후 다시 하강한다.
③ 더 이상의 하강은 포기하고 통증이 발생한 수심에서 잠수를 한다.
④ 수경 물빼기를 한다.

13 다음 중 산소중독이 발생할 수 있는 상황은?

① 무호흡 잠수 경기를 할 때
② 수중 작업 중 과호흡을 할 때
③ 100% 순수 산소를 호흡 기체로 사용하여 잠수할 때
④ 수중에서 오염된 기체로 호흡을 할 때

정답　08 ④　09 ②　10 ②　11 ③　12 ①　13 ③

14 다음 중 압축 공기로 호흡하는 일반적인 잠수의 안전 수심을 약 30m 이내로 기준하는 원인은?

① 산소 중독의 위험성
② 폐압착의 위험성
③ 이산화탄소 축적의 위험성
④ 질소마취 발생의 위험성

15 감압병이 발생 된 잠수사의 재압실 치료와 관련이 없는 것은?

① 재압 치료에 산소 치료표를 적용한다.
② 재압 치료에 공기 치료표를 적용한다.
③ 재압 치료에 표준 잠수표를 적용한다.
④ 감압병은 신속한 재압 치료를 받아야 치료 성공률이 높다.

16 재압 치료 중 순수 산소 호흡의 장점이 아닌 것은?

① 혈액순환 개선   ② 기포 분해 효과
③ 산소 중독 예방   ④ 부종 경감

17 다음 중 재압실 배관(밸브)색깔에 대한 표시로 틀린 것은?

① 공기 공급 밸브 : 밝은 회색
② 공기 배기 밸브 : 은색
③ 산소 공급 밸브 : 녹색
④ 헬륨-산소 공급 밸브 : 오렌지색

18 재압실 내부에 가연성 윤활유, 알코올, 탄화수소 등의 물질이 반입되면 위험한 가장 큰 이유는?

① 미끄러지는 사고 발생할 수 있다.
② 재압실 내에 냄새 난다.
③ 공기 오염이 심해질 수 있다.
④ 폭발성 화재의 우려가 있다.

19 다음 중 안전정지(Safety stop)에 대한 설명으로 바른 것은?

① 무감압 한계 초과 시 지정 수심에서 지정 시간 동안 호흡을 통해 질소를 배출하는 절차.
② 실수 또는 부득이한 이유로 감압이 필요한 잠수를 한 경우 수심 5m에서 잠수표에 지정된 시간만큼 정지하는 절차.
③ 급상승 시 정상 상승 속도로 상승했을 때 걸리는 시간 만큼 5m에서 정지하는 절차.
④ 수면 도착 전 수심 약 5m에서 3~5분간 머물면서 체내에 있는 잔여 질소를 최대한 배출해주는 절차.

정답 14 ④   15 ③   16 ③   17 ①   18 ④   19 ④

20 다음 중 잔류(잔여)질소시간에 대하여 바르게 설명한 것은?

① 잠수 종료 후 수면도착 시각부터 다음 하강시작 시각까지

② 잠수 종료 후 휴식시간에 감압시간을 더해 준 시간

③ 잠수 종료 후 아직 잠수사의 몸 안에 잔류하고 있는 질소를 시간으로 계산한 수치로 다음 재 잠수 시간에 반드시 더해야 하는 시간

④ 재잠수 시 감압정지없이 머물 수 있는 최대 시간

21 감압표를 사용할 때 적용해야 할 요인으로 바르지 않은 것은?

① 수심과 잠수시간   ② 고도
③ 기상 상황   ④ 잠수 지형

22 감압정지에 대한 설명으로 바른 것은?

① 수면 도착 전 수심 약 5m에서 3~5분간 머물면서 질소를 배출하는 절차

② 감압이 필요한 잠수를 했을 경우 상승 중 지정 수심에서 지정 시간 동안 머물면서 과다하게 축적 된 질소를 체외로 배출하는 절차

③ 무리한 잠수로 과다하게 축적 된 탄산가스를 배출하는 절차

④ 잠수 중 질소 분압을 낮추어 질소마취를 예방하기 위한 절차

23 잠수표 용어에서 반복 그룹이란 무엇인가?

① 잠수 종료 후 잠수사의 몸 안에 잔류 질소의 양을 알파벳 기호로 나타낸 표

② 재 잠수에서 수심과 시간을 나타낸 표

③ 재 잠수에서 휴식시간을 나타낸 표

④ 잠수의 내용이 전과 동일하게 반복 진행한 상태를 나타낸 표

24 무감압 한계(No-Decompression Limits)시간에 대한 설명으로 올바른 것은?

① 1일 다이빙 중 한번 만 허용된다.

② 만일의 경우를 고려하여 10%의 여유를 가지고 설정하였다.

③ 잠수 후 감압정지 없이 상승할 수 있는 최대 허용 잠수 시간이다.

④ 권장 시간이므로 약간의 오차는 크게 위험하지 않다.

25 다음 중 감압병 발생 부위와 증상에 대한 연관성으로 보기 어려운 것은?

① 피부 - 피부발진
② 뇌 - 의식상실
③ 심폐 - 호흡곤란
④ 중추신경계 - 부종

정답 20 ③   21 ④   22 ②   23 ①   24 ③   25 ④

Chapter 02 잠수 생리 종합편 | 문제은행

26 잠수를 마친 잠수사가 배에 오른 후 30분이 지난 후에 호흡곤란 증상이 발생하였다. 다음 중 유추 할 수 있는 병증은?

① 공기색전증　　② 이압성 골괴사
③ 감압병　　　　④ 폐 압착증

27 잠수사를 긴급하게 재압실 치료 시설로 후송 시 주의해야 할 사항으로 틀린 것은?

① 100% 순수 산소를 공급한다.
② 가급적 잠수복은 착용 상태를 유지한다.
③ 비행 후송 시 최대한 저공 비행을 유지한다.
④ 바르게 눕힌 후 가능한 다리를 머리보다 높게 위치하여 후송한다.

28 다음 중 질소마취의 징후가 아닌 것은?

① 마치 알코올을 마신 것과 같다.
② 판단력이 상실된다.
③ 기분이 좋아진다.
④ 호흡이 갑갑해진다.

29 다음 괄호 안에 알맞은 말은?

감압표는 허용된 한계 내에서 체내의 (　　)를 억제하기 위해 적용되는 것이다.

① 산소　　　　　② 질소
③ 압력　　　　　④ 수소

30 상어를 만났을 때의 조치법이나 상어 출현의 예방법과 가장 거리가 먼 것은?

① 어둡고 반사되지 않는 잠수복을 착용한다.
② 상어가 공격행동을 보일 때는 막대기, 또는 딱딱한 물체로 눈이나 코를 내리치며 방어한다.
③ 오리발(핀)로 물소리를 크게 내어 도망가게 한다.
④ 고기를 사냥하지 않는다.

31 100% 산소를 사용하는 폐쇄식 스쿠버 잠수의 안전 수칙 중 고려사항이 아닌 것은?

① 주기적인 탄산가스 농도 확인 절차 준수
② 주기적인 산소 농도 확인 절차 준수
③ 잠수장비의 무게
④ 허용 잠수수심 준수

정답　26 ③　27 ②　28 ④　29 ②　30 ③　31 ④

32 체구 또는 체질, 연령에 따라 감압병 발생률의 차이가 있다고 볼 때, 다음 중 감압병 발생률이 높은 것끼리 연결된 것은?

① 비만한 사람 – 젊은 사람
② 비만한 사람 – 늙은 사람
③ 비만하지 않은 사람 – 젊은 사람
④ 비만하지 않은 사람 – 늙은 사람

33 기포(氣泡)가 혈류를 차단하여 생기는 증세는?

① 공기색전증　② 종격통기증
③ 피하기종　　④ 기흉

34 감압정지 시 정지 위치는 잠수사 몸의 어느 부분을 기준으로 하여야 하는가?

① 머리　② 목
③ 가슴　④ 허리

35 인공호흡을 할 때 권장되는 1분당 불어넣기 횟수는?(단, 응급자의 맥박이 있으며, 정상적인 호흡량을 호흡하는 경우이다.)

① 6회 이상　② 10~12회
③ 13~15회　④ 15회 이상

36 잠수사가 감압증의 고통을 받을 때 해야 할 조치 중 틀린 것은?

① 쇼크를 방지한다.
② 산소를 공급한다.
③ 즉시 물에서 감압한다.
④ 감압실로 이송한다.

37 스쿠버 잠수를 할 때 폐를 손상시키는 가장 큰 원인은?

① 정상보다 빨리 상승하는 것
② 감압정지의 생략
③ 정상보다 느리게 상승하는 것
④ 상승 중 숨을 참는 것

38 압축기체로 호흡하던 잠수사가 상승 중 호흡을 멈추면 어떤 건강 장애가 발생할 수 있는가?

① 중증 감압병　② 폐(허파) 파열증
③ 산소 독성　　④ 벤즈

39 산소 중독 증상이 아닌 것은?

① 몸이 나른해지고 정신이 흐려진다.
② 근육의 경련과 발작
③ 멀미와 현기증
④ 호흡곤란과 시야가 좁아진다.

정답　32 ②　33 ①　34 ③　35 ②　36 ③　37 ④　38 ②　39 ①

40 감압병과 가장 관계가 깊은 기체 법칙은?

① 보일의 법칙

② 샤를의 법칙

③ 일반기체의 법칙

④ 헨리의 법칙

41 잠수 직전의 음주가 감압병 발생에 미치는 영향으로 가장 적합한 것은?

① 감압병 발생률을 증가시킨다.

② 감압병 발생률을 감소시킨다.

③ 감압병 발생률에는 차이가 없다.

④ 감압병 증상을 완화시킨다.

42 잠수 중 일산화탄소 중독에 걸릴 위험한 경우는?

① 잠수 장비가 좋지 못한 것을 사용했을 경우

② 수중에서 중노동을 했을 경우

③ 심해 잠수를 했을 경우

④ 엔진 배기가스가 압축공기 중에 섞여 있을 경우

43 잠수를 하고 난 후 육상에서 휴식하고 있으면 몸 안에 있는 질소는 어떻게 변화하는가?

① 질소의 양이 점점 늘어난다.

② 질소의 양이 점점 줄어든다.

③ 질소가 산소와 합쳐 산화질소로 된다.

④ 전혀 변화가 없다.

44 잠수 중 문제 발생 시 자신을 구조하는 가장 기본적인 절차는?

① 심호흡 → 멈춤 → 판단 → 실행

② 멈춤 → 심호흡 → 판단 → 실행

③ 멈춤 → 심호흡 → 실행 → 판단

④ 판단 → 실행 → 멈춤 → 심호흡

45 감압병(벤즈)에 관한 설명 중 틀린 것은?

① 수심 20m로 잠수하면 잠수사가 받는 절대압은 2기압이 되어 육상보다 2배가 많은 질소가 녹아 들어간다.

② 인체에 녹아 들어간 질소 부분압이 숨 쉬는 공기 내의 질소 부분압과 같아질 때까지 질소가 계속 녹아 들어간다.

③ 물속에서 상승하면 압력이 낮아져 몸속의 질소분압이 외부보다 높게 되어 호흡을 통해 질소가 서서히 방출된다.

④ 잠수사가 오랜 잠수 후 갑자기 상승하면 외부 압력이 급격히 낮아져 몸속에 질소가 과포화 상태가 되어 몸속에 기포를 형성하게 된다.

정답 40 ④ 41 ① 42 ④ 43 ② 44 ② 45 ①

46 다음 중 감압증에 나쁘게 작용하는 요인과 가장 거리가 먼 것은?

① 과로　　② 비만
③ 과수면　④ 과한 음주

47 재압챔버의 기본 배관 색깔 중 틀린 것은?

① 산소공급 : 녹색
② 공기공급 : 회색
③ 공기배출 : 은색
④ 헬륨-산소 : 오렌지색

48 잠수 시 알맞은 호흡법은?

① 느리고 깊게 호흡한다.
② 느리고 얕게 호흡한다.
③ 빠르고 얕게 호흡한다.
④ 빠르고 깊게 호흡한다.

49 공기색전증의 특징 중 틀린 것은?

① 상승 중 또는 수면 도착 10분 이내에 발생한다.
② 팔다리 마비, 어지러움증 등이 급속히 나타난다.
③ 어깨, 무릎 등에 극심한 통증이 나타난다.
④ 재가압 치료를 해야 한다.

50 감압표의 설명으로 가장 적합한 것은?

① 잠수한 작업내용을 기록하는 표
② 잠수작업의 순서를 표시하는 표
③ 수심에 따른 잠수시간의 한계 등을 나타내는 표
④ 잠수장비의 목록을 작성하는 표

51 잔여질소시간을 산출하는 주된 이유는?

① 신체에 남아 있는 잔여질소가 빠져나갈 때까지의 시간을 알기 위하여
② 재잠수의 해저체류시간에 반드시 더해야 하는 시간을 계산하기 위하여
③ 잠수를 하기 위해 수면에 있어야 하는 최소한의 시간을 산출하기 위하여
④ 잠수 후에 남아 있는 비감압 시간의 양을 알기 위하여

52 인간의 심해 잠수능력을 제한하는 가장 큰 원인을 깊어질수록 증가하는 수압이라고 볼 때 두 번째로 큰 원인이 되는 것은?

① 광선의 부족
② 음파의 빠른 전달특성
③ 수온
④ 부력

정답　46 ③　47 ②　48 ①　49 ③　50 ③　51 ②　52 ③

53 산소중독의 예방에 관한 설명으로 가장 거리가 먼 것은?

① 산소사용한계수심을 지킨다.
② 잠수 시 가급적 운동량이 많도록 한다.
③ 자신이 호흡하는 기체의 종류를 알고 최대 수심에서 산소분압이 어느 정도인지 파악한다.
④ 산소를 사용하여 재압치료 중이거나 감압 중에는 치료 및 감압 규정에 따라 공기호흡 주기를 지킨다.

54 감압병을 전통적인 분류방법으로 구분할 때 다음 중 제1형(Type-1)감압병 증상에 해당되지 않는 것은?

① 현기증　② 근골격 통증
③ 가려움　④ 부종

55 다음 중 잠수작업 시 재압챔버로 치료하는 경우와 가장 거리가 먼 것은?

① 공기색전증
② 감압병
③ 일산화탄소(CO)중독
④ 이산화탄소(CO_2)중독

56 다음 중 폐 압착증이 가장 발생하기 쉬운 경우는?

① 스쿠버 잠수로 상승할 때
② 수표면 공기 공급 잠수로 호흡기체 공급 압력이 주위 수압보다 높을 때
③ 무호흡 잠수로 너무 깊게 잠수할 때
④ 수표면 혼합기체 공급 잠수 때

57 잠수작업이 끝난 후 상승 중 50ft보다 깊은 수심에서 상승 지연되었을 때 취해야 하는 조치는?

① 첫 정지점에 지연된 시간을 포함하여 감압한다.
② 마지막 정지점에 지연된 시간을 포함하여 감압한다.
③ 해저 체류 시간에 지연된 시간을 포함하여 감압한다.
④ 지연된 시간에 관계없이 계획에 의거 감압한다.

58 다음 중 심장은 뛰고 있으나 의식이 없고 호흡이 멈춘 조난자에게 가장 먼저 실시해야 하는 것은?

① 인공 호흡　② 마사지
③ 주사약물 투여　④ 음료수 투입

정답　53 ②　54 ①　55 ④　56 ③　57 ③　58 ①

59 다음 인체 성분 중 호흡기체 속의 가스가 가장 잘 용해되는 것은?

① 혈액　　　　② 지방질
③ 근육　　　　④ 뼈

60 저체온증에 관한 설명으로 옳은 것은?

① 저체온증은 사지의 체온이 정상 이하로 내려간 상태를 말한다.
② 잠수 중 저체온증은 주로 따뜻한 물에서 오래 잠수할 경우 발생된다.
③ 저체온증을 예방하려면 보온이 잘되는 잠수복을 착용해야 한다.
④ 찬물에서 심한 운동을 하면 저체온증이 예방된다.

61 반복 잠수를 해야 할 경우 깊은 곳에서부터 잠수를 시작하는 이유는 무엇을 예방하기 위해서인가?

① 공기색전증　　② 산소중독
③ 감압병　　　　④ 질소마취

62 잠수 시 질소마취의 주요 증세는?

① 귀가 아프다.
② 가슴이 답답하다.
③ 몸이 나른하고 정신이 흐려진다.
④ 온몸이 굳어진다.

63 챔버의 안전수칙에 위배되는 것은?

① 합성섬유로 된 담요를 사용한다.
② 베개의 덮개는 100% 순면을 사용한다.
③ 재질이 강철일 때만 도색한다.
④ 소방시설로 물과 모래를 사용한다.

64 다음 중 감압병에 걸린 환자를 챔버가 있는 병원으로 이송할 때의 주의 사항으로 가장 적합한 것은?

① 가급적 빨리 항공기로 운반하여야 한다.
② 헬리콥터 등을 이용하는 경우 가능한 낮게 비행해야 한다.
③ 가능한 천천히 이송해야 한다.
④ 이송 중 100% 산소를 사용하지 말아야 한다.

65 감압병을 일으키는 주요 원인은?

① 과포화 상태의 질소
② 과포화 상태의 산소
③ 공기의 팽창
④ 이산화탄소의 감소

정답　59 ②　60 ③　61 ③　62 ③　63 ①　64 ②　65 ①

Chapter 02 잠수 생리 종합편 | 문제은행

66 스쿠버 잠수 시 귀의 압력균형 방법으로 가장 적절한 것은?

① 수심 10m부터 입력균형을 한다.
② 귀가 아파오면 즉시 압력균형을 실시한다.
③ 잠수와 동시에 압력균형을 실시한다.
④ 수심 3m부터 압력균형을 실시한다.

67 다음 중 기체압축기의 배기가스가 공기흡입관으로 유입되어 호흡기체를 오염시켰을 때 발생 위험성이 가장 높은 것은?

① 산소부족증
② 이산화탄소 과다증
③ 일산화탄소 중독증
④ 윤활유에 의한 폐렴

68 기체 중에서 잠수사의 방향 감각 상실, 판단능력 저하 등 마취작용을 일으키는 기체는?

① 산소　　② 질소
③ 이산화탄소　　④ 헬륨

69 다음 중 공기색전증이 가장 잘 일어나는 경우는?

① 호흡을 짧게 자주 할 때
② 잠수 중 하강할 때
③ 숨을 참고 수심이 얕은 곳으로 갑자기 올라올 때
④ 수심이 깊은 곳에서 잠수할 때

70 중증 감압병 환자나 공기색전증 환자를 재압챔버가 있는 의료시설로 옮길 때의 주의사항 중 틀린 것은?

① 가능하면 100% 산소를 공급한다.
② 비행기로 옮길 때는 가능한 낮게 비행하도록 한다.
③ 머리를 다리보다 높게 하여 후송한다.
④ 가급적 최대한 빠르게 후송한다.

71 다음 중 감압병 환자를 치료하는 방법으로 가장 적합한 것은?

① 즉시 재압실에 입실하여 치료한다.
② 즉시 수중 감압을 실시한다.
③ 뜨거운 물로 찜질한다.
④ 즉시 진정제를 투여한다.

72 잠수 중 몸속에 이산화탄소가 축적되는 원인과 가장 거리가 먼 것은?

① 수중에서의 심한 노동
② 호흡조절기의 과다한 저항
③ 공기를 아끼면서 호흡
④ 빠른 하잠

정답　66 ③　67 ③　68 ②　69 ③　70 ③　71 ①　72 ④

73 다음 잠수과정 중 현기증 발생 가능성이 가장 높은 때는?

① 하잠 중
② 해저도착 직후
③ 해저출발 직후
④ 상승 중

74 높은 지대에 위치한 호수 등에서 잠수했을 때 소요되는 감압시간을 바다에서 동일 조건의 잠수를 했을 때와 비교한 내용이 옳은 것은?

① 높은 지대에서의 잠수는 더 긴 감압시간이 필요하다.
② 높은 지대에서의 잠수는 더 짧은 감압시간이 필요하다.
③ 높은 지대의 물이 민물일 때는 더 짧은 감압시간이 필요하다.
④ 감압시간에는 차이가 없다.

75 재압챔버의 압력 검사 시기에 대한 설명 중 틀린 것은?

① 최초 설치 시
② 제작일자로부터 매 2년마다
③ 이동 또는 재설치 시
④ 설치된 장소에서 5년마다

76 감압정지 할 때의 자세로 가장 적합한 것은?

① 감압수심에서 가만히 서서 정지한다.
② 감압수심근처에서 위 아래로 움직이며 천천히 핀을 움직인다.
③ 감압수심에서 주위를 돌면서 빠르게 움직인다.
④ 감압수심에서 다리를 위로 한 자세를 유지한다.

77 하반신 마비와 배뇨 곤란은 다음 중 어느 증상에 속하는가?

① 제1형 감압병 증상
② 중추신경계 증상
③ 공기색전증 증상
④ 국부 통증증상한다.

78 다음 중 발생 원인이 다른 하나는?

① 감압병
② 공기색전증
③ 기흉
④ 종격동 기종

79 윤활유를 사용하는 공기압축기로 충전하여 다이버가 장시간 호흡할 때 유발될 수 있는 질병은?

① 공기색전증
② 감압병
③ 기흉
④ 지질성 폐렴

정답 73 ④ 74 ① 75 ④ 76 ① 77 ② 78 ① 79 ④

80 잠수 중 산소 중독은 언제 일어날 수 있는가?

① 순수 산소를 호흡기체로 잠수할 때
② 호흡공기가 오염됐을 때
③ 물속에서 호흡을 참으면서 잠수할 때
④ 호흡을 너무 많이 쉴 때

81 호흡기체 중에 이산화탄소 함유량이 많을 때 감압병에 미치는 영향에 관한 설명으로 가장 적합한 것은?

① 아무런 영향을 주지 않는다.
② 감압병 발생을 증가시킨다.
③ 감압병 발생을 감소시킨다.
④ 감압병의 증상을 완화시킨다.

82 질소 마취가 일어나기 시작하는 수심으로 가장 적절한 것은?

① 10m 이하   ② 20m 이하
③ 30m 이하   ④ 40m 이하

83 대부분의 압착증은 잠수과정 중 언제 발생하는가?

① 하잠 중   ② 해저체류 중
③ 상승 중   ④ 수면도착 30분 이내

84 비감압 한계(No Decompression Limits)에 관한 설명 중 가장 적합한 것은?

① 한계를 초과할 경우를 고려하여 10%의 여유를 두어 설정되었다.
② 수치가 매우 유동적이어서 허용치의 75%를 사용하는 것이 바람직하다.
③ 매우 정확한 것으로서 한계 시간에는 곧바로 상승해야 한다.
④ 수치가 근사치이므로 그 한계 내에서만 잠수를 하고 절대 허용치를 초과하지 않아야 한다.

85 잠수 중에 파열된 고막을 통하여 찬물이 갑자기 중이 속으로 들어 왔을 때 가장 심하게 발생되는 증상은?

① 통증   ② 두통
③ 현기증   ④ 귓속에 이물감

86 다음 중 잠수 일반 안전수칙에 맞는 것은?

① EAN 36으로 수심 40m 까지 잠수해본다.
② 충분한 계획과 기체 준비 없이 감압이 필요한 잠수를 한다.
③ 공기통 잔압이 50 bar 이하로 떨어지기 전에 상승한다.
④ 공기통은 매년 수압검사를 한다.

정답 80 ① 81 ② 82 ③ 83 ① 84 ④ 85 ③ 86 ③

87 잠수를 마치고 난 후 조직 내에 생긴 질소 기포로서 감압병 증상을 유발하지 않는 기포를 무엇이라고 부르나?

① 과질소 기포
② 공기 기포
③ 싸일런트 버블(Silent bubble)
④ 혈전

88 감압병의 예방 방법으로 가장 적절한 것은?

① 잠수를 마친 후 가능한 빨리 올라온다.
② 잠수표에 따라 잠수한다.
③ 최대한 천천히 올라온다.
④ 감기가 걸렸을 때는 잠수하시 않는다.

89 챔버 내부에 사용되는 장비 중 설치할 수 없는 것은?

① 통신장비　　② 수은식 온도계
③ 산소 호흡기　　④ 압력계

90 감압병 예방 절차로 바르지 못한 것은?

① 잠수 전날 음주를 삼가한다.
② 무감압잠수를 계획한다.
③ 잠수 후 24시간 내에 비행기를 탑승한다.
④ 감압병 촉진요소를 피한다.

91 잠수사의 전부 혹은 일부의 감압을 수중에서보다 재압챔버(Chamber)에서 편안히 수행하기 위한 방법을 무엇이라 하는가?

① 일반감압　　② 표면감압
③ 수중감압　　④ 최상 노출감압

92 잠수사들에게 발생하는 뼈가 썩는 질환은 어느 뼈에 가장 많이 생기는가?

① 두개골　　② 대퇴골
③ 경골　　④ 척추

93 공기색전증의 주된 원인은?

① 너무 오래 잠수한 후 감압을 안 할 때
② 숨을 참고 위로 올라갈 때
③ 너무 빨리 잠수해 내려갈 때
④ 공기에서 냄새가 날 때

94 챔버 내부에 들어가서 치료받을 때 소지하지 않아야 할 물건은?

① 라이터　　② 책
③ 시계　　④ 식·음료수

정답　87 ③　88 ②　89 ②　90 ③　91 ②　92 ②　93 ②　94 ①

95 수중에서 수면으로 비상 상승을 할 때 허파 파열을 예방하기 위하여 어떤 조치를 하여야 하는가?

① 가능한 최대로 숨을 들이 쉰다.
② 비상 상승을 시작함과 동시에 공기를 최대로 한꺼번에 내뿜는다.
③ 수면에 도착할 때까지 쉬지 않고 계속해서 공기를 내뿜는다.
④ 깊은 수심에서는 빨리, 많이 내뿜고 얕은 수심에서는 서서히, 조금씩 내뿜는다.

96 중추 신경계 감압병 증상과 가장 거리가 먼 것은?

① 현기증 ② 마비
③ 질식   ④ 부종

97 다음 중 감압병이나 공기색전증 환자를 재압챔버로 이송할 때 취하는 응급 처치로 가장 중요한 것은?

① 영양섭취 ② 마사지
③ 보온   ④ 산소호흡

98 가장 많이 나타나는 감압병의 증세는?

① 폐파열
② 관절과 근육의 통증 내지는 마비
③ 현기증
④ 불면증

99 다음 중 반드시 재압챔버를 사용해야 하는 병은?

① 질소 마취   ② 감압병
③ 저산소증   ④ 이산화탄소 중독

100 일산화탄소 중독을 예방하기 위해 가장 적합한 방법은?

① 이상 없는 좋은 장비를 사용한다.
② 호흡조절기를 깨끗하게 정비하여 사용한다.
③ 공기를 신선한 것으로 충전하여 사용한다.
④ 초과호흡을 피한다.

101 허파가 파열된 환자의 공기색전증을 예방하려면 어떠한 자세를 취하는 것이 가장 효과적인가?

① 환자를 오른쪽으로 눕힌다.
② 환자를 왼쪽으로 눕힌다.
③ 환자를 반듯하게 눕힌다.
④ 환자를 엎어 눕힌다.

102 감압표 사용시 무엇을 제일 먼저 확인해야 하는가?

① 감압정지점
② 수심과 해저체류시간
③ 잔여질소
④ 해면출발과 해저출발

정답 95 ③ 96 ④ 97 ④ 98 ② 99 ② 100 ③ 101 ③ 102 ②

103 공기잠수 시 감압병은 무슨 기체로 인해 생기는가?

① 질소 ② 산소
③ 헬륨 ④ 이산화탄소

104 심해 잠수 시 체온과 관계되는 사항 중 틀린 것은?

① 고무제품의 잠수복(Wet suit)은 수심이 깊어질수록 보온 효과가 감소한다.
② 호흡으로 인한 체온손실은 수심이 깊어질수록 증가한다.
③ 헬륨을 사용한 혼합기체 잠수는 압축공기 잠수보다 체온손실이 적어 심해 잠수에 좋다.
④ 추운 물속에서 작업하면 감압병 발생율이 증가한다.

105 술을 마시고 잠수했을 경우의 현상과 가장 거리가 먼 것은?

① 질소마취에 잘 걸린다.
② 산소중독에 잘 걸린다.
③ 추위를 빨리 탄다.
④ 판단과 행동이 둔해진다.

106 챔버 내에 비치할 소화도구로 가장 적절한 것은?

① 사염화탄소 ② 탄산가스
③ 물과 모래 ④ 분말소화기

107 잠수병 발생시 챔버(Chamber)에서 재압을 하는 것은 인체조직에 발생된 무엇을 해소하기 위함인가?

① 통증 ② 가려움
③ 기포 ④ 부종

108 하잠하는 동안 눈 위 이마 부분에 바늘로 찌르는 듯한 통증의 증세는?

① 유스타키안과 압착
② 물안경 압착
③ 사이너스(부비동) 압착
④ 케이슨 병

109 감압병을 일으킬 확률이 가장 적은 것은?

① 분당 18m(60ft) 보다 빨리 상승할 때
② 감압정지를 못 했을 때
③ 잠수 후 곧바로 높은 지대로 갔을 때
④ 비행기에서 내리자마자 잠수 할 때

정답 103 ① 104 ③ 105 ② 106 ③ 107 ③ 108 ③ 109 ④

Chapter 02 잠수 생리 종합편 | 문제은행

110 폐 파열로 인한 공기색전증의 확실한 증상은?

① 복부의 통증
② 관절의 통증
③ 입가의 피거품
④ 부종

111 스쿠버 잠수 시 잠수사가 안전줄을 사용하지 않아도 되는 상황은?

① 동굴잠수
② 야간잠수
③ 얼음 밑 잠수
④ 난파선 내부조사

112 표면감압 시 가장 바람직한 호흡매체는?

① 산소
② 질소
③ 수소
④ 이산화탄소

113 제1형 감압병 증상 중 가장 많은 것은?

① 호흡곤란
② 팔관절, 다리관절의 통증
③ 어지러움증
④ 감각마비

114 질소마취로부터 벗어나기 위한 행동과 관계가 가장 먼 것은?

① 얕은 곳으로 올라온다.
② 물 밖으로 나온다.
③ 호흡을 계속하며 상승한다.
④ 심호흡을 한다.

115 비감압 한계 시간표 설명 중 맞는 것은?

① 감압정지를 하지 않아도 되는 최대 해저 체류시간표
② 감압정지가 필요 없는 잠수 회수의 표
③ 감압정지가 필요 없는 잠수 후 휴식한계표
④ 질소 마취에 걸리지 않는 최대 허용 시간표

116 다음에 열거한 산소 중독의 초기 증상 중 발작을 예고하는 가장 중요한 증상은?

① 시야가 좁아지는 시야협착 증세
② 메스꺼움이나 구역질
③ 얼굴부위 근육의 떨림
④ 안절부절하는 증상과 현기증

정답 110 ③ 111 ② 112 ① 113 ② 114 ④ 115 ① 116 ③

117 잠수를 마치고 수면으로 복귀한 잠수사가 두통과 어지러움을 호소하였다. 이 잠수사의 입술과 손톱아래의 색깔이 유난히 붉은 특징이 있었다고 할 때 가장 가능성이 높은 건강장애는?

① 산소 부족증
② 산소 독성
③ 일산화탄소 중독
④ 탄산가스 과다증

118 표면 공기 공급 잠수를 마친 잠수사에게 수면도착 20분 후부터 하반신 마비증상이 나타났다. 다음 중 어떻게 치료하는 것이 가장 효과적인가? (단, 챔버를 갖춘 병원은 5시간 떨어진 곳에 위치하고 있다.)

① 수중에 다시 잠수시켜 재가압치료를 시도한다.
② 응급조치로 수중재압치료를 한 후 병원으로 후송한다.
③ 제일 가까운 신경과 병원으로 간다.
④ 100% 산소호흡을 시키고 챔버가 있는 병원으로 즉시 후송한다.

119 잠수작업 후 수면으로 상승할 때는 감압병을 예방하기 위하여 단계적 감압을 실시한다. 이러한 단계적 감압이 실시되는 목적으로 가장 적합한 것은?

① 체내에 필요 이상으로 흡수된 산소가 정상 농도가 되기를 기다리기 위하여
② 체내에 흡수된 탄산가스가 소모되는 상태를 기다리기 위하여
③ 해저에서 손실된 체온을 다시 획득하기 위하여
④ 체내에 용해된 질소가스를 배출하기 위하여

120 감압이 필요한 잠수를 한 후 비행기를 탑승하려면 잠수 후 최소한 몇 시간 정도 경과하여야 안전한가?

① 24시간   ② 48시간
③ 12시간   ④ 6시간

121 질소마취를 피하기 위한 일반적인 안전잠수 수심은?

① 60m 이내   ② 50m 이내
③ 40m 이내   ④ 30m 이내

정답 117 ③ 118 ④ 119 ④ 120 ① 121 ④

122 급격한 압력의 변화에 따라 폐포 파열로 기포가 형성되어 혈류의 흐름을 차단하는 증세는?

① 감압증(Decompression Sickness)
② 공기색전증(Air Embolism)
③ 질소마취(Nitrogen Narcosis)
④ 산소중독(Oxygen Poisoning)

123 감압정지 시 정지 위치는 잠수사 몸의 어느 부분을 기준으로 하여야 하는가?

① 머리   ② 목
③ 가슴   ④ 허리

124 잠수도중 호흡을 멈추거나 의식적으로 호흡량을 줄였을 때 두통, 구토 등 증상이 일어나는 원인은?

① 이산화탄소 중독
② 일산화탄소 중독
③ 산소중독
④ 공기색전증

125 중증 감압병이나 공기색전증일 때 공기방울이 뇌혈관을 막으면 뇌 조직에 손상을 초래한다. 일반적으로 뇌 세포에 약 몇 분 정도 산소공급이 차단되면 뇌기능 손실이 초래되기 시작하는가?

① 1~2분   ② 4~5분
③ 6~7분   ④ 8~10분

126 다음 중 감압병을 발생시키거나 증상을 악화시키는 요인과 가장 거리가 먼 것은?

① 음주   ② 더운 목욕
③ 운동   ④ 발포성 음료수

127 감압병에 대한 설명으로 적합하지 않은 것은?

① 케이슨 병 혹은 벤즈라고도 한다.
② 약자로 DCS(Decompression Sickness)라고 부른다.
③ 대부분 표면에 상승한 후 증상이 즉시 나타난다.
④ 증상이 주로 일어나는 부위는 팔과 다리의 관절부분이다.

정답 122 ② 123 ③ 124 ① 125 ② 126 ④ 127 ③

128 감압병의 증상 중 가장 많이 발생하는 것은?

① 관절통　② 현기증
③ 신경마비　④ 의식상실

129 부비동(Sinus)이란 무엇인가?

① 귀와 코가 연결되는 관
② 목구멍 윗부분
③ 두개골 속에 있는 작은 공간들
④ 귓속에 있는 감각기관

130 상처의 종류에서 날카로운 물체에 의해서 생긴 베어진 상처는 무엇이라 하는가?

① 열창　② 타박상
③ 자창　④ 절창

정답　128 ①　129 ③　130 ④

01 잠수 종류

01 잠수의 종류

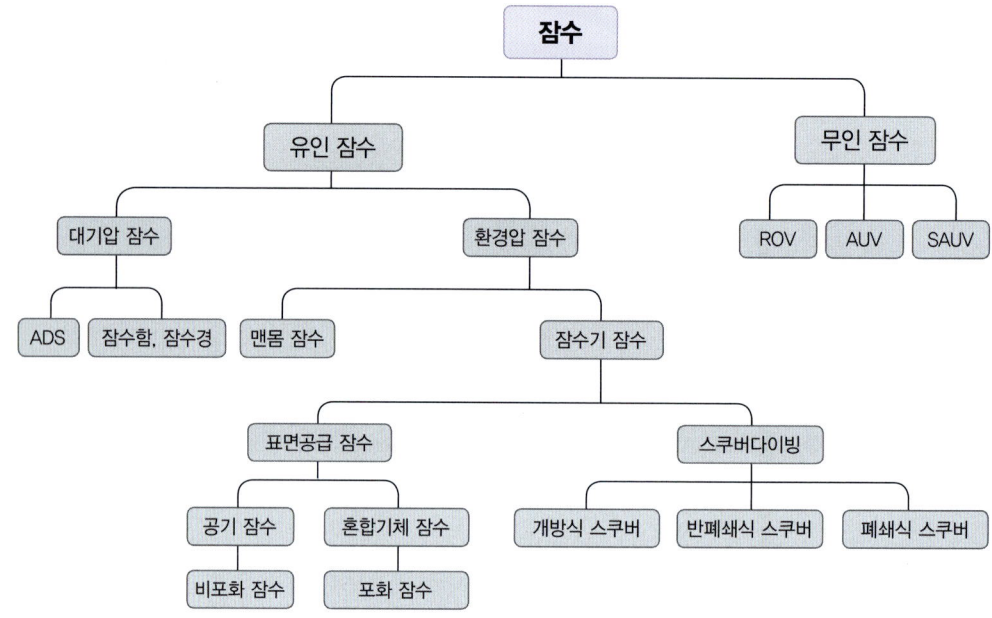

> **알아둡시다!**
> - **대기압 잠수** : 1기압 잠수라고도 하며 수면과 같은 기압의 공기를 수중에서 호흡하는 잠수를 말한다.
> - **환경압 잠수** : 수심에 따른 수압과 같거나 약간 높은 압력의 기체를 호흡하는 잠수를 말한다.

확인 문제

1 잠수기기를 크게 환경압과 대기압 방식으로 구분할 때 다음 중 환경압 방식이 아닌 것은?
① 잠수정 ② 표면공급식 ③ 스쿠버 ④ 포화잠수

정답 ①

02 스쿠버 잠수

1. 스쿠버 잠수의 개념

스쿠버(SCUBA)란 'Self Contained Underwater Breathing Apparatus' 의 약어로 호흡할 수 있는 기체가 압축·저장된 용기를 착용하고 수중을 자유로이 탐사할 수 있도록 고안된 잠수장비를 말한다. 장비로는 물안경, 스노클, 오리발, 호흡기, 부력조절기, 공기통, 잠수복, 웨이트, 수심계, 잔압계, 수중나침반, 잠수시계, 다이빙 칼 등이 사용된다. 주로 30m 이내의 비교적 얕은 수심에서 무감압 한계시간 이내에서 잠수할 때 사용되며 그 종류에는 개방식, 반폐쇄식, 폐쇄식 등 3가지 종류가 있다.

개방식	반폐쇄식	폐쇄식
① 충전기체로 압축공기 사용 ② 기체 재순환 없음 ③ 주로 스포츠잠수에 사용	① 충전기체로 혼합기체 사용 ② 기체 일부 재순환 ③ 주로 과학잠수에 사용 ④ 개방식보다 오랜 잠수 가능	① 충전기체로 순수한 산소 사용 ② 이산화탄소 정제 후 재순환 ③ 주로 군사잠수에 사용 ④ 반폐쇄식보다 오랜 잠수 가능

확인 문제

1 개방식 스쿠버(Open Circuit Scuba)의 내부 충전기체는?

① 압축공기　　　　　　　　　　　② 헬륨과 산소의 혼합기체
③ 산소　　　　　　　　　　　　　④ 질소와 산소의 혼합기체

정답 ①

02 스쿠버 장비

01 물안경 Mask

1. 물안경 선택 시 고려사항

(1) 물안경 유리는 열처리되어 잘 깨지지 않아야 한다.
(2) 코까지 완전히 덮인 것이라야 물안경 압착을 막을 수 있고 귀의 압력균형을 위해 코를 잡기 쉬워야 한다.
(3) 재질이 부드러워야 하며 끈은 쉽게 길이 조절할 수 있고 금속 부품은 녹이 슬지 않는 재료로 만들어져야 한다.
(4) 배수밸브가 달린 물안경은 머리를 뒤로 젖히지 않아 편하지만, 물 빠지는 속도가 느리고 필요사항은 아니다.
(5) 중요한 것은 자기 얼굴과 잘 맞아야 물이 새지 않는다.

2. 물안경 쓰는 방법

(1) 물안경을 쓰기 전 벗겨지지 않을 정도로 끈의 길이 조절을 한다.
(2) 끈을 먼저 머리 뒤에 걸쳐놓고 물안경을 내려 얼굴 위에 붙이는 방법과 먼저 물안경을 제자리에 붙인 후 끈을 뒤로 넘겨 걸치는 방법이 있다.
(3) 물안경 스커트 부분이 완전히 펴져야 하며, 머리카락이나 수모가 들어가지 않게 한다.
(4) 물안경 끈은 너무 내리거나 올리지 말고 뒤통수 약간 위에 걸치는 것이 좋으며 착용 후 코로 숨을 살짝 들이마셔서 새는 곳이 없나 확인한다.

3. 물안경 서리예방

물안경을 쓰고 잠수하면 코에서 나온 습하고 더운 공기가 외부의 찬 수온에 접해 물안경 유리에 서리가 끼어 잘 보이지 않게 된다. 이것을 방지하려면 물안경을 쓰기 전에 물안경 안쪽을 말린 상태에서 서리 제거용 액체를 바른 후 물로 살짝 행군다.

물안경

Chapter 03 잠수 장비

4. 물안경 보관방법

민물 세척하여 그늘진 곳에서 건조한 뒤 케이스에 넣어 보관한다.

: 확인 문제 :

1 물안경을 선택할 때의 결정적 요인이 아닌 것은?

① 물이 새지 말아야 한다.　　　　② 배수밸브가 있어야 한다.

③ 유리가 열처리된 것이어야 한다.　　④ 얼굴에 잘 맞아야 한다.

정답 ②

---

02 숨대롱 Snorkel

1. 스노클 선택 시 고려사항

(1) 마우스피스 크기가 입에 잘 맞아야 하며 부드러운 실리콘으로 된 것이어야 한다.

(2) 길이는 30~35cm 정도가 적당하며 길이가 짧으면 물이 잘 들어오고 길면 호흡 저항이 많아 숨쉬기가 힘들다.

(3) 관의 내경은 19~21mm가 적당하며 너무 가늘면 충분한 양의 공기가 들어오지 않고 너무 굵으면 물빼기가 어렵다.

(4) 스노클은 물안경 끈에 단단히 고정해야 하며 미끄러져 빠지지 않고 내구성과 안정성이 좋은 것이어야 한다.

(5) 스노클 하단에 배수밸브가 달린 것이 물빼기하기 쉬우며, 상단 배수밸브는 물이 들어오는 것을 방지해 준다.

(6) 스노클 부피가 너무 크면 수중·수면에서 저항이 많아 불편하다.

2. 스노클 필요성 및 사용방법

(1) 스노클은 표면수영 시 체력소모를 예방하고 불필요하게 공기를 소모하지 않기 위해서 사용한다.

(2) 스노클을 통해 숨을 쉬면 얼굴을 물속에 담근 채로 비교적 편하게 숨을 쉴 수 있으므로 물에

떠서 다니는 데 한결 힘이 덜 든다.
(3) 스노클은 왼쪽 물안경 끈에 부착하여 호흡조절기와의 충돌 및 혼동하는 것을 예방한다.
(4) 스노클을 물고 호흡할 때는 평상시보다 길고 깊게 호흡하는 것이 바람직하다.

3. 스노클 보관방법
잠수 후 깨끗한 민물로 3분 이상 담가두었다가 바람이 잘 통하는 그늘에서 건조한 뒤 보관한다.

스노클

확인 문제

1 스쿠버 잠수에서 스노클(Snorkel) 사용의 장점이 아닌 것은?
① 표면수영 시 잠수사의 피로를 덜어준다.
② 얼굴을 물속에 둔 채 수영할 수 있다.
③ 수면에서 탱크의 공기를 아낄 수 있다.
④ 잠수사의 안면압착을 예방한다.

정답 ④

03 잠수복 Dive suits

1. 잠수복의 필요성
물은 공기보다 약 25배 정도의 높은 열전도율을 가지고 있으므로 다이버는 체온을 쉽게 빼앗기게 된다. 그러므로 적절한 보온력을 갖는 잠수복을 착용하여야 하며, 피부가 해저의 날카로운 물체에 쓸리거나 해양생물로부터 보호할 수 있어 잠수복을 착용해야 한다.

2. 습식 잠수복 Wet Suits
습식 잠수복은 내부로 소량의 물이 들어오고 그 물은 곧 체온에 의해 데워져 체온이 유지되는 잠수복이다. 습식 잠수복은 독립된 기포가 수없이 많이 들어 있는 합성고무로 만들어져 있으며, 이 기포들은 수압을 받으면 작아져 수심이 깊어질수록 얇아져 보온력 및 부력도 사라진다.

(1) **선택요건**

① 습식 잠수복은 잠수할 지역의 수온에 따라 두께와 모양을 선택하여야 하며, 아래 표와 같이 권장 사용 수온이 있다.

② 몸에 잘 맞는 것을 선택하며 너무 크면 물의 유입이 심해 보온력이 떨어지고, 너무 작으면 호흡과 혈액 순환이 어렵다.

③ 습식 잠수복은 잠수할 장소의 수온, 수심, 잠수 목적, 해저 체류시간, 육상의 날씨 등을 고려하여 선택한다.

구분	원단 두께	권장 사용 수온	비고
바디 스킨		27℃ 이상	
반소매, 반바지	2~3mm	24℃ 이상	
원피스 이상	3mm	22~28℃	
원피스 이상	5mm 이상	13~21℃	후드와 보온장갑 필요
건식 잠수복		-1~21℃	후드와 보온장갑 필요

(2) **습식 잠수복 보관방법**

잠수 후 깨끗한 민물로 잘 씻고 그늘에서 건조한 뒤 폭이 넓은 옷걸이에 걸어두거나 그대로 펼쳐두어야 하며, 오랫동안 접어두거나 무거운 것에 눌리지 않게 보관한다.

3. 건식 잠수복 Dry Suits

건식 잠수복은 부츠가 잠수복에 부착되어 있고, 손목과 목에 방수 씰과 등이나 앞쪽에 드라이 지퍼가 방수역할을 하게 되어 내부로 물이 들어오지 않는다. 급기밸브와 배기밸브가 달려있어 공기를 넣고 빼며 압착과 팽창을 조절할 수 있다. 찬물에서 보온 상태가 유지되면 저체온증이 예방되고 감압병의 위험성이 감소한다.

(1) **선택요건**

① 건식 잠수복은 대개 수온이 13℃ 이하인 곳에서는 반드시 착용하도록 권장하고 있다. 착용했을 때 움직임이 편해야 하고, 수선의 용이성, 보증기간, 제작사의 사용교본, 신뢰도 등

을 고려하여 선택해야 한다.

② 몸의 움직임에 방해를 받으면 잠수복이 너무 작은 것이다.

(2) 건식 잠수복 관리방법

① 사용 후에는 민물로 외부를 세척해야 하면 땀 냄새가 많이 나거나 바닷물이 안으로 들어간 경우는 내부로 세척해야 한다.

② 배기밸브와 급기밸브는 특히 주의 깊게 세척해야 한다.

③ 씰부분은 인체의 기름기를 닦아내기 위해 전용세제 등을 사용하여 세척해야 한다.

④ 드라이 지퍼는 부드러운 칫솔에 전용세제를 묻혀 안팎을 닦아내고 지퍼에 파라핀 왁스 이외에 다른 윤활제를 발라선 안 된다.

⑤ 지퍼는 열린 상태로 보관하고 심하게 접으면 지퍼가 상하게 된다.

⑥ 자주 여닫으면 지퍼의 수명이 단축된다.(필요시에만)

⑦ 건식 잠수복은 운반 중에 무거운 물체에 눌리지 않도록 가장 윗부분에 놓아서 지퍼가 손상되는 일이 없도록 해야 한다.

⑧ 내피는 별도의 가방에 담아서 젖지 않도록 운반해야 한다.

습식 잠수복(5mm)

건식 잠수복(내피)

건식 잠수복(Dry Suits)

확인 문제

1 잠수복을 사용한 후 보관 방법으로 가장 적합한 것은?

① 양지바른 곳에서 건조한 후 보관한다.
② 비누로 깨끗하게 씻은 다음 보관한다.
③ 그늘에서 건조한 후 옷걸이에 걸어 보관한다.
④ 구겨진 곳을 펴기 위해 무거운 것으로 눌러 둔다.

정답 ③

04 호흡기 *Regulator*

1. 호흡기의 개념

수중에서 편하게 호흡하려면 폐로 이송되는 공기의 압력은 주변압과 유사한 압력으로 공급돼야 한다. 이를 가능하게 한 것이 호흡기이며, 호흡기에는 1단계, 2단계 장치로 구분하고, 1단계에 잔압계 호스, 드라이슈트 호스, 비상호흡기 호스 등을 연결하여 사용한다.

2. 호흡기의 역할

(1) 호흡기의 첫 번째 역할은 공기통으로부터 나온 고압의 공기를 다이버가 위치한 주변 압력과 같은 압력인 주변압으로 압력을 낮추는 것이다. 1단계와 2단계에서 두 번에 나누어 압력을 낮춘다. 즉 공기통 속의 고압(207bar)의 공기는 1단계에서 중간압(9~10kg/㎠)으로 2단계에서 주변압으로 압력이 낮추어진다.

(2) 호흡기의 두 번째 역할은 다이버가 숨을 들이쉴 때만 공기가 흐르도록 흐름을 조절하는 것이다. 따라서 스포츠 다이빙에 사용되는 호흡기를 요구식 호흡기라 하고, 계속적으로 흘러오는 산업잠수용 헬멧과는 비교가 된다.

3. 호흡기의 종류

호흡기는 작용압력에 따라 1단계와 2단계로 구분되며 사용되는 밸브에 따라 피스톤식과 판막식으로 구분되고 공기통 잔압에 영향을 받는가에 따라 균형식과 불균형식으로 구분된다. 그리고 공기통 밸브와 연결방식에 따라 DIN형, 요크(YOKE)형 1단계로 구분한다.

4. 호흡기의 관리방법

(1) 잠수 후 모래나 먼지가 입물개를 통해 안으로 들어가지 않도록 조심하고 사용하지 않을 때는 항상 먼지마개를 끼워 두어 먼지나 물이 들어가지 않도록 한다.

(2) 잠수 후 깨끗한 민물로 잘 씻어야 한다. 씻기 전 먼지마개가 제자리에 끼워있나 확인하고 씻는 동안 누름단추를 누르지 말아야 한다.

(3) 1단계 안으로 물이 들어가면 즉시 공기통에 연결하여 공기로 들어있는 물을 불어내도록 한다.

(4) 씻은 후 잘 흔들어서 2단계 속에 있는 물을 털어내고 바람이 잘 통하는 그늘에서 말린다.

(5) 호흡기는 절대로 기름을 칠하지 말고 필요한 경우는 전문가에 의해서만 필요한 곳에 실리콘 그리스를 바른다.

(6) 호흡기는 1년에 한 번씩 정기적으로 분해소제를 해야 항상 새것의 성능을 유지할 수 있다.

5. 호흡기의 선택 시 고려사항

(1) 호흡기 선택 시 호흡 저항이 적은 것을 선택해야 한다. 호흡 저항이 적은 것이라야 수중에서 편안히 호흡할 수 있다.

(2) 다이빙 형태와 잠수할 지역을 고려하여 호흡기를 선택해야 한다. 수온이 차가운 곳에서 주로 잠수하는 다이버는 호흡기의 동결예방이 된 것을 선택하며 펄이나 모래가 많은 지역에서 잠수하는 경우에는 판막식 1단계가 장착된 호흡기를 선택하는 것이 바람직하다.

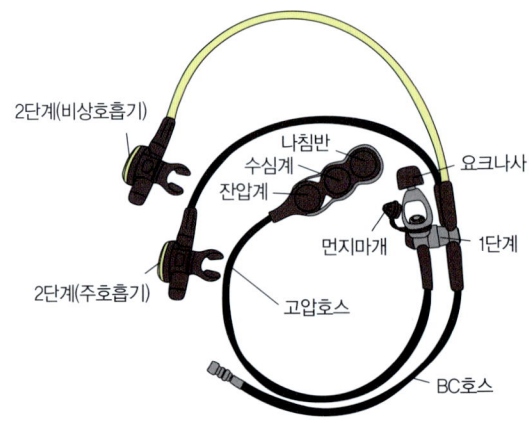

Chapter 03 잠수 장비

> :확인 문제:
>
> **1** 스쿠버용 호흡조절기(Regulator)를 사용한 후의 손질방법으로 옳은 것은?
>
> ① 원활한 공기 소통을 위해 이물질 마개를 개방해둔다.
> ② 해수를 씻어낼 때는 배출단추를 눌러 담수를 넣어준다.
> ③ 부식방지를 위해 다이어프램에 실리콘그리스를 바른다.
> ④ 손질이 끝나면 공기통에 연결한 후 배출단추를 눌러 공기를 통과시킨다.
>
> 정답 ④

05 부력조절기 Buoyancy Controller

1. 부력조절기의 개념
부력조절기(Buoyancy Controller)는 다이버가 자유로이 공기를 넣고 뺄 수 있는 공기주머니로, 수중 또는 수면에서 다이버가 자유로이 양성, 중성, 음성 부력을 조절하기 위하여 사용된다.

2. 부력조절기의 사용목적 및 필요성
(1) 다이버는 원활한 하강을 위해 웨이트 장치를 착용하며, 그에 대한 부력의 보상을 받기 위해 부력조절기를 사용한다.
(2) 부력조절기는 수중에서의 중성부력 회복 이외에도 수면에서 양성부력을 유지해주어 수면에서 핀킥을 하지 않고도 편하게 수면에 떠 있을 수 있다.
(3) 부력조절기는 등판의 역할을 함께 하여 다이버가 공기통을 짊어질 수 있게 해준다.

3. 부력조절기의 종류
부력조절기는 모양에 따라 조끼식, 어깨끈 조절식, 백 마운트식의 종류를 구별할 수 있다.
(1) **조끼형 부력조절기**
    ① 1977년 조끼형의 부력조절기가 개발되어 가슴 앞쪽과 등 쪽 부분이 모두 팽창하는 형식의 부력조절기로 착용감이 좋고 부력을 충분히 줄 수 있다.

② 전체가 하나의 공기주머니로 이루어져 다이버가 어떤 자세를 취하든 수중에서 자세를 쉽게 유지할 수 있게 하였다.

③ 어깨 부분에 쉽게 풀 수 있는 버클이 없고, 크기 조절이 불가능하여 입고 벗기가 상당히 힘들다.

(2) 어깨끈 조절식 부력조절기

① 1985년 어깨끈이 조절되는 형태의 부력조절기 즉 ADV(advanced design vest)형 부력조절기가 나왔다.

② 어깨끈을 조절하여 부력조절기가 몸에 잘 맞게 조일 수 있고 버클이 달려있어서 입고 벗기도 편하다.

③ 공기가 주로 등 부분에 집중되어 있으므로 수중에서 자세유지가 조끼식을 입었을 때보다는 다소 불편함을 준다.

(3) 백마운트식 부력조절기

① 1972년 등판과 부력조절기를 합친 최초의 부력조절기로 전면에는 하네스로만 이루어져 많은 종류의 액세서리를 달 수 있고, 수평 자세를 취하기 좋으며, 유영 시 저항이 적어 테크니컬 다이빙에 많이 사용되고 있다.

② 착용 시 공기주머니가 등 쪽에만 존재하여 선 자세를 유지하기가 불편하다. 특히 수면에서 떠 있을 때 앞으로 엎어지는 힘이 작용하므로 똑바로 서 있기 힘들며 특히 의식을 잃은 다이버 경우 얼굴이 물속에 잠겨있게 된다.

③ 수면에서 자세를 바꾸기에 약간 더 힘이 들며 주머니 수가 다른 부력조절기에 비해 적다.

4. 부력조절기 선택요건

(1) 자신의 몸에 잘 맞아야 하며, 충분한 부력을 줄 수 있는 것이라야 한다.

(2) 부력조절기의 주머니가 클수록 인양능력이 크나 물의 저항 또한 많아 불편한 점이 있다.

(3) 잠수하는 목적에 따라 적절한 부력조절기를 선택하는 것이 중요하다. 예를 들어 습식 잠수복은 조끼형, 건식 잠수복은 ADV형, 테크니컬 다이빙은 백마운트형이 유리하다.

(4) 공기가 새지 말아야 하며, 지나치게 공기가 많이 들어간 경우 공기주머니가 터지지 않도록 과압배출밸브가 달려있어야 하고, 이런 구성품들을 고루 갖추어 정상적인 기능을 발휘하여야 한다.

Chapter 03 잠수 장비

조끼식

어깨끈 조절식

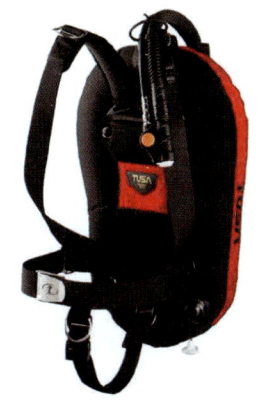
백마운트식

: 확인 문제 :

1 다음 부력조절기의 용도 중 틀린 것은?

① 하잠할 때의 부력 조절

② 표면에시의 부력확보

③ 수중에서의 중성부력 유지

④ 수중물체 인양 시의 부력 활용

정답 ④

06 수중나침반

1. 나침반의 개념

(1) 물이 흐린 경우나 야간에 잠수하는 경우에는 지형지물만 보고 방향을 찾기가 어렵다. 이럴 때 수중에서 방향을 유지하는 데 도움을 주는 장비이다.

(2) 다이빙에서 주로 자석의 원리를 이용한 자기 나침반이 사용되고 최근에는 전기의 힘을 이용한 전자 나침반이 소개되었다.

2. 선택요령

나침반을 선택할 때에는 정확도, 내압성, 원반의 회전성, 야광, 회전 베젤 유무, 방위기선 유무, 측면창 유무 등을 고려해야 한다.

3. 사용 방법

(1) 나침반의 컴퍼스 카드(Compass Card)가 수평이 유지되도록 잡는다. 그 다음 몸의 중심과 방위기선이 나란히 놓이도록 하며 방위기선 상에 목표물이 오도록 몸을 회전시킨다.

(2) 일단 목표물이 방위기선 상에 위치했으면 측면 창을 통해 목표물의 방위각을 읽는다. 이 방위각이 목표물의 방위각이 된다.

(3) 진행 중 컴퍼스 카드의 눈금이 방위기선 상을 벗어나면 팔은 몸에 고정시킨 채로 몸을 회전시켜 방위기선 상에 다시 목표물의 방위각 눈금이 오도록 해야 한다.

(4) 진행 중 방향을 바꾸려면, 우측으로 회전할 때는 현 방위각에 원하는 만큼의 회전 각도를 더하고, 왼쪽으로 회전할 때에는 회전 각도만큼 빼면 된다.

4. 보관방법

(1) 나침반은 사용 후 모래나 먼지, 소금 등을 깨끗한 물로 씻어 내고 건조한 다음, 움직이는 부분에는 실리콘 기름 등을 발라두어야 한다.

(2) 나침반은 충격에 약하므로 떨어뜨리거나 충격을 주지 않도록 유의하며 운반 중에는 무거운 것에 눌리지 않도록 해야 한다.

(3) 오랫동안 햇볕과 열 등에 노출되지 않도록 해야 한다.

손목형 나침반

콘솔형 나침반

나침반 모듈

Chapter 03 잠수 장비

> **: 확인 문제 :**
>
> **1** 나침반(Compass)의 사용 방법으로 옳은 것은?
>   ① 수평을 유지하여 사용   ② 석유제 윤활유 사용
>   ③ 공기통에 가깝게 붙여 사용   ④ 회전 숫자판을 제거한 후 사용
>
> 정답 ①

07 다이빙칼

1. 다이빙칼은 수중에서 그물, 로프 등에 감겼을 때 이를 절단하기 위해 사용되며, 때로는 망치, 지렛대, 자, 톱, 드라이버 등의 역할도 한다.
2. 다이빙칼을 다리에 차는 경우에는 반드시 안쪽에 차야 한다.
3. 다이빙칼의 한쪽은 반드시 톱날이 서야 로프를 잘 끊는다.
4. 칼날은 녹이 슬지 않는 재료로 만들어져야 하며 튼튼해야 한다.
5. 다이빙칼은 위급 시에 쉽게 뽑을 수 있어야 한다.
6. 손잡이는 손을 보호할 수 있는 턱이 있어야 하고 깨지지 않는 재료이어야 하며, 칼집은 튼튼하고 칼이 저절로 빠지지 않게 되어 있어야 한다.
7. 다이빙칼을 사용한 후에는 녹이 스는 것을 방지하기 위해 민물로 세척하여 잘 닦고 말려서 보관하며, 기름칠해 두는 것도 좋다.

 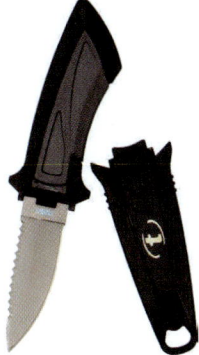

> **: 확인 문제 :**
>
> **1** 스쿠버 잠수 시 수중칼에 관한 설명 중 틀린 것은?
>   ① 중량벨트에 맨다.
>   ② 허벅지에 또는 종아리에 맨다.
>   ③ 한쪽은 칼, 한쪽은 톱이다.
>   ④ 바닷물에 강한 금속이다.
>
> 정답 ①

08 공기통 Air Tank

1. 공기통의 종류

공기통의 재질은 합금 강철과 합금 알루미늄 두 가지이다. 알루미늄 공기통은 사용 압력이 보통 207bar(3,000psi)이며, 만충전 시 공기량이 $1,416\ell(50ft^3)$, $2,265\ell(80ft^3)$인 것이 주로 사용된다. 알루미늄 공기통은 열과 충격에는 약하지만 녹이 슬지 않는 장점이 있으며, 강철 공기통은 녹은 슬지만 열과 충격에 강하다. 우리나라에서 사용되고 있는 대부분의 공기통은 알루미늄 공기통이다.

2. 공기통의 표식

공기통에는 재질, 충전 압력, 수압 검사일, 내용 용적, 제조 회사, 일련번호 등에 관한 특성을 나타내는 표식들이 목 부분에 새겨져 있다.

(1) **한국식 표시법**
- AIR : 사용하는 기체가 공기임을 표시
- V 11.1 : 통 속의 부피가 11.1ℓ 임을 표시
- W 14.4 : 무게가 14.4kg임을 표시
- 12345 : 제조 일련번호
- 6-2019 : 2019년 6월에 수압 검사했다는 표시
- TP-33.5 : 시험 압력이 33.5MPa(=335bar)임을 표시
- FP-20.7 : 충전(상용)압력이 20.7MPa(=207bar)임을 표시
- DOT : Department of Transportation, 미 운송국, 고압 용기 형식 승인 부서

- 재질 표시 : 3AL – 알루미늄 합금 표시/ 3AA – 강철 합금 표시
- 3000 : 만충전 시 압력이 3,000psi
- P12345 : P는 만충전 시 공기량이 80ft³임을 나타내며 12345는 제조 일련번호
- ABC : 제조 회사
- 6◇2019 : 2019년 6월에 수압검사를 실시함

통속의 조사
육안 검사는 1년에 한 번 또는 수시로 한다.

수압 검사
상용압력의 5/3배 가압하여
처음 2회는 5년에 한 번 검사하며
그 후는 매 3년마다 검사한다.

3. 공기통의 검사

공기통은 안전성을 확보하기 위해 수압검사와 육안검사를 행한다. 수압검사(Hydrostatic Test)는 재질의 강도를 확인하기 위해 실시하며 이는 법에 의해 강제되는 사항이다. 우리나라의 경우 최초의 2회(1차, 2차)의 수압검사는 5년마다, 그 이후에는 3년마다 실시하도록 법으로 규정하고 있다. 수압검사는 충전 압력의 $\frac{5}{3}$배 압력을 가해 재질의 강도를 검사한다. 수압검사를 받은 다음 몇 년 동안 공기통의 안전에 대한 검사가 이뤄지지 않으면 다이버들은 공기통 안전사고로 인한 위험에 노출될 수 있다. 따라서 적어도 1년에 한 번씩은 공기통 육안검사(VCI : Visual Cylinder Inspection) 과정을 통해 공기통 내외부의 흠집과 구멍, 변형 유·무를 조사하고 목 부분 나사선의 상태를 조사해야 한다.

4. 공기통의 관리

(1) 공기통 벽의 두께는 얇기 때문에 넘어지거나 부딪쳐서 표면에 깊이 흠이 생기면 아주 위험하므로 사용하지 않을 때에는 잠시 눕혀 놓는다.

Chapter 03 잠수 장비

(2) 공기통에는 항상 15bar 정도의 공기를 남겨 두어야 먼지나 물이 통 속으로 들어가는 것을 막을 수 있다.

(3) 오래된 공기는 완전히 배출시키고 다시 충전해야 한다. 이때 공기를 천천히 배출시켜야 탱크 속에 물방울이 생기는 것을 막을 수 있다.

(4) 공기통을 차로 운반할 때는 통의 밑바닥이 앞쪽을 향하도록 눕혀 구르거나 튀지 않게 하고, 공기를 가득 충전한 채 운반하는 것은 피하도록 한다.

(5) 비행기로 공기통을 운반할 때에는 공기를 완전히 배출시켜야 한다.

(6) 알루미늄 공기통의 재질은 열에 몹시 약해서 176℃ 이상의 고온으로 가열되면 그 강도가 현저히 떨어져 고압 용기 역할을 할 수 없게 된다. 그러므로 고열에 노출되었던 탱크는 폐기시켜야 하고 82℃ 이상의 고온에 노출된 알루미늄 공기통은 수압 검사로 안전도 검사를 한 후 사용해야 한다.

(7) **공기통 청소**

① 강철 실린더 – 자갈 4ℓ와 물 2ℓ로 청소한다.
② 알루미늄 실린더 – 자갈 5ℓ와 물 2.5ℓ로 청소한다.
③ 실린더를 굴림대 위에 올려놓고 축방향으로 돌린다.
④ 청소 후 맑은 물로 깨끗이 씻은 다음 압축공기로 내부를 건조시킨다.

확인 문제

1 스쿠버용 공기통의 압력이 3000psi는 몇 kg/cm²인가?

① 160.6 kg/cm² ② 190 kg/cm² ③ 210 kg/cm² ④ 230 kg/cm²

해설 1psi = 0.068947bar = 0.070307 kg/cm²
3000psi = 206.841998bar = 210.920139kg/cm²
정답 ③

2 국내에서 규정하는 고압 기체저장통은 1차 검사 후 2차 재검사는 몇 년 후 수압검사를 실시하는가?

① 1년 ② 2년 ③ 3년 ④ 5년

해설 수압검사는 처음 2회(1차, 2차)는 5년에 한 번 검사하고, 그 후 매 3년마다 검사한다.
정답 ④

03 공기압축기와 기체

01 공기압축기 *Air Compressor*

1. 공기압축기의 개념

(1) 공기압축기는 사용 용도에 따라 호흡용과 공업용으로 나누어지는데, 표면공급식 잠수에 사용되는 공기압축기는 반드시 호흡용을 사용해야 한다.

(2) 기체 압축기는 일반적으로 63kg/cm^2(900psi) 미만이냐 이상이냐에 따라 크게 고압용과 저압용으로 구분한다. 고압과 저압의 중간에 위치하는 중·저압 공기압축기는 대체로 공업용으로서 잠수 작업 시 공구 운용 등을 위해 사용된다.

(3) 표면공급식 잠수에 사용되는 기체압축기는 저압용으로서 압력은 약 20kg/cm^2 미만이므로 압력이 특별히 높아야 할 필요성은 없다.

2. 공기압축기의 선택

(1) 고압용이든 저압용이든 선택에 있어서 가장 중요한 것은 상용 압력과 토출량이다.

(2) 상용 압력이란 내압시험 압력 및 기밀시험 압력의 기준이 되는 압력으로써 사용 상태에서 기체 압축기의 최고 사용 압력을 말하며, kg/cm^2 또는 psi로 표시된다.

(3) 토출량이란 용량을 말하며 분당 몇 리터(ℓ/분) 또는 몇 ft^3(C.F.M : Cubic Feet per Minute)

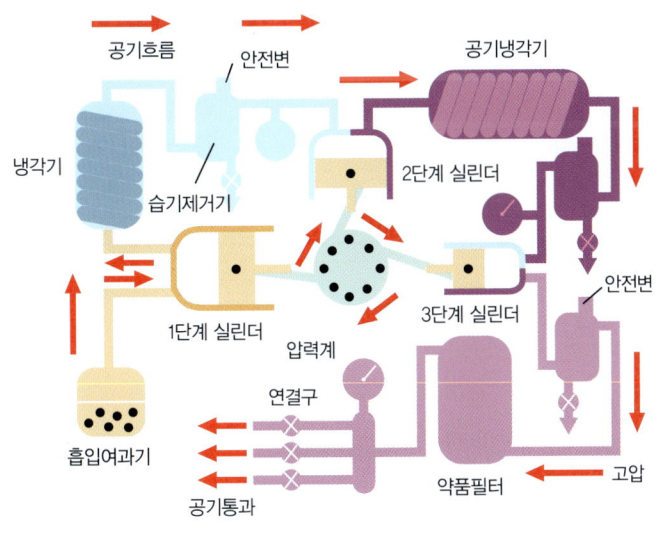

공기압축기의 구조

의 공기를 공급할 수 있는가를 나타낸 것으로, 토출량이 클수록 공기량이 많으나 무게가 무겁고 값이 비싸다.

※ 충전시간(분) = 충전해야 할 양(ft^3) ÷ 기체 압축기의 토출량(CFM)

3. 공기압축기의 중요사항
(1) 깨끗한 공기를 마시기 위해서는 여과기의 성능이 우수해야 한다.
(2) 기체압축기의 오일은 유화 작용이 일어나지 않는 광물성의 비합성 오일을 써야 하며 점도가 높을수록 좋다. 오일의 점도는 오일 선택에 있어서 가장 중요하다.
(3) 압축기 흡입구는 오염되지 않은 외부에 설치하거나 바람이 불어오는 방향으로 2m 이상 높게 설치하면 오염 물질로부터 방지할 수 있다.

: 확인 문제 :

1 다음 중 공기압축기의 선택할 때 우선적으로 고려해야 할 중요사항은?
① 상용 압력과 토출량
② 회전속도와 냉각방법
③ 엔진 종류와 무게
④ 구조와 연결방법

정답 ①

2 스쿠버용 공기통에 공기를 주입하는 이동용 공기압축기의 흡입구 설치 방법 중 옳은 것은?
① 바람이 불어오는 방향으로 2m 이상 높게
② 바람이 불어오는 방향으로 2m 이하 낮게
③ 바람이 불어오는 반대 방향으로 2m 이상 높게
④ 바람이 불어오는 반대 방향으로 2m 이하 낮게

정답 ①

---

02 공기압축기 사용

1. 잠수 중 컴프레셔의 필터(정화기)가 좋지 않을 때 숨 쉬는 공기 중 기름 냄새가 날 수 있다.
2. 공기압축기를 운전하여 잠수사에게 공급할 때의 계통도
   • 여과기 → 압축기 → 저장탱크 → 필터 → 잠수사

3. 공기압축기나 펌프를 운전하기 전에 가장 먼저 검사하여야 할 곳은 윤활유 계통이다.
4. 공기압축기 오일 교환
    (1) 최초 오일 교환 후 그다음 오일 교환 주기는 250시간 가동 후이다.
    (2) 새 공기압축기는 15시간 가동하면 오일을 교환한다.
    (3) 서로 다른 제조 회사의 오일은 섞어 쓰지 않는다.
    (4) 압축기 오일은 점도가 높은 광물성 오일을 사용하여 교환한다.
5. 공기압축기에 여과 필터를 설치해야 하는 이유는 수분과 먼지를 제거하고, 공기를 깨끗하게 하기 위해서이다.
6. 공기압축기 정지 후 기기 내부 잔압을 제거하는 주된 이유는 다음 운전 시 엔진의 부하를 작게 주어 시동을 용이하게 하기 위해서이다.(조정밸브를 잠그는 이유)
7. 잠수용 공기압축기 엔진에서 실린더와 피스톤 간극이 작으면 피스톤링이 마모되어 실린더와 붙게 된다.

확인 문제

1 자수공급용 공기압축기의 운전 시 가장 중요한 사전점검 사항은?
    ① 시동을 위한 전기계통　　② 연료유계통
    ③ 윤활계통　　　　　　　　④ 압력계통

정답 ③

03 혼합기체의 종류

1. 산소+질소 = 나이트록스 Nitrox
(1) 장점 : 비감압한계시간의 연장, 감압병과 질소마취의 발병률 감소, 해저체류시간의 증가 및

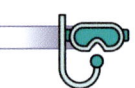

감압시간 단축, 재잠수 시 표면경과시간 단축

(2) 단점 : 산소중독의 위험성 증가, 고압산소로 화재 및 폭발의 위험성 증가, 부주의 시 사고 위험률 증가

2. 산소+헬륨 = 헬리옥스 Heliox

(1) 수심 50m 이상의 심해잠수에 사용되는 이상적인 기체로서 여러 해 동안 군사잠수와 산업잠수에서 애용되어 왔다.

(2) 120m 이상의 수심에서는 가압속도에 비례하여 고압신경증후군(HRNS)이 나타나는데, 증상은 현기증, 구역질, 떨림, 피로, 졸림, 지능저하 등이다. 그리고 수심 60m 이상만 넘어가면 음성이 변성되어 언스크램블러(Unscrambler)가 없으면 통화가 불가능하며, 헬륨은 열전도율이 높아 체열 손실이 크고 가격이 비싸다는 단점을 갖고 있다.

3. 산소+헬륨+질소 = 트라이믹스 Trimix

(1) 헬리옥스에 질소마취가 일어나지 않는 범위 내에서 질소를 섞어 주는 것이므로 질소마취를 사전에 막을 수 있고, 고압신경증후군을 약화시킬 수 있으며, 무엇보다 원가가 싸다는 장점이 있다.

(2) 단점은 기체의 혼합 시 신중해야 하며 잠수절차가 까다롭다.

4. 산소+수소 = 하이드록스 Hydrox

수소는 헬륨보다 마취력이 강하며 호흡저항도 강한 면을 가지고 있지만 음성 변성과 열전도율 면에서는 헬륨보다 못하다.

5. 산소+수소+헬륨 = 하이드렐리옥스 Hydreliox

하이드록스도 수심이 증가되면 수소마취와 고압신경증후군이 나타난다. 이때 일부 수소를 헬륨으로 대체시키면 수소마취가 약화되고 고압신경증후군도 감소한다.

> **알아둡시다!**
> 아르곤은 금속의 산화를 방지하는 데 사용된다. (용접 등에 사용)

6. 순산소 = 옥시겐 Oxygen

: 확인 문제 :

1 다음 기체 중 잠수를 위하여 사용되지 않는 것은?

① 산소　　② 헬륨　　③ 질소　　④ 아르곤

정답 ④

03 표면공급식

01 스쿠버 잠수와 표면공급식 잠수

구분	스쿠버 잠수	표면공급식 잠수
한계수심	① 비감압 한계시간을 엄격히 적용 ② 안전 작업 수심 18m에 60분 허용 ③ 40m에서 10분 허용. 단, 30m 이상 잠수 시 반드시 비상기체 또는 더블탱크 착용	① 공기잠수 시 최대 작업 수심 58m ② 18m 이상, 침몰선 내부, 폐쇄된 공간 등에서는 반드시 비상기체탱크 착용
장점	① 장비의 운반, 착용, 해체가 간편해 신속한 기동성을 발휘 ② 잠수 작업 시 적은 인원 소요 ③ 수평, 수직 이동이 원활함 ④ 자유로운 수중 활동	① 공기 공급의 무제한으로 장시간 해저 체류가 가능 ② 양호한 수평 이동과 최대 조류 2.5노트까지 작업 가능 ③ 줄신호 및 통화가 가능하므로 잠수사의 안전 및 작업 진척 확인이 원활함 ④ 현장 지휘 및 통제가 가능
단점	① 수심과 해저체류 시간에 제한을 받음 ② 호흡 저항에 영향을 받음 ③ 조류에 영향을 받음(최대 1노트) ④ 지상과 통화 불가능 ⑤ 오염된 물, 기계적인 손상 등 신체 보호에 제한을 받음 ⑥ 잠수사 이상 유·무 확인 불가능	① 기체 호스의 꺾임 ② 수직 이동의 제한 ③ 기동성 저하

스포츠 스쿠버 다이버

표면공급식 잠수사

> **알아둡시다!**
> 보통 스쿠버 잠수는 레져활동으로 이용되며, 표면공급식 잠수는 산업잠수 등에 이용된다.

확인 문제

1 스쿠버 잠수의 장점이 아닌 것은?
① 체류시간의 무제한
② 양호한 기동성
③ 장비의 간편성
④ 적은 인원의 지원

정답 ①

02 잠수헬멧과 밴드마스크

1. 잠수헬멧과 밴드마스크의 개요

(1) 우리나라 국가기술자격 실기검정에 사용되는 잠수헬멧은 키르바이 모건 잠수장비회사 (KMDSI)에서 생산하는 슈퍼라이트-17 헬멧 기종을 채택하고 있다.

(2) 슈퍼라이트-17 헬멧은 세계의 수중공사 회사들을 비롯하여 해군의 잠수 관련부대(미 해군과 한국 해군에서는 슈퍼라이트-17에서 약간 변형된 MK-21 기종을 사용) 등으로부터 선호도면에서 대단한 호평을 받고 있다.

(3) 재래식 헬멧은 잠수복과 분리되지 않아 사망사고로 직결되었다. 슈퍼라이트-17 헬멧은 잠수복과 분리가 가능하여 안전사고를 크게 해소시켰을 뿐만 아니라 습식 잠수복과 온수 잠수복, 물갈퀴 등과도 사용할 수 있어 수중에서도 자유롭게 수영할 수 있다.

(4) 슈퍼라이트-17 헬멧과 KMB 밴드마스크는 많은 부품이 호환성을 가지고 있고, 호흡 유출 방식도 지속적으로 기체가 흐르는(Steady Flow) 것과 호흡할 때마다 기체가 흐르는 요구형 (Demand Regulator)의 방식 등 2가지 기능 모두를 채택하고 있다.

2. 잠수헬멧과 밴드마스크의 특징

(1) 최대 작업수심은 공기잠수 시 58m(190ft)까지 가능하고, 표면공급 혼합기체 잠수 시에는 90m까지 가능하다.

(2) 기체요구량은 대체적으로 40~127ℓ(1.4~4.5acfm)이며, 표면공급 요구압력은 8~16kg/cm^2 (115~225psi)가 유지되어야 한다.

(3) 18m 이상 잠수할 시에는 비상기체탱크(5~11ℓ)을 사용해야 한다.

(4) 40m 이상 잠수할 시에는 잠수종(Diving Bell)을 사용하면 작업 효율성이 높다.

3. 잠수헬멧과 밴드마스크의 주요 기능

(1) 일반적으로 주 기체 공급관을 통해 기체가 공급되며, 기체 순환 방향은 역지밸브 → 측면 부품대(호흡조절기와 환기밸브로 분산) → 굴곡관 → 호흡조절기 → 잠수사의 입과 코로 공급된다.

(2) 주 기체 공급관에서 문제가 발생했을 때는 즉시 비상기체 공급밸브를 열어야 하며, 기체 순환 방향은 위와 같이 동일하게 작동된다.

(3) 역지밸브(Non-return Valve)는 헬멧 내부 또는 밴드마스크 내부에 공급되는 기체를 일정하게 흐르도록 유지해 주며, 주 기체 공급이 차단되었을 때 잠수사의 안면 압착과 물의 유입을 방지해 준다(압착병 방지). 따라서 역지밸브는 매일 첫 잠수 전에 반드시 검사한 후 잠수에 임해야 한다.

(4) 환기밸브는 측면 부품대에서 안명창 전방으로 돌출된 것으로서 헬멧의 환기, 안면창 김서림 제거, 헬멧 내 침수된 물을 제거, 호흡조절기 고장 시 비상기체공급원으로 사용 등 4가지 기능이 있다.

4. 잠수헬멧과 밴드마스크의 비교

KMB 밴드마스크는 헬멧에 비해 가격이 저렴하다는 것이 가장 큰 장점이지만 잠수사의 선호도, 수심, 작업 현장의 적합성, 활동성, 오염된 환경 등을 고려하여야 한다.

밴드마스크의 장점	헬멧의 장점
① 헬멧에 비해 가격이 저렴하다. ② 착용이 간편하다. ③ 가볍고 물의 저항이 적어 활동성이 자유롭다. ④ 제품에 따라 혼자 착용할 수 있다.	① 낙석 또는 외부의 충격으로부터 머리를 보호한다. ② 오염된 물에서 머리 전체를 보호한다. ③ 장시간 사용해도 피로하지 않다. ④ 양질의 통화를 제공한다. ⑤ CCTV 카메라 및 수중 전등 부착이 가능하다.

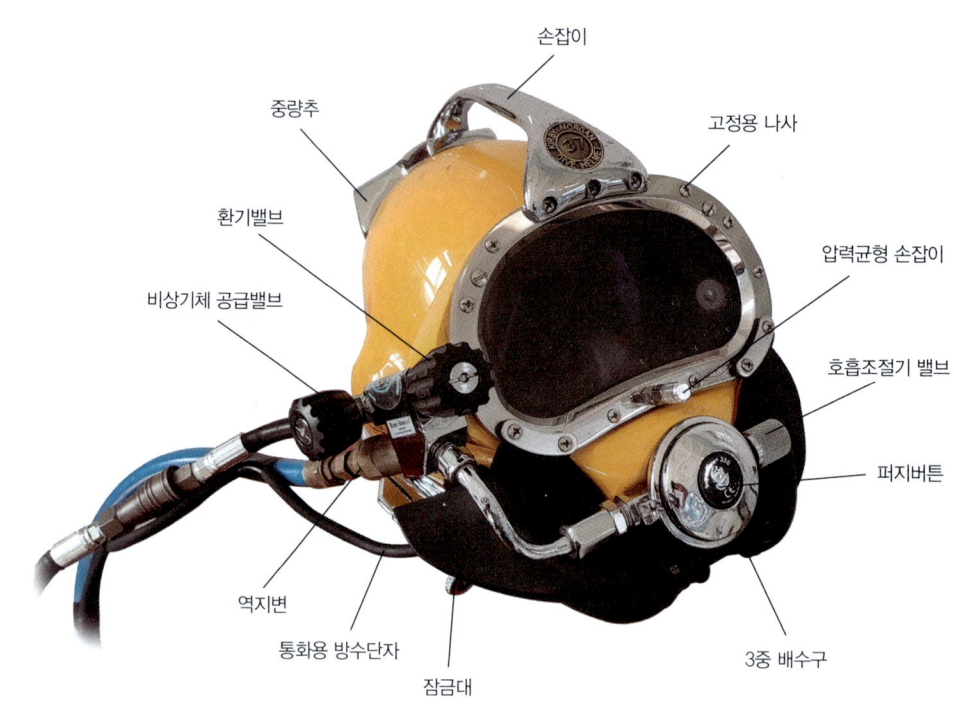

KM37(Kirby Morgan 37)

:확인 문제:

1 밴드마스크(KMB) 잠수 시 비상공기통을 착용하여야 하는 기준이 되는 수심은?

① 10m ② 15m ③ 18m ④ 23m

정답 ③

03 생명줄 Umbilical

1. 생명줄의 개요

(1) 생명줄(Umbilical)은 잠수사에게 공기를 공급하는 기체호스, 수심측정호스, 통화용 전선, 장력 로프(조합형) 등 각기 용도가 다른 4가지 요소가 하나로 형성되어 있다.

(2) 최근에는 4가지 요소 외에 온수 잠수복용 호스와 폐쇄회로용(CCTV) 전선까지 생명줄에 추가시키고 있다.

(3) **생명줄은 3가지 목적**으로 사용되는데, 첫째 지상과 수중 간의 교신 제공, 둘째 잠수사의 상승과 하잠을 유도, 셋째 기체호스의 장력을 감소시키는 역할을 한다.

(4) 생명줄은 구성 요소의 형태에 따라 일체형과 조합형이 있다.

① **일체형**은 PVC 합성의 재질로 기체호스, 수심측정호스, 통화용 전선, 여분의 전선 등 3~4개의 구성품이 조화롭게 로프처럼 잘 꼬여 있어 별도의 장력선이 없다.

② **조합형**은 여러 구성품의 장력 보호를 위해 별도의 장력선이 추가되어 있어 수공으로 각 요소의 장력 균형과 외부 마찰로부터 피복 보호를 위해 일정한 간격으로 테이프를 감아주거나 튼튼한 끈으로 잘 묶어줘야 한다.

2. 기체호스

(1) 잠수조정장치에서부터 잠수사 헬멧까지 연결되는 기체호스는 산업잠수 기체 호흡용으로 특수 제작된 저압용의 정품을 사용해야 하며, 중간 이음새 부분이 없어야 한다.

(2) 기체호스의 규격은 공기잠수 시 내경 9.5mm(3/8″), 심해잠수 시 13mm(1/2″)를 사용하고, 최고 사용압력은 $56kg/cm^2$(800psi)이다.

(3) 모든 기체호스는 정기적으로 시각검사 · 파단시험을 하고 그 기록을 작성하여 5년간 보관해야 한다.

3. 수심측정호스 Pneumo Fathometers Hose

(1) 수심측정호스는 잠수조정장치의 수심 계기판에서 잠수사의 가슴까지 연결되는 호스로서 잠수사가 체류하고 있는 수심을 지상에서 측정할 수 있도록 해 준다.

(2) 잠수사가 체류하고 있는 수심을 지상에서 알 수 있다는 것은 매우 유익한 정보이며, 이러한 정보는 잠수사의 행동 진행과 수중에서 표면까지 안전하게 상승시킬 수 있는 자료들, 즉 상승속도, 감압시간 등을 제시해 줄 수 있다.

(3) 수심측정호스는 기체호스가 파열되어 공기 공급이 차단되었을 때 비상공기공급 역할을 하므로 기체호스처럼 견고하고 유연한 재질이어야 한다.

(4) 수심측정호스는 잠수사의 안전고리에서 약 1m 정도 길어야 하며, 호스의 끝단이 잠수사의

가슴에 위치하도록 해야 한다.

4. 통화용 전선

(1) 통화용 전선은 두껍고 유연한 재질의 피복 속에 통화 기능을 제공하기 위해 4가닥의 전선이 보호되어 있다.

(2) 통화용 전선 중 한쪽은 지상의 잠수조정장치에 연결되고 다른 한쪽은 암 방수 단자로 형성되어 헬멧이나 밴드마스크의 수 방수 단자에 끼워진다.

(3) 4가닥의 암·수 방수 단자는 지상의 전화수가 통화 장치를 특별히 조종하지 않아도 수중의 잠수사 간에 대화가 가능하다는 장점이 있다.

(4) 잠수 후에는 전선의 피복과 방수 단자에 마모, 절단, 찢어짐 등이 없는지 반드시 확인해야 한다.

생명줄(Umbilical)

⋮ 확인 문제 ⋮

1 표면공급식 잠수에 사용되는 생명줄(Umbilical)의 구성품이 아닌 것은?

① 통화용 전선　　② 공기공급호스　　③ 수심측정호스　　④ 안전벨트

정답 ④

---

04 수중 통화기 Underwater phone

1. 수중 통화기의 특성

수중 통화기는 수중의 잠수사와 지상의 잠수 감독관 또는 전화수가 상호전달사항을 주고받는 것으로 통화용 전선, 지상의 마이크와 스피커, 음량조절장치, 보조사용 스피커 단자, 잠수사용 이어폰과 마이크로폰 등으로 형성되어 있다. 잠수에 사용되는 통화기의 특징 중 가장 중요한 것은 수중의 잠수사 수신음은 지속적으로 지상에 들려야 하고, 지상의 전화수에 의해서만 송신·통제된다는 점

이다. 전화수 임무를 맡은 사람은 정확한 발음으로 간결하게 통화를 해야 하며, 청명한 음향이 되도록 음량을 조절해야 하고 중요한 통화 내용은 기록해 두어야 한다. 통화기에는 이외에도 통화 내용을 녹음할 수 있는 녹음 단자가 있으며, 산소+헬륨 혼합기체 잠수 시 헬륨의 변성을 정화시켜 주는 장치도 있다. 또 잠수작업 현장주변에 소음이 발생할 때는 전화수가 헤드폰을 끼고 통화할 수 있는 단자가 있으며, 잠수조정장치에서 멀리 떨어진 보조사도 잠수사의 수신음을 들을 수 있도록 연결하여 보조사용 스피커 단자 등도 있다.

2. 줄신호 Line Signals

줄신호는 과거 통화기가 개발되지 않았을 때 지상과 수중이 의사를 주고받았던 유일한 통신수단이었으나 최근에는 통화기가 고장이 났을 때 또는 통화가 두절되었을 때 사용되고 있다.

신호방법	신호종류	신호내용
1. 보조사 – 잠수사에게	1번 당김	이상 유·무 확인/ 하잠 시는 정지
	2번 당김	하잠하라. / 상승 시는 너무 많이 올라왔으니 지시까지 하잠하라.
	3번 당김	상승준비
	4번 당김	상승하라.
	2-1번 당김	알았다, 또는 전화(신호)에 응하라.
2. 잠수사 – 보조사에게	1번 당김	정지 / 하잠 시는 해저도착
	2번 당김	하잠시켜라.
	3번 당김	늦추어진 줄을 당겨라(상승준비).
	4번 당김	상승시켜라.
	2-1번 당김	알았다, 또는 전화(신호)에 응답하다.

> **∶ 확인 문제 ∶**
>
> **1** 표면공급식 잠수에 사용되는 수중통화기의 설명이 틀린 것은?
> ① 혼합기체 잠수할 때는 변성장치를 단다.
> ② 통화 내용을 녹음할 수 있는 장치가 있다.
> ③ 육상의 수신음은 잠수사에게 지속적으로 들려야 한다.
> ④ 잠수작업 현장 주변에 소음이 발생할 경우 헤드폰 사용이 가능하다.
>
> 정답 ③

05 잠수조정장치 *Dive Control Panel*

1. 잠수 상황을 한 눈에 파악할 수 있는 장비로서 잠수사의 수심이 측정되는 계기판, 기체공급과 비상기체공급 연결구, 기체압력조절기와 압력계기, 통화 장치 등을 통제·관리한다.
2. 잠수 감독관이 직접 운용하거나 잠수 감독관의 지시에 의해 전화수가 운용한다.
3. 잠수조정장치의 수심 계기판에는 수심측정호스(Pneume Hose)가 잠수사와 연결되어 있어 지상에서도 잠수사의 수심을 측정할 수 있다.
4. 잠수조정장치는 잠수 사령탑으로서 잠수 수행에 필요한 여러 기능이 집합되어 있기 때문에 잠수 현장에서는 필수적으로 비치하여야 한다.
5. 잠수조정장치는 용도에 따라 고정용과 이동용으로 구분된다.

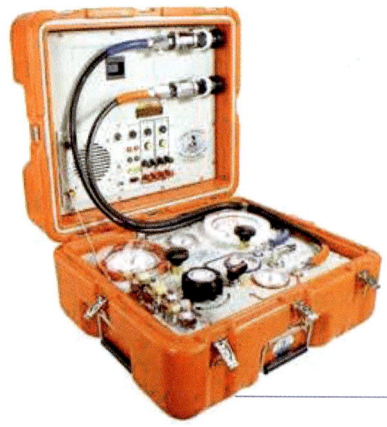

잠수조정장치

Chapter 03 잠수 장비

: 확인 문제 :

1 수심측정호스에 대한 내용 중 맞는 것은?

① 견고한 고압호스를 사용한다.

② 일반적으로 내경은 3/8inch 이다.

③ 호스의 끝단이 잠수사의 가슴 정도에 위치한다.

④ 제작 일자로부터 3년 경과 후 매년 압력검사를 한다.

정답 ③

06 공급기체압력과 기체량

1. 공급되는 호흡기체의 압력이 잠수사의 폐 압력보다 낮으면 호흡할 때 흡입하기는 어렵고 배출하기는 쉽다.
2. 심해잠수 시 잠수사에게 적합한 압력의 호흡기체를 공급하려면 잠수사가 위치한 수심을 가장 정확히 알아야 한다.
3. 슈퍼라이트-17 헬멧 속의 충분한 환기를 위해서는 최소한 분당 42ℓ(1.5CFM)에서 127ℓ(4.5CFM)의 공기가 필요하다.
4. 표면공급식 잠수에 사용되는 공기호스
   (1) 공기호스의 사용기간 : 10년 사용 후 폐기하며, 제작일로부터 5년 경과 후 파단시험한다.
   (2) 공기호스는 호스의 양쪽 끝부분을 막은 다음 신선한 곳에 걸어서 보관한다.

: 확인 문제 :

1 슈퍼라이트-17 헬멧 속의 충분한 환기를 위해서는 분당 몇 ℓ의 공기가 필요한가?

① 42ℓ(1.5CFM) ② 85ℓ(3CFM)

③ 127ℓ(4.5CFM) ④ 170ℓ(6CFM)

정답 ③

05 재압실

01 재압실 Chamber

1. 재압실의 개념

(1) 재압실은 챔버 또는 기압조절실이라는 용어로 사용되며, 현재 잠수뿐만 아니라 비행 학교, 연구소, 일반 병동 등 여러 곳에서 의학적인 치료를 위해 사용되고 있다.

(2) 잠수에 사용되는 일반적인 재압실은 반드시 6기압(50m 또는 165ft)에 해당하는 수심까지 압력을 올릴 수 있도록 설계되어야 한다.

(3) 우리나라는 재압실에 대해 의료용과 현장용의 구분이 명확하지 않으며, 재압실을 제작하는 외국에서는 의료 격실이 있을 경우에는 의료용으로, 의료 격실이 없을 경우에는 현장용으로 규정하고 있다. 일반적으로 사용되는 재압실과 포화 잠수용의 재압실은 가압 면에서 큰 차이가 있다.

2. 재압실의 용도

(1) 재압실은 잠수사 선발을 위한 압력내성검사와 표면감압(Decompression) 및 잠수병 치료(Recompression)에 사용된다.

(2) 표면감압 : 잠수사의 전부 혹은 일부의 감압을 수중에서보다 재압챔버(Chamber)에서 편안히 수행하기 위한 방법이다.

(3) 표면감압 시 수중 마지막 정지점으로부터 챔버의 목적 수심까지는 5분을 초과하면 안 된다.

(4) 챔버 작동 시 내부의 탄산가스 허용도는 1.5% 미만이다.

3. 재압실의 종류

(1) **1격실용**

1인용과 다인용이 있으나 치료 중에 환자에게 위급한 상황이 발생하더라도 압력을 내리지 않고는 의료진이 들어갈 수 없고 일단 들어간 내부 보조원도 교체할 수 없는 기본 단점을 가지고 있다.

① **1인용** : 주로 구급용으로 사용되며 내부 공간이 좁아 의료진이 들어갈 수 없어 순수 산소로 가압한다.

② **다인용** : 공간이 넓어 여러 명의 환자가 동시에 들어갈 수 있고 위급한 환자일 경우 내부 보조원과 의료진이 들어갈 수 있다는 장점은 있지만 1격실인 관계로 치료 중에는 내부 보

조원과 의료진을 교체 할 수 없다.

(2) **2격실용**

다인용이며 주실은 크고 부실은 작게 제작되어 있다. 주·부실의 출입이 자유로우며, 내부 보조원을 교체할 수 있고 치료 도중 환자가 위급할 때 즉시 의료진이 들어갈 수 있어 잠수 현장과 병원은 2격실용 재압실이 유용하다.

4. 재압실의 재질

1격실의 다인용 재압실 이상은 주로 강철과 알루미늄 재질로 만들어지며 1인용 재압실은 고강도 플라스틱 또는 방탄조끼에 사용되는 케블라 섬유로 만들어진다.

5. 재압챔버의 압력시험

재압챔버는 최초 설치 시, 그 후에는 맨 2년 간격, 오버홀 또는 중요 장치의 수리와 챔버를 이동시킬 때마다 입력검사를 받아야 한다.

6. 재압실의 안전수칙

재압실의 작동 중 가장 큰 위험은 화재이다. 재압실 내부에 산소 부분압이 높아지면 대기압에 있을 때보다 화재 발생률이 2~6배 높다. 따라서 화재의 위험을 감소시키기 위해서는 산소비율을 21%로 유지하고 산소비율이 25%를 초과하지 않도록 하여야 하며, 다음과 같은 주의사항을 고려하여야 한다.

(1) "경고판"을 눈에 잘 띄도록 게시해야 한다.
(2) 정격에 맞지 않는 전기 장치는 사용하지 말고 인화성이 있는 부품은 사전에 제거해야 한다.
(3) 정전기로 인한 화재의 가능성을 고려하여 면이나 합성 섬유로 된 담요, 나일론 의복, 나무로 된 선반과 의자 등을 재압실 내부에 반입하지 말아야 한다. 매트리스는 내화성 덮개로 덮고 시트와 베개의 덮개는 100% 순면을 사용한다. 또한 사용한 담요와 매트리스는 청결을 위해 자주 일광욕을 해 주어야 한다.
(4) 재압실 내부에는 가연성 윤활유나 알코올, 탄화수소 등의 휘발성 물질을 반입하지 말아야 한다. 재압실에는 식물성 오일 또는 식물성 그리스만 사용한다.
(5) 담배, 성냥, 라이터 등은 사용하지 않는다고 하더라도 재압실 내부에 가지고 들어가서는 안

된다.

(6) 재압실의 재질이 강철일 때만 도색을 하되 반드시 불연성 도료만 사용해야 한다.

(7) 재압실에는 물통, 모래통 등의 소방 시설을 갖추어야 하며 사염화탄소, 탄산가스 등의 소화제들을 재압실 내부에서 사용하게 되면 유독하다.

확인 문제

1 재압챔버의 압력시험에 대한 설명 중 틀린 것은?

① 시설에 처음 설치된 후 실시한다.
② 이동되어 재설치 시 실시한다.
③ 매 작동 시 시작 전마다 실시한다.
④ 매 2년마다 실시한다.

정답 ③

2 재압챔버 안에 가연성 윤활유나 알코올, 탄화수소 등의 휘발성 물질이 있으면 안 되는 이유는?

① 챔버 안에 냄새가 나기 때문에
② 미끄러지는 사고 발생 때문에
③ 폭발의 우려가 있기 때문에
④ 공기의 오염이 심해지기 때문에

정답 ③

02 챔버의 기체표시와 도색

기체	도색
헬륨(He)	담황색(Buff)
산소(O_2)	녹색(Green)
헬륨-산소(He-O_2)	오렌지색(Orange)
질소(N_2)	밝은 회색(Light Gray)
배기(E)	은색(Silver)
고압공기(AHP)	검은색(Black)
저압공기(ALP)	

재압실의 기체(표시)와 도색

확인 문제

1 쳄버의 기본 밸브 색깔 중 틀린 것은?

① 산소공급밸브 : 녹색   ② 공기공급밸브 : 회색
③ 공기배출밸브 : 은색   ④ 헬륨-산소밸브 : 오렌지색

정답 ②

06 잠수종

01 잠수종 Open Diving Bell

1. 잠수종은 종 모양의 잠수기구로써 사용 용도와 목적에 따라 구조와 기능이 다양하다.
2. 공기잠수와 표면공급식 혼합기체잠수 용도로 사용할 경우에는 개방식 잠수종(Open Diving Bell 또는 Roving Bell, Pick up Bell)을 의미한다. 이는 반구형 지붕 아래부터 발판까지 내부가 노출되기 때문이다.
3. 잠수종은 원래 잠수 작업의 효율성을 위해 고안되었으며, 특히 개방식 잠수종은 주로 잠수사의 수직 이송과 휴식처로 활용되고 있다.
4. 잠수종은 비상시 기체공급과 통화수단을 제공하고 작업 공구와 기구를 보관하기도 한다.
5. 잠수종 사용 시 공기잠수는 58m까지, 표면공급식 혼합기체 잠수 시에는 90m까지 사용할 수 있다.
6. 잠수종은 일반적으로 본체, 반구형 지붕, 기체공급장치, 통화장치, 발판, 중량추 등 6가지 기능으로 구성되어 있으며, 사용 목적에 따라 기능이 추가된다.

확인 문제

1 잠수사 이송용 잠수종의 설명 중 틀린 것은?
① 잠수사의 휴식처 제공
② 보조사들이 수동으로 이송한다.
③ 2명이 이용할 수 있다.
④ 공기공급장치와 통화장치가 있다.

정답 ②

Chapter 03 잠수 장비

핵심 포인트

1. 잠수의 종류
- 대기압잠수 – ADS, 잠수함, 잠수정
- 환경압잠수 – 표면공급잠수, 스쿠버잠수, 포화잠수, 비포화잠수, 맨몸잠수 등

2. 스쿠버잠수
- 개방식 스쿠버의 내부충전기체는 압축공기이다.

3. 물안경 *Mask*
- 잘 깨지지 않아야 한다.
- 압력균형을 위해 코를 잡기 쉬워야 한다.
- 재질이 부드러워야 하며 끈은 쉽게 길이 조절할 수 있어야 한다.
- 배수밸브는 필요사항은 아니다.
- 중요한 것은 자기 얼굴과 잘 맞아야 물이 새지 않는다.

4. 숨대롱 *Snorkel*
- 스노클은 표면수영 시 체력소모를 예방하고 불필요하게 공기를 소모하지 않기 위해서 사용한다.
- 스노클을 통해 숨을 쉬면 얼굴을 물속에 담근 채로 비교적 편하게 숨을 쉴 수 있으므로 물에 떠서 다니는데 한결 힘이 덜 든다.
- 스노클은 왼쪽 물안경 끈에 부착하여 호흡조절기와의 충돌 및 혼동하는 것을 예방한다.
- 스노클을 물고 호흡할 때는 평상시보다 길고 깊게 호흡하는 것이 바람직하다.

5. 잠수복 *Dive suits*
- 잠수 후 깨끗한 민물로 잘 씻는다.
- 직사광선은 피하고 그늘지고 통풍이 좋은 곳에서 보관한다.
- 오랫동안 접어두거나 무거운 것에 눌리지 않게 보관한다.

6. 호흡기 *Regulator*
- 수중에서 편하게 호흡하려면 폐로 이송되는 공기의 압력은 주변압과 유사한 압력으로 공급돼야 한다.
- 공기통 속의 고압(207bar)의 공기는 1단계에서 중간압(9~10kg/㎠)으로 2단계에서 주변압으로 압력이 낮추어진다.
- 밸브에 따라 피스톤식과 판막식, 공기통 잔압에 영향을 받는가에 따라 균형식과 불균형식, 연결방식에 따라 DIN형, 요크(YOKE)형 1단계로 구분한다.

7. 부력조절기 *Buoyancy Controller*
- 수중 또는 수면에서 다이버가 자유로이 양성·중성·음성 부력을 조절하기 위하여 사용한다.
- 다이버는 원활한 하강을 위해 웨이트 장치를 착용하며, 그에 대한 부력의 보상을 받기 위해 부력조절기를 사용한다.
- 부력조절기는 수중에서의 중성부력 회복 이외에도 수면에서 양성부력을 유지한다.
- 부력조절기는 다이버가 공기통을 짊어질 수 있는 역할을 한다.

8. 수중 나침반
- 나침반을 선택할 때에는 정확도, 내압성, 원반의 회전성, 야광, 회전 베젤 유·무, 방위기선 유·무, 측면창 유·무 등을 고려해야 한다.

9. 다이빙칼
- 다이빙칼을 다리에 찰 경우에는 반드시 안쪽에 차야 한다.

Chapter 03 잠수 장비

핵심 포인트

- 다이빙칼의 한쪽은 반드시 톱날이 서야 로프를 잘 끊는다.
- 다이빙칼은 위급 시에 쉽게 뽑을 수 있어야 한다.

10. 공기통 Air Tank

- 수압 검사의 경우 최초 2회(1차, 2차)의 수압 검사는 5년마다, 그 이후에는 3년마다 실시하도록 법으로 규정하고 있으며 수압 검사는 충전 압력의 $\frac{5}{3}$배의 압력을 가해 재질의 강도를 검사한다.
- 공기통에는 항상 15bar 정도의 공기를 남겨 두어야 먼지나 물이 통으로 들어가는 것을 막을 수 있다.

11. 공기 압축기 Air Compressor

- 선택에 있어서 가장 중요한 것은 상용 압력과 토출량이다.
- 압축기 흡입구는 오염되지 않은 외부에 설치하거나 바람이 불어오는 방향으로 2m 이상 높게 설치하면 오염 물질로부터 방지할 수 있다.

12. 혼합기체의 종류

- 산소+질소 = 나이트록스(Nitrox)
- 산소+헬륨 = 헬리옥스(Heliox)
- 산소+헬륨+질소 = 트라이믹스(Trimix)
- 산소+수소 = 하이드록스(Hydrox)
- 산소+수소+헬륨 = 하이드렐리옥스(Hydreliox)
- 순산소 = 옥시겐(Oxygen)

13. 스쿠버잠수와 표면공급식 잠수

- 스쿠버잠수의 장점은 신속한 기동성을 발휘하고 자유로운 수중 활동이 가능하다.
- 표면공급식 잠수의 장점은 장시간 해저 체류가 가능하고 육상과 통신이 가능하다.

14. 잠수 헬멧과 밴드마스크
- 역지밸브(Non-return Valve)는 헬멧 내부 또는 밴드마스크 내부에 공급되는 기체를 일정하게 흐르도록 유지해 주며, 주 기체 공급이 차단되었을 때 잠수사의 안면 압착과 물의 유입을 방지해 준다(압착병 방지). 따라서 역지밸브는 매일 첫 잠수 전에 반드시 검사한 후 잠수에 임해야 한다.

15. 생명줄 Umbilical
- 생명줄(Umbilical)은 잠수사에게 공기를 공급하는 기체 호스, 수심 측정 호스, 통화용 전선, 장력 로프(조합형) 등 각기 용도가 다른 4가지 요소가 하나로 형성되어 있다.
- 생명줄의 3가지 목적
  ① 지상과 수중 간의 교신 제공
  ② 잠수사의 상승과 하잠 유도
  ③ 기체호스의 장력 감소

16. 수중통화기 Underwater Communications
- 수중의 잠수사 수신음은 지속적으로 지상에 들려야 하고, 지상의 전화수에 의해서만 송신·통제된다는 점이다. 전화수 임무를 맡은 사람은 정확한 발음으로 간결하게 통화를 해야 하며, 청명한 음향이 되도록 음량을 조절해야 하고 중요한 통화 내용은 기록해 두어야 한다.

17. 잠수조정장치 Dive Control Panel
- 잠수조정장치의 수심계기판에는 수심측정호스(Pneume Hose)가 잠수사와 연결되어 있어 지상에서도 잠수사의 수심을 측정할 수 있으며, 수심측정호스는 잠수사의 가슴 정도에 위치하여야 한다.

Chapter 03 잠수 장비

핵심 포인트

18. 공급 기체압력과 기체량
- 슈퍼라이트-17 헬멧 속의 충분한 환기를 위해서는 최소한 분당 42ℓ(1.5CFM)에서 127ℓ(4.5CFM)의 공기가 필요하다.

19. 기체압축기 사용
- 공기 압축기나 펌프를 운전하기 전에 가장 먼저 검사하여야 할 곳은 윤활유 계통이다.

20. 재압실 Chamber
- 재압실은 현재 잠수뿐만 아니라 비행 학교, 연구소, 일반 병동 등 여러 곳에서 의학적인 치료를 위해 사용되고 있으며, 잠수사 선발을 위한 압력내성검사와 표면감압(Decompression) 및 잠수병 치료(Recompression)에 사용된다.
- 재압챔버의 압력시험은 최초 설치 시, 그 후에는 매 2년 간격, 오버홀 또는 중요 장치의 수리와 챔버를 이동시킬 때마다 압력 검사를 받아야 한다.
- 재압실의 작동 중 가장 큰 위험은 화재이다.

21. 챔버의 기체 표시와 도색
- 고압공기, 저압공기의 도색은 검은색(Black)이다.

22. 잠수종 Open Diving Bell
- 잠수종은 잠수 작업의 효율성을 위해 고안되었으며, 특히 개방식 잠수종은 주로 잠수사의 수직 이송과 휴식처로 활용되고 있다.

Chapter 03 잠수 장비 종합편 — 문제은행

01 잠수에 사용되는 고무제품은 잠수 후 어떻게 보관하는가?

① 그 상태로 직사광선에 말린다.
② 청수로 씻어 더운 곳에서 말린다.
③ 청수로 씻고 파우더(powder)를 칠해 서늘한 곳에 보관한다.
④ 종류별로 분류하여 쌓아 보관한다.

02 잠수복의 사용 후 정비 방법으로 옳은 것은?

① 햇볕에 건조시킨다.
② 지퍼는 고체 윤활유로 가끔 닦아준다.
③ 부력을 유지시키기 위해 잘 접어서 보관한다.
④ 바닷물에 깨끗이 세척한다.

03 스쿠버용 호흡조절기(regulator)의 1단계에서 조절되는 압력은?

① 수압과 같은 압력
② 수압보다 약 $9kg/cm^2$(≒130psi)정도 높은 압력
③ 수압보다 약 $5kg/cm^2$(≒70psi)정도 높은 압력
④ 수압보다 약 $16kg/cm^2$(≒230psi)정도 높은 압력

04 스쿠버용 호흡조절기 구조 중 2단계의 역할은?

① 수압과 같은 압력으로 조절
② 수압보다 약간 높은 압력으로 조절
③ 수압보다 낮은 압력으로 조절
④ 수압에 관계없이 항상 일정한 압력으로 조절

05 다음 계기 중 잠수에서의 필요성과 가장 거리가 먼 것은?

① 수온계   ② 잔압계
③ 수심계   ④ 나침반

06 스쿠버 잠수에서 수중 잔압계(Pressure gauge)를 호흡기 1단계에 연결하려고 할 때 결합 위치는?

① P.G 라고 표시된 곳에
② H.P 라고 표시된 곳에
③ 아무표시도 없는 곳에
④ L.P 라고 표시된 곳에

정답 01 ③ 02 ② 03 ② 04 ① 05 ① 06 ②

07 다음 중 스쿠버 호흡조절기 2단계에 물이 들어오는 이유로 가장 거리가 먼 것은?

① 2단계 저압시트가 벌어졌을 때
② 다이어프램이 찢어졌을 때
③ 다이어프램이 이탈되었을 때
④ 2단계 배출밸브에 틈새가 있을 때

08 수심계(Depth Gauge)에 관한 내용으로 틀린 것은?

① 잠수 중 도달한 최대수심을 알려 주는 기능이 있는 종류도 있다.
② 부르동(Bourdon)식은 수심에 관계없이 눈금 간격이 일정하다.
③ 모세관식은 수심이 깊어질수록 눈금이 촘촘해져 부정확해진다.
④ 수심계는 압력계와 연결되어 있어 실린더의 압력이 전달된다.

09 스쿠버용 알루미늄 공기통의 밸브 안전판은 상용압력의 몇 배에서 파열되도록 설계되어 있는가?

① 1.1   ② 1.4
③ 1.7   ④ 2.0

10 스쿠버용 공기통의 수압검사는 미국고압가스협회(CGA)기준으로 몇 년 마다 받아야 하는가?

① 1년   ② 2년
③ 3년   ④ 4년

11 스쿠버 공기통의 목 주변에 찍혀 있는 "FP150"이라는 각인의 의미는?

① 시험압력   ② 상용압력
③ 일련번호   ④ 수압검사일자

12 스쿠버용 공기통을 보관할 때의 방법으로 가장 옳은 것은?

① 옆으로 눕혀둔다.
② 똑바로 세워둔다.
③ 자세는 관계없다.
④ 밸브를 뽑은 후 세워둔다.

13 상용 압력이 3000psi인 공기통을 수압검사 할 때 약 몇 psi 까지 압력을 올리는가?

① 3000psi   ② 5000psi
③ 6000psi   ④ 9000psi

14 개방식 스쿠버에 충전되는 공기 중 이산화탄소(CO_2)의 함유량은?

① 1000ppm 이하   ② 1200ppm 이하
③ 1500ppm 이하   ④ 1700ppm 이하

15 스쿠버 공기통의 수압검사에서 팽창하였던 공기통이 다시 몇% 이상으로 축소되지 않으면 폐기시켜야 하는가?

① 75%   ② 80%
③ 85%   ④ 95%

정답 07 ① 08 ④ 09 ② 10 ③ 11 ② 12 ② 13 ② 14 ① 15 ④

16 스쿠버 공기통의 미국 DOT 기준에 의한 검사 실시에 관련된 사항 중 틀린 것은?

① 상용압력의 1과 2/3 배로 수압검사
② 매년 시각검사
③ 5년 마다 수압검사
④ 3년 마다 수압검사

17 국내에서 신규검사 후 경과연수가 10년 미만인 고압 공기통의 압력검사는 제작일로부터 몇 년마다 받아야 하는가?

① 1년
② 3년
③ 5년
④ 10년 미만의 공기통은 검사를 받지 않아도 된다.

18 엔진에 윤활유를 너무 많이 넣으면 어떤 현상이 일어나는가?

① 연료의 연소작용이 잘된다.
② 기관의 냉각이 잘된다.
③ 기관의 회전속도가 높아진다.
④ 연소실에 윤활유가 올라와 연소된다.

19 다음 여름철에 사용할 공기 압축기의 오일로 가장 적합한 것은?

① SAE 10
② SAE 30
③ SAE 10W
④ SAE 20W

20 저압공기압축기 운전 시 시동 전에 검사해야 할 것은?

① 윤활유 검사
② 드레인 밸브 검사
③ 공기압력 검사
④ 벨트의 장력 검사

21 배수펌프 작동 시 배수가 되지 않는 이유 중 틀린 것은?

① 회전 속도가 너무 낮을 때
② 흡입호스에서 공기가 샐 때
③ 여과기에 이물질이 끼었을 때
④ 흡입호스가 펌프 헤드보다 낮을 때

22 일반적으로 엔진을 시동하기 전에 가장 먼저 검사하여야 할 곳은?

① 시동 스위치
② 전기회로 계통
③ 윤활유 계통
④ 엔진 전체의 안전검사

23 공기압축기에서 여과장치의 기능이 아닌 것은?

① 먼지를 제거한다.
② 수분을 제거한다.
③ CO를 제거한다.
④ 기름을 제거한다.

정답 16 ④ 17 ③ 18 ④ 19 ② 20 ① 21 ④ 22 ③ 23 ③

24 공기압축기 오일교환에 관한 설명 중 옳은 것은?

① 새 공기압축기는 25시간 가동하면 오일을 교환한다.
② 제조회사가 다르더라도 비등점이 같은 오일은 섞어도 된다.
③ 최초 오일교환 후 그 다음 오일교환 주기는 250시간 가동 후 교환한다.
④ 압축기 오일은 독서이 없는 식물서 오일을 사용하여 교환한다.

25 스쿠버 공기통의 안전판에 관한 설명으로 틀린 것은?

① 사용압력×1.4배 이상에서 파열된다.
② 더블밸브의 안전판은 2개이다.
③ 강철공기통은 최대 5,000psi에서 안전판이 파열된다.
④ 안전판의 위치는 잠수사의 반대방향이나 옆에 위치한다.

26 표면공급식 잠수가 스쿠버 잠수보다 유리한 이유가 아닌 것은?

① 잠수를 오래할 수 있다.
② 기동성이 좋다.
③ 안전 및 작업진척 확인이 용이하다.
④ 통신이 용이하다.

27 경량 헬멧 내부 장치 중 이산화탄소의 축적을 방지하며, 불필요한 기체를 줄여주는 역할을 하는 부품은?

① 오랄 마스크(Oral Nasal Mask)
② 기체확산관(Gas Train Tube)
③ 환기밸브(Steady Flow Valve)
④ 퍼지버튼(Purge Button)

28 다음 중 산업잠수에서 스쿠버 잠수 장비를 사용하는 것이 적합하지 않은 수중 작업은?

① 해안조사 ② 수중절단
③ 탐색 ④ 가벼운 수리작업

29 KMB 밴드마스크에 대한 설명 중 틀린 것은?

① KMB 18A/B 밴드마스크의 본체는 유리섬유(Fiberglass) 재질이다.
② KMB 28 밴드마스크의 본체는 제노이(Xenoy)와 폴리카보나이트 혼합의 비전도체 재질이다.
③ 마스크 내부의 초과압력을 상쇄하기 위해 머리덮개 상부에 6mm 정도의 구멍이 뚫려있다.
④ KMB-10 밴드마스크의 공기는 Whisker를 통해서 배출된다.

정답 24 ③ 25 ③ 26 ② 27 ③ 28 ② 29 ④

30 표면공급식 잠수로 폐쇄된 공간에서 작업 시 주의사항으로 틀린 것은?

① 밀폐된 공간에 들어갈 때 다리부터 들어가도록 한다.
② EGS를 장착해야 할 수심은 15m부터이다.
③ 가급적 물체 위로 다니도록 한다.
④ 유화수소가 나오는 공간에서는 KMB 밴드마스크 보다는 헬멧형이 낫다.

31 표면공급식 장비와 스쿠버 장비를 비교했을 때 표면공급식 장비에 대한 설명이 아닌 것은?

① 수직이동의 제한
② 공기호스의 꺾임
③ 공기공급의 무제한
④ 잠수사 이상 유무 확인 불가능

32 KMB 밴드마스크 장비의 단점으로 가장 적합한 것은?

① 수평 이동이 용이하다.
② 공기 공급이 용이하다.
③ 수중 통화가 용이하다.
④ 수중 원형탐색에 용이하다.

33 KMB 밴드마스크의 기체 요구량은?

① 6 acfm
② 4.8 acfm
③ 3.2 acfm
④ 1.0 acfm

34 KMB 밴드마스크에 물이 침수되었을 때 물을 제거하는 방법을 2가지로 볼 때 요구형 호흡조절기의 퍼지버튼을 누르는 방법 외에 또 다른 방법은?

① 환기밸브를 연다.
② 호흡을 세차게 내쉰다.
③ 비상기체공급 밸브를 연다.
④ 주 배출밸브를 1/2 회전 연다.

35 수퍼라이트-17 헬멧 내부에 부착되어 있는 호흡 마스크(Oral-Nasal Mask)에 대한 설명으로 적합한 것은?

① 잠수사의 호흡량을 보정시켜 준다.
② 호흡조절기가 고장날 경우 환기밸브로부터 비상기체를 공급받을 수 없다.
③ 작업 중 헬멧내에 과도한 이산화탄소의 확산을 막는다.
④ 헬멧이 침수되었을 때 호흡을 할 수 있도록 해준다.

36 잠수장비의 역지밸브 (non-return valve)검사는 언제 하는가?

① 매잠수 시
② 매잠수일 첫잠수 전
③ 매일
④ 매주

정답 30 ② 31 ④ 32 ④ 33 ③ 34 ① 35 ③ 36 ②

37 수퍼라이트-17 헬멧의 측면부품대(side block assembly)에서 역지변이 평행으로 되어 있어 주 기체공급호스가 잠수사의 어깨 뒤쪽으로 가는 형태가 아닌 것은?

① A형　　② B형
③ C형　　④ K형

38 경량잠수기구(KMB)의 마스크 물체의 재질은?

① 플라스틱　　② 청동
③ 구리　　　　④ 비철금속

39 수퍼라이트-17 헬멧의 역지밸브 검사는 언제 하는기?

① 헬멧을 쓸 때 마다
② 매일 첫 잠수 전
③ 잠수 작업자의 교대 전 후
④ 잠수 작업 종료 후

40 KMB 밴드마스크 또는 수퍼라이트-17 헬멧에서 공기공급호스가 파열되었을 때 그 진가를 발휘하며 비상공기공급밸브를 열었을 때 파열된 호스로 공기가 새어나가지 않도록 방지해 주는 것은?

① 공기확산기
② 역지밸브
③ 압력균형장치
④ 요구형 호흡조절장치

41 심해 잠수용 헬멧에 부착되어 있는 역지밸브(non return valve)에 관한 내용이 옳은 것은?

① 공기 공급조절 밸브
② 공급된 공기는 나올 수 없는 밸브
③ 공기를 정화시키는 밸브
④ 산소를 사용할 때만 사용하는 밸브

42 수퍼라이트-17 헬멧의 기체공급회로가 맞는 것은?

① 역지변 → 주기체공급관 → 호흡조절기 → 잠수사
② 주기체공급관 → 역지변 → 환기 및 호흡조절기 → 잠수사
③ 주기체공급관 → 환기 및 호흡조절기 → 역지변 → 잠수사
④ 주기체공급관 → 비상기체공급관 → 역지변 → 호흡조절기 → 잠수사

43 다음 중 KMB 밴드마스크 사용의 장점이 아닌 것은?

① 헬멧에 비하여 가격이 저렴하다.
② 가볍고 사용이 간편하다.
③ 활동성이 헬멧에 비해 좋은 편이다.
④ 머리 전체를 단단한 재질로 보호해 준다.

정답 37 ①　38 ①　39 ②　40 ②　41 ②　42 ②　43 ④

44 표면공급식 장비의 역지밸브(one way valve) 작동에 대한 설명이 가장 적합한 것은?

① 외부 압력에 의해 작동한다.
② 내부 압력에 의해 작동한다.
③ 수압에 의해 작동한다.
④ 양판(poppet)이 스프링에 의해 작동한다.

45 다음 중 수퍼라이트-17 헬멧의 비상기체공급 회로로 옳은 것은?

① 비상기체공급 → 역지변 → 호흡조절기 → 잠수사
② 비상기체공급 → 환기 및 호흡조절기 → 잠수사
③ 비상기체공급 → 역지변 → 환기 및 호흡조절기 → 잠수사
④ 비상기체공급 → 역지변 → 굴곡관 → 호흡조절기 → 잠수사

46 잠수헬멧의 역지변(non return valve)에 대한 설명중 틀린 것은?

① 일방통행식 구조이다.
② 공급된 공기는 나올 수 없다.
③ 압착을 방지하는 기능을 한다.
④ 양판(poppet)이 수압에 의해 조절된다.

47 밴드마스크(KMB) 잠수장비에 대한 설명 중 옳은 것은?

① 수직 이동이 아주 자유롭다.
② 안면 압착의 상태가 심하다.
③ 편리하고 안전한 통화장치가 있다.
④ 착용이 불편하다.

48 KMB 밴드마스크내 물이 스며들 때 침수된 물을 제거하기 위해 환기밸브를 여는 것 이외의 다른 방법은?

① 비상탈출을 시도한다.
② 비상기체 공급밸브를 연다.
③ 요구형 호흡조절기의 퍼지버턴을 누른다.
④ 주 배출밸브를 완전히 연 후 상승한다.

49 슈퍼라이트-17 헬멧의 부품이 아닌 것은?

① 목수밀대(Neck Dam)
② 스파이더(Spider)
③ 압력균형장치(Nose Block Device)
④ 비상기체공급밸브(Auxiliary Valve)

정답 44 ④ 45 ② 46 ④ 47 ③ 48 ③ 49 ③

50 밴드마스크(KMB) 안면창에 대한 내용으로 틀린것은?

① 안면창의 재질은 렉산(Lexan)으로 흠집이 잘 생기는 단점이 있다.
② 안면창은 내면과 외면의 차이가 없어 넓은 시야를 제공한다.
③ 안면창 고정대에서 안면창을 고정시켜주는 나사의 수는 15개이다.
④ 안면창 고정대의 재질은 강화플라스틱이다.

51 슈퍼라이트 헬멧의 특징이 아닌 것은?

① 기체확산관은 헬멧 내부 왼쪽에 상착되어 있다.
② 안면창의 재질은 렉산이다.
③ 15개의 나사가 안면창을 고정시킨다.
④ EGS밸브는 측면 부품대의 구성품에 속한다.

52 다음 중 생명줄(Umbilical)과 관련된 내용이 아닌 것은?

① 잠수사에게 공구 및 장비를 내려주는데 사용한다.
② 기체 공급호스에 미치는 장력을 감소시켜준다.
③ 잠수사의 상승과 하잠을 유도한다.
④ 잠수사의 통신을 하도록 해준다.

53 스쿠버 잠수시 사용되는 아날로그 수심계(depth gauge)에 대한 설명 중 틀린 것은?

① K형과 J형이 있다.
② 잠수지점의 수심을 나타낸다.
③ 모세관식 잔압계는 수심이 깊으면 정확도가 감소한다.
④ 야광이 되며 단위는 m, feet가 있다.

54 KMB 밴드마스크의 공기호스 파단시험 중 틀린 것은?

① 장력검사 전 실시한다.
② 제작일로부터 5년 경과 후 실시한다.
③ 제작일자로부터 5년이 지난 후 4년간 매 1년마다 실시한다.
④ 파단시험은 최소 2400psig로 한다.

55 표면공급식 공기호스는 손상이 없더라도 몇 년 이상 사용하면 안 되는가?

① 3년　② 5년
③ 8년　④ 10년

56 새 공기 호스를 검사할 때 고려되는 가장 중요한 사항은?

① 구입일자　② 검사일자
③ 출고일자　④ 제작일자

정답　50 ④　51 ①　52 ①　53 ④　54 ①　55 ④　56 ④

57 생명줄(Umbilical)은 여러 개의 호스로 구성되어 있는데 그 중 장력선의 용도가 아닌 것은?

① 하잠과 상승을 유도한다.
② 수중과 육상과의 줄신호 역할을 한다.
③ 통화선의 장력을 제거한다.
④ 통화기의 충격으로부터 보호한다.

58 표면공급식 장비의 생명줄(umbilical)의 필수 구성요소가 아닌 것은?

① 공기공급 호스   ② 통화용 전선
③ 수심측정 호스   ④ 전력공급 호스

59 표면공급식 잠수의 생명줄(umbilical)의 3가지 사용목적이 아닌 것은?

① 지상과 수중간의 교신을 제공
② 하잠 및 상승을 유도
③ 공기공급 호스의 장력 감소
④ 수심계기를 충격으로부터 보호

60 KMB 장비 중 생명줄의 가장 중요한 기능은?

① 안전이동   ② 수직이동
③ 안전수심측정   ④ 호흡매체 공급

61 수상에 요구하지 않더라고 슈퍼라이트-17 헬멧을 착용한 2명의 잠수사가 수중에서 서로 통화가 가능하려면 통화선은 몇 가닥이어야 하는가?

① 2가닥   ② 3가닥
③ 4가닥   ④ 6가닥

62 수퍼라이트 헬멧으로 수심 50m에서 작업을 하려면 최소한 몇 kg/cm²의 압력을 올릴 수 있는 기체압축기가 필요한가?

① 약 6kg/cm²   ② 약 9kg/cm²
③ 약 17kg/cm²   ④ 약 20kg/cm²

63 수심 45m에서 KMB 밴드마스클로 2명의 잠수사가 잠수 작업을 한다면 표면에서 보내주어야 할 최소 공기압력은?

① 약 12kg/cm²   ② 약 14kg/cm²
③ 약 15kg/cm²   ④ 약 16kg/cm²

64 공기압축기를 정지한 후 파이로트 밸브(pilot valve)를 잠그는 주 이유는?

① 잔여공기를 완전히 배출하기 위하여
② 공기 파이프 계통의 파손을 방지하기 위하여
③ 다음 운전시 엔진의 부하를 적게하기 위하여
④ 드레인을 빼기 위하여

정답 57 ④ 58 ④ 59 ④ 60 ④ 61 ③ 62 ③ 63 ④ 64 ③

65 엔진오일에 먼지가 많이 들어가면 어떤 현상이 주로 일어나는가?

① 윤활장치 순환부에 막힘이 생긴다.
② 유압이 높아진다.
③ 오일 필터의 수명이 길어진다.
④ 엔진오일의 점도가 낮아진다.

66 저압용 공기압축기의 공기 저장동에 부착되어야 하는 부속이 아닌 것은?

① 압력게이지   ② 저장 밸브
③ 안전 밸브   ④ 드레인 밸브

67 공기압축기 정지 후 기기 내부 잔압을 제거하는 주 이유는?

① 드레인을 제거하여 냄새를 없애기 위하여
② 잔여 공기를 배출하여 배관의 손상을 감소시키기 위하여
③ 배관의 성능을 증가시키기 위하여
④ 다음 운전시 엔진의 부하를 적게 주어 시동을 용이하게 하기 위하여

68 스쿠버 탱크에 공기를 주입하는 이동용 기체 압축기의 흡입구 설치방법으로 가장 적합한 것은?

① 바람이 불어오는 방향으로 2m 이하로 낮게 설치
② 바람이 불어오는 방향으로 2m 이상으로 높게 설치
③ 바람이 불어오는 반대방향으로 2m 이하로 낮게 설치
④ 바람이 불어오는 반대방향으로 2m 이상으로 높게 설치

69 4기통 기관의 실린더 개수는?

① 3개   ② 4개
③ 5개   ④ 6개

70 저압 공기압축기 운전시 시동 전에 검사해야 할 것은?

① 윤활유 검사
② 드레인 밸브 검사
③ 공기압력 검사
④ 벨트의 장력 검사

정답 65 ①   66 ②   67 ④   68 ②   69 ②   70 ①

71 기체압축기에서 공기흡입구에 여과기를 설치한 이유가 아닌 것은?

① 공기를 깨끗이 하기 위해서
② 소음을 적게 하기 위해서
③ 습기를 제거하기 위해서
④ 먼지를 제거하기 위해서

72 2행정기관에서 행정의 순서는?

① 압축폭발, 배기흡입
② 흡입압축, 폭발배기
③ 압축배기, 폭발흡입
④ 흡입폭박, 압축배기

73 재압챔버 작동 전 챔버 내 검사할 사항이 아닌 것은?

① 청결 여부
② 수밀 여부
③ 통화장치작동 여부
④ 화학소화기비치 여부

74 다음 중 잠수종의 하잠속도 및 상승속도로 가장 적합한 것은?

① 하잠속도 120fpm, 상승속도 30fpm
② 하잠속도 125fpm, 상승속도 20fpm
③ 하잠속도 75fpm, 상승속도 30fpm
④ 하잠속도 125fpm, 상승속도 35fpm

해설 • fpm(feet per minute)
• 1ft = 0.3048m
• 75fpm = 1분에 75ft(22.86m)속도로 하잠
• 30fpm = 1분에 30ft(9.144m)속도로 상승

75 일반적인 개방식 잠수종의 기본 구성품을 6가지로 볼 때 본체, 반구형 지붕, 기체공급장치, 중량추, 통화장치 외 나머지 한 가지는?

① 발판 ② 조명장치
③ 온수장치 ④ 양성부력

76 잠수사에게 휴식공간을 제공하고 마스크를 벗을 수 있게 하며, 기체공급과 통화가 가능한 장비는?

① POV ② DDC
③ ADS ④ Diving bell

정답 71 ② 72 ② 73 ④ 74 ③ 75 ① 76 ④

01 수중공사

01 수중공사

수중공사란 수중에서 인원, 장비 등으로 수중해저의 시설물을 설치하거나 장애물을 해체하는 공사 등을 말한다. 업무의 종류로는 수중암석 파쇄공사, 수중구조물 기초공사, 수중콘크리트공사, 수중관 부설공사, 계선부표 및 항로표지 설치공사, 콘크리트블록 거치공사, 해상잔교 설치공사, 수중준설공사, 인공어초 투하 및 거치 공사, 소파블럭 설치공사, 호안 및 방파제 축조공사, 케이슨 거치공사, 접안 시설공사 등 많은 수중공사가 있다.

1. 시방서
  (1) **전문시방서** : 시설물별 표준시방서를 기본으로 모든 공종을 대상으로 하여 특정한 공사의 시공 또는 공사시방서의 작성에 활용하기 위한 종합적인 시공기준을 말한다.
  (2) **공사시방서** : 공사별로 건설공사 수행을 위한 기준으로써 계약문서의 일부가 되며, 설계도면에 표시하기 곤란하거나 불편한 내용과 해당 공사의 수행을 위한 재료, 공법, 품질시험 및 검사 등 품질관리, 안전관리계획 등에 관한 사항을 기술하고 당해 공사의 특수성, 지역여건, 공사방법 등을 고려하여 공사별, 공종별로 정하여 시행하는 시공기준을 말한다.

2. 수중공사 장비
  (1) **공기사용 흡입기** : 수중에서 펄이나 자갈, 모래에 웅덩이를 파거나 제거할 때 주로 사용되는 장비이다.
  (2) **워터제트** : 수중에서 단단한 펄을 고랑을 파거나 쌓여 있는 퇴적물을 해체시킬 수 있으며, 암반의 유·무절석회조류를 제거한다.
    ※ **유·무절석회조류** : 해조류의 종류로서 백화현상의 원인이 되는 종
  (3) **공압 천공기** : 공기를 이용하여 수중에서 구멍을 뚫거나 앙카볼팅하는 장비이다.

공압천공 작업

워터제트 작업

확인 문제

1 수중에서 단단한 펄의 고랑을 파거나 쌓여 있는 퇴적물을 해체시킬 때 쓰이는 장비로 가장 적합한 것은?

① 굴삭기 ② 워터제트 ③ 공기식 펌프 ④ 공기흡입기

정답 ②

02 로프

01 섬유색(로프)

1. 섬유색의 개념

해양에서 사용되는 섬유색의 종류는 크게 식물성 원료로 만든 천연 섬유색과 고분자 물질을 화학적으로 합성하여 만든 합성 섬유색으로 나눌 수 있으며, 섬유가 아닌 강선으로 만든 와이어도 있으며, 이러한 여러 가지 섬유와 강선으로 만들어진 것을 로프라고 한다.

2. 로프의 종류

(1) **천연 로프**

① **마닐라 로프** : 마닐라삼(Abaca)의 섬유로 만든 것으로 일반 천연 섬유색보다 영속성과 항장력이 강하여 가장 많이 사용된다.

② **사이잘 로프**

ㄱ. 용설란(Agave)의 잎으로 만든 것으로 강도는 마닐라 로프의 80%~90% 정도이며, 색깔은 마닐라 로프보다 연하다.

ㄴ. 사이잘 로프는 백색 또는 담황색을 띤다.

ㄷ. 강도는 마닐라 로프의 80~90% 정도다.

ㄹ. 사이잘 로프는 마닐라 로프보다 내수성과 질이 떨어져 선용색으로 부적당하다.

ㅁ. 수중 탐색줄로 많이 사용된다.

ㅂ. 마닐라 로프와 사이잘 로프를 혼합하여 사용하기도 한다.

③ **대마 로프** : 표백한 대마의 섬유로 만든 것으로 백색이며, 강도는 마닐라 로프의 50% 정도이고 건조상태에서는 강하지만 내수성이 약하고 무거우며 가격이 비싼 편이다.

④ **면사 로프** : 목면의 섬유로 만든 것으로 가볍고 유연하기 때문에 강도가 중요하지 않은 용도로 많이 사용된다.

(2) **합성 로프**

① 고분자 물질을 화학적으로 합성하여 섬유로 만든 로프로 나일론 로프, 폴리프로필렌 로프, 폴리에스터 로프 등이 있으나 나일론 로프가 가장 많이 사용되며 대표적인 로프이다.

② 나일론 로프는 합성 섬유색 중에서 가장 강도가 높으며, 줄의 손상이 없이 30% 정도 늘어

난다. 그러나 40% 이상 늘어나면 줄이 원형대로 되지 않고, 50% 이상 늘어나면 끊어진다.

마닐라 로프 *Manila Rope*

PP 로프 *Polypropylene Rope*

확인 문제

1 사이잘 로프의 특징은?

① 수중용으로 많이 사용된다.
② 수중에서 아주 유연하다.
③ 세색으로 사용하지 않는다.
④ 강도는 섬유색 중 가장 높다.

정답 ①

02 와이어로프의 구조, 특징 및 종류

1. 와이어로프의 구조
일반적으로 와이어로프의 구조는 여러 개의 강선을 꼬아 가닥(Strand)을 만들고, 여러 개의 가닥(6가닥)과 중앙에 기름을 침투시킨 대마의 심으로 구성한다.

2. 와이어로프의 특징
(1) 같은 크기(둘레)의 마닐라 로프보다 강도가 9배 강하다.

(2) 같은 굵기의 로프라도 강선의 수가 많을수록 강선이 가늘고 로프가 유연하다.

(3) 전체 가닥의 중앙에 섬유심이 없고 강선이 굵을수록 강도가 크다.

(4) 각 가닥의 중앙에 섬유심이 없고 강선이 굵을수록 강도가 크다.

(5) 도금하지 않은 와이어로프는 강하고 유연하지만 아연 도금을 한 와이어로프는 도금할 때 가해지는 열로 인해 10% 정도 강도가 약해진다.

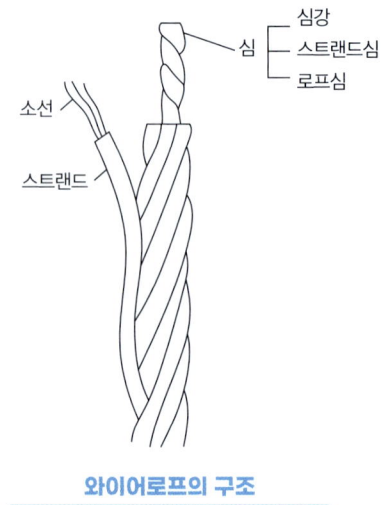

와이어로프의 구조

3. 와이어로프의 고리 종류

(1) **쇼트 스플라이스**(Short Splice) : 라인(Line)의 끝을 영구적으로 합치거나 두 라인을 연결하는데 사용한다.

(2) **롱 스플라이스**(Long Splice) : 2개의 라인 또는 와이어를 직경의 증가없이 영구적으로 연결하기 위함이다.

(3) **아이 스플라이스**(Eye Splice) : 영구적인 아이(Eye)를 만들 때 사용한다.

(4) **와이어로프 클립 스플라이스**(Wire Lope Clip Splice) : 와이어에 일시적인 아이(Eye)를 만들거나 2개의 와이어를 연결하는 데 사용한다.

: 확인 문제 :

1 긴급작업 중에 와이어로 일시적인 아이를 만들 때 사용되는 방법은?

① 롱 스플라이스　　　　　　　　② 와이어로프 클립 스플라이스
③ 쇼트 스플라이스　　　　　　　④ 아이 스플라이스

정답 ②

03 로프의 결색 및 취급방법

1. 로프의 결색

(1) **올가미 매듭**(Bow Line) : 임시 고리, 인명구조용으로 많이 사용하는 결색이며, 당길수록 조여지는 매듭이다.

(2) **막 매듭**(옥 매듭) : 끝줄이 Block에서 빠지지 않게 하는 데 사용하거나 세색의 끝단 고정 시 사용한다.

(3) **바른 매듭** : 굵기가 같은 줄을 연결 시 사용한다.

(4) **사다리 매듭** : 임시 사다리용으로 사용한다.

(5) **홑막 매듭**(Sheet Bend) : 직경이 다른 두 줄 연결 시 사용한다.

(6) **압박 매듭**(Constrictor Knot) : 풀리지 않도록 끝줄을 원줄의 밑으로 넣어 뽑는 결색, 당길수록 조여지는 매듭으로 주로 작업 현장에서 유용하게 사용된다.

(7) **어부 매듭**(Anchor Bend) : 닻고리나 부표 고리에 줄을 맬 시 사용한다.

(8) **접감아 매듭**(Rolling Hitch) : 목재나 로프에 끝줄을 완전히 졸라맬 때 사용하며, 매끄러운 기둥과 같은 원형 물체의 이동 시 가장 적합하다.

(9) **두 매듭**(Two Half Hitches) : 닻이 바람에 펄럭이지 않게 하는 데 사용하거나 둥근 나무나 말뚝(Bollard) 고리에 줄을 맬 때 사용한다.

(10) **말뚝 매듭**(Clove Hitch) : 줄 끝을 목재나 로프에 맬 때 사용하며 미끄러져 풀리는 결점이 있어 임시적으로 말뚝이나 기둥에 로프를 묶을 때 사용한다.

2. 와이어로프의 취급방법

(1) 새 와이어로프를 풀어낼 때는 직선으로 풀어낸다.

(2) 와이어로프가 꺾이게 되면 파단력이 60%가 감소하여 국부적인 마모를 유발하여 강도가 약해지므로 꺾임(Kink) 또는 굴곡이 일어나지 않도록 하여야 한다.

(3) 통풍이 잘 되는 장소에서 정기적으로 그리스를 발라주고 대마의 심에 기름을 충분히 침투시키며, 대마의 심이 있는 와이어로프는 온도가 높은 장소에서 보관해서는 안 된다.

(4) 직경의 1/3이 마모 및 변형되었으면 교체해야 한다.

(5) 전체 와이어로프 중에서 6개 이상의 와이어가 절단되었거나 한 가닥 중에서 3개 이상의 강

선이 절단되었을 때는 교체해야 한다.

※아래 8가지 매듭법은 잠수기능사 실기 평가 항목에 해당

1. 두겹 매듭 *Double sheet bend*

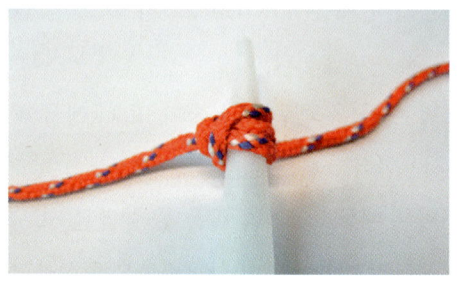

2. 기둥묶기 매듭 *Pile hitch*

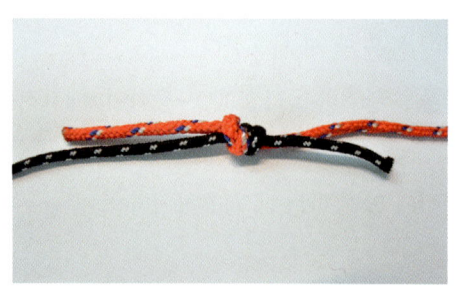

3. 피셔맨 매듭 *Fisherman's knot*

4. 8자 매듭 *Figure eight knot*

5. 두 매듭 *Tow half hitches*

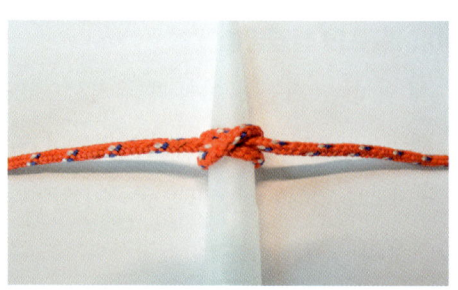

6. 말뚝 매듭 *Clover hitch*

Chapter 04 잠수 작업

7. 올가미 매듭 *Bowline knot*

8. 계선 매듭 *Mooring hitch*

: 확인 문제 :

1 같은 굵기의 로프 끝단을 연결 시 가장 많이 사용되는 결색법은?

① 올가미 매듭(Bow Line) ② 바른 매듭(Square Knot)

③ 닻줄 매듭(Anchor Bend) ④ 겹감아 매듭(Rolling Hitch)

정답 ②

2 임시고리용이나 인명구조용으로 많이 사용하는 매듭법으로 당길수록 조여지는 매듭법은?

① Sheet Bend(홀막 매듭) ② Bow Line(올가미 매듭)

③ Anchor Bend(어부 매듭) ④ Clove Hitch(말뚝 매듭)

정답 ②

03 비파괴 검사

01 비파괴 검사 NDT : Non-destructive Testing

1. 비파괴 검사의 개념

검사 대상물을 파괴시켜 검사하는 것을 파괴 검사라고 하며, 이와 달리 아무런 손상을 주지 않고 검사하므로 품질관리, 품질평가, 보수검사에 이용된다. 검사대상물의 구조, 형태, 성질 등을 손상 없이 조사하여 대상물의 신뢰성을 확인한다. 국내에서 많이 적용되고 있는 비파괴 검사법으로 다음의 7가지가 있다.

(1) **외관 검사(육안검사)**
  ① 가장 간편하여 널리 쓰이는 방법으로 외관에 나타나는 비드의 형상에 의해 용접부의 신뢰도를 육안으로 판단하는 것이다.
  ② 비드의 파형과 균등성의 양부, 덧붙임의 형태, 용입 상태, 스패터의 발생, 크레이터, 언더컷, 오버랩, 표면 균열, 형상 불량 등을 검사한다.

(2) **초음파 검사**
초음파 검사법에는 투과법과 펄스(Pulse) 반사법, 공진법이 있으며 펄스 반사법이 가장 많이 쓰인다.

(3) **방사선투과 검사**
엑스선, 감마선 등의 방사선을 시험체에 투과시켜 X-선 필름에 상을 형상화함으로써 시험체 내부의 결함을 검출하는 검사 방법이다.

(4) **자기 검사**
검사 재료를 자화시킨 상태에서 결함부에 생기는 누설 자속 상태를 철분 또는 검사 코일을 사용하여 검출하는 방법이다.

(5) **자기분말 탐상법**
용접부위 표면이나 표면 주변 결함, 표면 직하의 결함 등을 검출하는 방법으로 결함부의 자장에 의해 자분이 자하되어 흡착되면서 결함을 발견하는 방법이다.

(6) **침투 탐상법**
용접 부위에 침투액을 도포하여 결함 부위에 침투를 유도하고, 표면을 닦아낸 후 판단하기 쉬운 검사액을 도포하여 검출하는 방법이다.

(7) 누설 검사

탱크 또는 용기 등의 길밀(Airtight), 수밀(Watertight), 유밀(Oiltight)을 검사하기 위해 실시되는 비파괴 검사법 중 하나이다.

초음파 검사 Side scan sona

수중영상 촬영(육안검사)

: 확인 문제 :

1 다음 중 수중용접부의 비파괴 검사가 아닌 것은?

① 누설 검사 ② 부식 검사
③ 자기 검사 ④ 초음파 검사

정답 ②

04 수중 용접 및 절단

01 수중용접

1. 수중용접 방법 : 크게 건식과 습식으로 나뉜다.

(1) **건식**

① 보통 수중에서 용접한 부분의 주위에 특수 챔버(비활성기체를 채운 상자)로 공간을 만들고, 그 속의 물을 없앤 뒤 용접하는 방법이다.

② 가변압식과 기압식(대기압식, 대기해방방식)이 있고, 그 밖에 용접부만을 챔버로 가려서 용접하는 미니건식법이 있으며, 건식이동방식·고정상방식·국부건식방식·스터드용접 등이 이에 속한다.

(2) **습식**

① 수중에서 직접 실시하는 용접으로, 용접 장소의 현장이 복잡한 경우, 용접선이 짧으면서도 부분적으로 현상이 급변하는 경우, 응급조치가 필요한 경우 등에 쓰인다.

② 통 용접부내 기체 공동을 만들어 열원의 안정성을 확보하고, 용접 장소로 물이 들어오는 것을 막는 데 중점을 둔다.

※ **수중 아크용접** : 가장 널리 이용되는 습식용접으로, 용접에 필요한 국부적인 기체 공동의 형성과 용접 작업을 동시에 해야 하기 때문에 균열이나 기공 등 용접에 결함이 발생하기 쉽다는 단점이 있지만, 고체 용기를 사용하지 않아 용접 치수에 제약이 없고, 설비비가 저렴하며, 가장 간편하다는 점 때문에 널리 이용된다. 수중용접봉으로는 일미나이트계가 가장 널리 이용된다.

2. 수중용접의 기술 및 용어

(1) 용접할 표면을 깨끗이 하고, 안전 스위치가 열려 있는지를 확인한다.
(2) 사용할 용접봉에 적정한 전류를 공급하도록 용접 발전기를 조정한다.
(3) 수평용접 시 각도는 15°~45°를 유지한다.
(4) 야간 작업 시의 보호렌즈는 No.4를 사용한다.
(5) 자체 소모법으로 진행한다.

Chapter 04 잠수 작업

(6) 새로운 용접봉을 용착시키기 전에 용착시킨 면을 깨끗이 하고, 앞서 용착시킨 것과 약간 겹치도록 한다.
(7) 두상용접 시 각도는 35°~55°를 유지한다.
(8) 수직용접은 용접봉을 위에서부터 아래로 하는 용접이다.
(9) 잠수사가 수직 용접을 하려고 할 때 용접봉을 하향식으로 하여야 물거품이 잠수사의 시야를 방해하지 않는다.

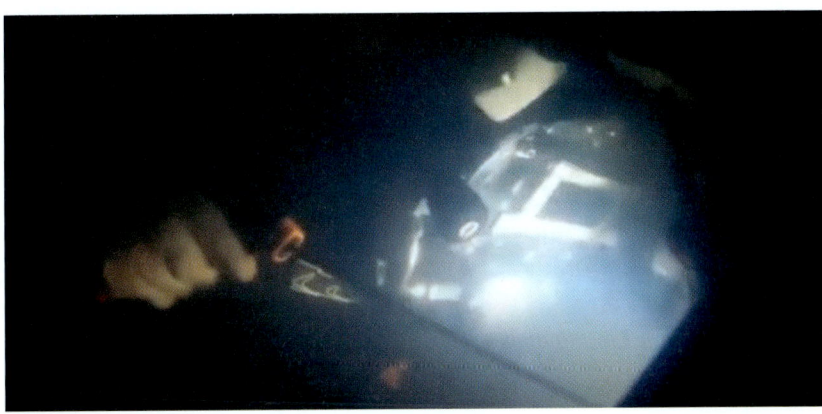

수중 용접 과정

확인 문제

1 수중용접 기술 중 맞지 않는 것은?

① 두상용접 시 각도는 25°~35°를 유지한다.
② 수중용접 시 각도는 15°~45°를 유지한다.
③ 야간 작업 시의 보호렌즈는 No.4를 사용한다.
④ 자체 소모법으로 진행한다.

정답 ①

02 수중절단

1. 수중절단의 개념

(1) 수중절단은 산소아크 절단법, 피복아크 절단법, MAPP가스 절단법 등 3가지 방법이 많이 사용된다.

(2) 산소 · 수소 절단법이 가장 먼저 개발되었으나 산소와 수소가 결합하여 폭발을 유발시키는 등 안전성 문제 때문에 폭발 위험이 적은 MAPP가스를 이용한 MAPP가스 절단법으로 개발되었다.

(3) 산소아크 절단법은 아크열로 가열 모재에 산소를 분사하여 절단하지만 산소에 산화되지 않는 비철금속이나 합금은 절단이 어렵다는 단점이 있다. 그래서 비철금속과 합금도 절단되는 피복아크 절단법이 개발되었으며 이 절단법은 피복아크 용접과 같이 아크열로 금속을 녹인 후 전극봉으로 절단부위를 밀어내면서 잘라낸다.

2. 산소아크 절단법 Oxy Arc Cutting

(1) 산소아크 절단법의 원리
  ① 산소아크 절단법은 산소와 아크열의 용융작용에 의해 금속이 절단되는 방법이다.
  ② 산소아크 절단은 수중 용접보다 높은 전류가 필요하다.
  ③ 사용되는 전류는 절단봉의 재질과 절단되는 모재의 두께에 따라 달라질 수 있다.

(2) 산소아크 절단법의 장비
  ① 산소아크 절단 토치
    ㄱ. 조임기와 산소조절레버, 전기장치 등 크게 3부분으로 되어 있다.
    ㄴ. 조임기는 절단봉을 고정시켜 전기 접촉이 잘 되도록 하고 산소와 다른 곳으로 새는 것을 막아주는 역할을 한다.
    ㄷ. 역화방지기(Flash Back Arrestor)가 있어 불꽃이 산소 호스를 따라 역화되는 것을 막아준다.
    ㄹ. 절단봉에 다른 이상 없이 산소 유출량이 적다면 조임 장치에 있는 역화방지기에 낀 이물질을 제거해야 한다.
    ㅁ. 산소조절레버는 아크가 일어날 때 산소를 적절히 공급하여 금속이 절단되게 하는 역

할을 한다.

　　ㅂ. 전기장치는 아크 발생을 위해 전류를 공급해 주는 장치로 몸체에 1/0 사이즈의 전선이 약 3m 정도 있고, 끝단에는 전선과 전선을 연결할 수 있도록 연결부가 있다.

② 산소아크 절단봉

　　ㄱ. 다른 전극봉과는 달리 봉심에 구멍이 뚫린 관형(Tubular)으로, 그 관을 통해 산소가 투입된다.

　　ㄴ. 산소아크 절단봉의 종류에는 강철관 절단봉(Steel Tubular)과 탄소 가우징 절단봉(Carbon Gauging), 초고온 절단봉(Ultramaternal)이 있다.

③ 산소조절기

　　ㄱ. 산소병 내의 산소는 고압이므로 작업에 쓸 수 있도록 적정의 압력으로 낮추어 줘야하는데, 고압산소를 작업에 필요한 압력으로 감압해 주는 기기를 산소조절기라 한다.

　　ㄴ. 산소조절기는 1단계 고압측과 2단계 저압측으로 구성된다.

(3) 산소아크 절단법의 특징

① 전단 작업에서 예열 시간과 불꽃 조절이 필요 없다.

② 산소를 사용하므로 폭발 위험이 적다.

③ 초고온 절단봉을 사용할 경우에는 콘크리트와 벽돌 등의 비금속도 절단할 수 있다.

④ 토치가 가벼워 취급하기 쉽고 초보자도 쉽게 절단할 수 있어 기술 습득이 빠른 장점이 있다.

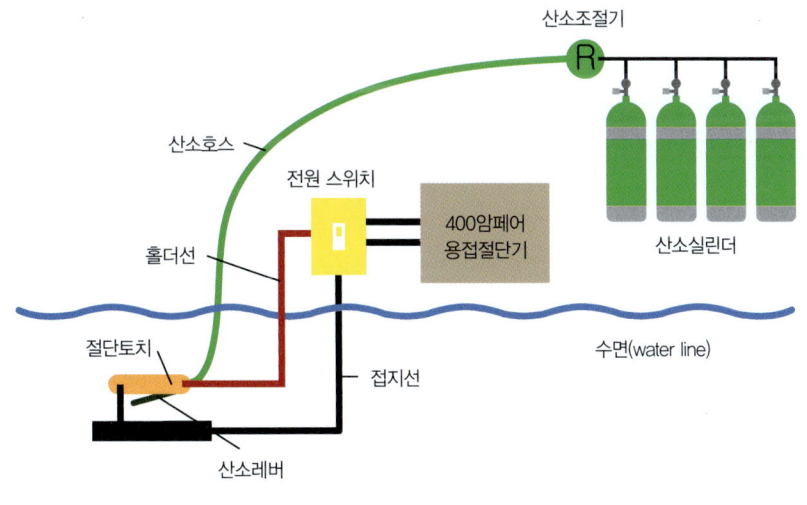

수중절단장비 구성도

⑤ 주철 및 비철금속을 절단할 때 절단 속도가 떨어지고 절단 효율도 저하되는데, 초고온 절단봉을 사용하고 산소 대신 압축 공기를 사용하면 보완이 된다.

3. 피복아크 절단법

(1) 원리

① 피복아크 절단법은 피복아크 용접을 응용한 것으로, 절단하고자 하는 모재와 전극봉을 통한 아크열을 이용하여 용융시킨 후 전극봉을 이용하여 밀어내어 절단한다.

② 피복아크 용접 장비를 사용하고 피복아크 용접을 할 때보다 높은 전류를 필요로 한다.

(2) 특징

① 구리와 같은 비철금속 및 합금의 절단에서 산소아크 절단법보다 뛰어나고 6mm 이하의 철금속의 특히 효과적으로 절단된다.

② 산소아크 절단법과 같이 예열시간과 불꽃조절이 필요 없는 비슷한 장점들을 가지고 있다.

③ 산소를 사용하지 않기 때문에 장비가 간편하지만 높은 전류를 사용하기 때문에 감전의 위험이 높은 단점이 있다.

4. MAPP가스 절단법

(1) 원리

① MAPP가스란 메틸 아세틸렌 프로필렌(Methyl Acetylene Propylene)의 약자로 MAPP가스 절단법은 MAPP가스와 산소를 이용한 가스 절단법이다.

② MAPP가스와 혼합된 산소의 예열 불꽃이 절단하려는 모재를 가열시켜서 절단 온도에 도달했을 때 다른 고압의 산소를 분사시켜서 절단을 하는 방법이다.

(2) 특징

① 전원이 필요하지 않아 감전의 위험이 없고 비철금속 및 비금속도 절단할 수 있다.

② 절단면이 고르고 장비 취급이 간편하여 작은 배에서도 사용이 가능한 장점이 있다.

③ 다른 절단법보다 예열 시간이 길고 MAPP가스가 고압에서 동(구리)과 쉽게 반응하여 폭발의 위험이 있다.

:확인 문제:

1 수중절단법으로 맨 처음 개발되었으나 현재는 거의 사용하지 않는 방법은?

① 산소아크 절단법　　　　　　② 피복금속아크 절단법
③ 산소 · 수소 절단법　　　　　④ MAPP가스 절단법

정답 ③

2 MAPP가스 절단방법의 설명 중 틀린 것은?

① 전기가 필요 없으며 비금속류도 절단할 수 있다.
② 슬래그의 영향이 적다.
③ 사용기체는 수소와 산소이다.
④ 간단한 경량 잠수기구로도 절단 가능하다.

정답 ③

03 각종 가스용기의 도색구분

1. 가스용기의 도색구분

가스의 종류	도색구분	가스의 종류	도색구분
산소	녹색	아세틸렌	황색
수소	주황색	아르곤	회색
액화 탄산가스	청색	액화 암모니아	백색
LPG	회색	기타 가스	회색

2. 수중절단에 사용되는 산소통

(1) 용량은 200입방 피트이다.
(2) 색깔은 녹색이다.
(3) 우선나사를 사용한다.

(4) 밸브를 열때는 천천히 열어야 하며, 완전히 연 후에는 반 바퀴 잠근다.

3. 일반적으로 수중절단 작업 시 철의 산화작용에 의해 가장 많이 생성되는 가스(Gas)는 수소이다.

가스용기 도색

::: 확인 문제 :::

1 일반적인 수중절단 작업 시 철의 산화작용에 의한 가장 많이 생성되는 가스는?

① 산소　　　② 질소　　　③ 헬륨　　　④ 수소

정답 ④

04 수중 절단 및 용접 안전수칙

: 수중작업 시 인명의 피해를 줄이기 위하여서는 다음의 안전수칙들을 준수하여야 한다.

1. 작업자는 작업환경에 맞춰 복장을 갖추어야 한다.
2. 모든 전선의 연결점 및 전극봉 홀더의 전류가 통과하며 노출된 부분은 고무테이프나 기타 방법으로 완전히 절연시켜야 한다.

3. 잠수 감독자가 항상 조정할 수 있고 잠수사의 요청에 따라 즉시 용접회로를 열거나 닫을 수 있는 위치에 작동이 양호한 안전 스위치를 용접회로 가운데 연결하여야 한다.
4. 잠수사는 단절 스위치를 사용하여 자기에게 허용된 보호조치를 최대한 활용해야 한다. 잠수사가 실제로 용접을 하고 있거나 용접위치로 전극을 향하고 있을 때에만 전류를 통하게 함으로써 잠수사에게 최대한의 보호가 된다.
5. 용접회로에 전류가 흐르지 않을 때 잠수 감독자에게 신호하여 전류를 단절시키고 확인하여 용접봉 교환이나 용접봉을 고정한다.
6. 용접회로의 노출된 단자가 씌워져 있지 않은 용접봉 하단부가 잠수사의 몸으로 향해 있어서는 안된다.
7. 잠수사와 전극봉 홀더가 전기적 접촉을 고려하여 금속헬멧 혹은 잠수복의 금속부분이 작업물과 닿지 않도록 주의하여야 한다.
8. 수중에서 아크 작업을 할 때는 배기가 되지 않은 가스의 폭발 위험이 있으므로 특별히 주의하여야 한다. 폭발성 가스의 발생은 광범위하며 용접작업 자체에서도 생긴다.
9. 분석에 의하면 수중용접 시 발생된 가스에는 폭발성이 높은 수소 약 70%로 구성되어 있다.

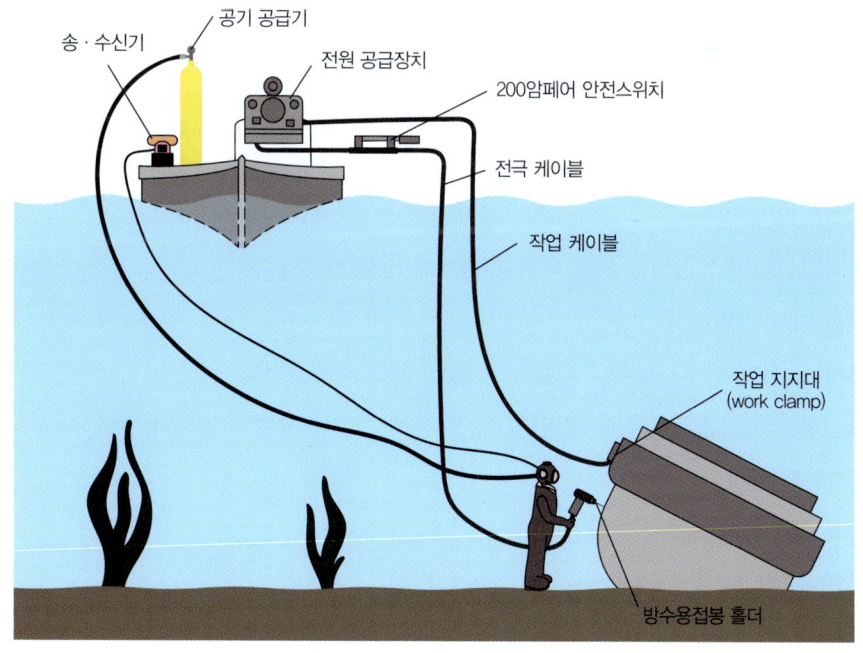

수중 용접 및 절단 작업

> **확인 문제**
>
> **1** 다음 중 수중 용접 및 절단 시에 위험이 가장 크게 수반되는 것은?
>
> ① 수소 가스　　② 휘발유 가스　　③ 연료류　　④ 페인트류
>
> 정답 ①

05 아크 용접기

1. 아크 용접기의 종류

(1) 교류 아크 용접기의 종류

　　① 탭 전환형　② 가동철심형　③ 가동코일형　④ 가포화 리액터형

(2) 직류 아크 용접기의 종류

　　① 전동발전형　② 정류기형　③ 엔진구동형

2. 직류발전형 아크 용접기의 특징

(1) 아크가 안정되나 아크 쏠림이 있다.

(2) 무부하전압이 교류에 비해 낮으므로 감전의 위험이 적다.

(3) 발전기형 직류 아크 용접기는 소음이 발생하고 회전부분 등의 고장이 많다.

(4) 발전기형이나 정류기형은 교류 아크 용접기에 비해 비싸다.

(5) 완전한 직류 전원을 얻는다.

(6) 교류 아크 용접기보다 보수나 점검에 더 많이 노력이 필요하다.

(7) 정류기형에서 정류기의 소손 및 먼지, 수분 등에 의한 고장에 주의해야 한다.

※ **정류기형의 특징**

　　① 교류 정류하여 직류로 전환한다.

　　② 소음이 발생하지 않는다.

　　③ 취급이 간단하고 가격이 저렴하다.

　　④ 보수 · 점검이 간단하다.

⑤ 교류를 정류하므로 완전한 직류를 얻지 못한다.

3. 교류 아크 용접기의 종류별 특성

(1) **탭 전환형** : 넓은 범위의 전류 조정이 어려워 주로 소형에 많이 쓰인다.

(2) **가동철심형** : 현재 가장 많이 사용하며 미세 전류 조정이 가능하다. 즉, 1차 코일을 이동시켜 누설리액턴스 값을 변화시킴으로써 전류를 조정한다.

(3) **가동코일형** : 가격이 비싸고 현재는 거의 사용하지 않는다.

(4) **가포화 리액터형** : 가변저항의 변화로 용접전류를 조정하며, 전기적 전류 조정기로 원격제어가 가능하다.

4. 직류 아크 용접에서 직류 정극성과 역극성의 특징

직류 정극성(DCSP) 모재 : (+) 용접봉 : (−)	직류 역극성(DCRP) 모재 : (−) 용접봉 : (+)
① 모재의 용입이 깊다. ② 비드 폭이 좁다. ③ 용접봉의 용융이 늦다. ④ 일반적으로 널리 쓰인다.	① 모재의 용입이 얕다. ② 비드 폭이 넓다. ③ 용접봉의 용융이 빠르다. ④ 주로 박판의 용접에 쓰인다.

5. 기타 주요사항

(1) (+) 극은 접지선에 연결하고, (−) 극은 전극봉에 연결한다.

(2) 수중용접에서 주로 직류 아크 발전기를 사용하는데 수중 용접 및 절단에 사용되는 직류 아크 발전기는 최대 용량이 300A지만 어떤 종류의 작업에는 400A 이상이 요구되는 발전기를 사용한다.

(3) 수중용접을 위한 전원은 항상 DC300~400A가 유지되어야 한다.

> **확인 문제**

1 다음 중 직류 아크 발전기 종류가 아닌 것은?

① 전동발전식　　② 가동철심형　　③ 엔진구동식　　④ 정류식

정답 ②

06 피복제 Flux의 역할

1. 보호통을 형성하여 아크 안정과 지향성의 향상을 도모하고, 또한 아크 분위기로 대기의 침입저지, 스패터(Spatter)의 억제 작용을 한다.
2. 용적 이행을 용이하게 하고, 각종 용접 자세로의 적용성을 높인다.
3. 양호한 점성과 표면 장력을 가진 슬래그를 형성하여 용융부를 덮어 대기에 의한 산화, 질화를 방지한다.
4. 용접 금속의 탈산 정련작용과 필요한 합금 원소를 첨가한다.
5. 용접 금속의 응고와 냉각 속도를 완화시켜 조직을 좋게 한다.
6. 수중에서 아크가 일어나면 기포를 발생시켜 물의 접촉을 막는 기포막을 형성한다.

> **확인 문제**

1 용접봉의 피복제 역할은?

① 전기전도성을 좋게 한다.　　② 기포막을 없앤다.
③ 용착 금속을 급랭시킨다.　　④ 아크를 안정시킨다.

정답 ④

07 수중용접의 토치

1. 수중용접의 토치의 조건

(1) 구조가 간단해야 한다.

(2) 전극봉 조임 장치가 있어야 한다.

(3) 척(Chuck)이 있어야 한다.

(4) 무게가 가벼워야 한다.

(5) 절단 토치는 산소 누설이 없어야 한다.

(6) 비철금속으로 만들어져야 한다.

(7) 전극봉을 쉽게 갈아 끼울 수 있어야 한다.

(8) 전기가 흐르는 부품은 외부와 완전히 절연되어야 한다.

(9) 염분에 의한 전해작용이 일어나지 않아야 한다.

2. 기타 수중용접 시 주요사항

(1) 수중용집 전선의 연결섬은 완전히 절연해야 한다.

(2) 수중절단의 전극 홀더는 절연체로 되어 있어야 한다.

(3) 전류가 흐르는 모든 부품은 외부와 완전히 절연되어야 하고, 내부 부품은 접촉이 좋아야 한다.

(4) 부품들은 내구성이 있고, 전극봉 교환이 용이해야 한다.

(5) 비철금속으로 제조되어야 한다.

(6) 전극봉 조임이 좋아야 한다.

(7) 염분에 의한 전해작용이 일어나지 않아야 한다.

(8) 일반적으로 두꺼운 금속철판 절단에 사용되는 전극봉은 강철관 절단봉(Steel Tubular)이다.

(9) 수중절단용 덮개가 있는 철관 전극봉의 사용시간은 평균 1분이다.

용접 홀더

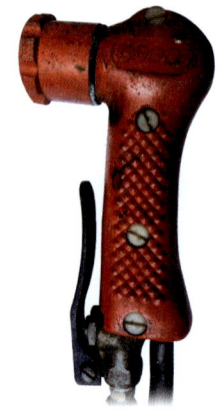

절단 토치

확인 문제

1 다음 수중용접의 토치에 관한 설명 중 틀린 것은?

① 구조가 간단해야 한다.
② 무게가 무거워야 한다.
③ 전극봉 조임 장치가 있어야 한다.
④ 척이 있어야 한다.

정답 ②

08 전기 등의 안전수칙

1. 전기 감전의 예방

(1) MAPP가스 절단을 제외한 대부분의 수중 용접 및 절단 작업에는 전기를 이용하므로 감전의 위험이 있다. 특히 수중에서 전선의 노출은 언제나 위험성이 있음을 명심해야 한다.

(2) 노후한 전선은 사용하지 말아야 하며 피복이 벗겨진 전선은 작업 전에 반드시 확인해야 한다.

(3) 잠수 복장은 전기 감전을 예방하는 중요한 요소이므로 건식 잠수복과 슈퍼라이트-17 같은 절연 효과가 뛰어난 헬멧 잠수 기구를 사용해야 한다.

(4) 수중 용접 및 절단 작업에서 발생하는 아크(arc)에 의해 눈의 손상이 올 수 있으므로 차광 렌즈를 반드시 착용하고 작업에 임해야 한다.

2. 전선의 보관방법

(1) 전선의 접지선과 홀더 및 토치 선은 따로 구분하여 보관한다.

(2) 전선을 보관할 때는 가능한 건조한 곳에 보관하고 그리스와 기름이 없어야 한다.

(3) 가능하면 벽에 걸어 놓고, 걸어 놓는 것이 여의찮다면 절연 손상을 방지하기 위해 적절한 보호조치를 해야 한다.

(4) 모든 전선의 수명은 사용하지 않을 때 적절히 감아 놓거나 기름에 대한 노출을 최소화함으로써 연장된다.

3. 폭발성 가스

(1) 폭발성 가스는 어떤 하나의 가스와 혹은 그 이상의 가스가 결합하여 발생한다.

(2) 침몰선에 적재된 채소나 동물성 물질의 부패와 부식, 밀폐된 격실이나 모서리 진 곳에서 수중 용접 및 절단 작업을 할 때는 우선 폭발의 가능성을 없애기 위해서 발생된 가스와 배출구를 마련해야 한다.

4. 일반적인 안전수칙

(1) 보조사는 잠수사와의 신호를 통하여 수중 용접 및 절단 작업에서 전기 차단 신호를 잘 지켜 감전 사고를 예방해야 한다.

Chapter 04 잠수 작업

(2) 잠수사는 용접봉 및 토치의 방향이 자신이나 공기 호스 방향으로 향하지 않도록 해야 한다.
(3) 절단 부위가 떨어지는 곳이나 불똥이 떨어지는 곳에 자신이나 호스, 전선이 위치하지 않도록 조치하여 작업 중 안전사고를 막아야 한다.

확인 문제

1 수중에서 전기를 사용할 시 잠수사가 지켜야 할 사항 중 틀린 것은?

① 잠수사가 실제로 전기를 사용하지 않아도 항상 전류를 통하게 한다.
② 잠수사는 자기의 몸이 작업물, 토치 및 물과 완전히 절연된 복장을 갖춘다.
③ 고무장갑을 반드시 사용한다.
④ 전극봉을 사용하면 잠수사는 전류 단전신호를 보낸다.

정답 ①

05 폭발 및 폭약

01 폭발과 폭약

1. 폭발의 개념

(1) 폭약은 화학적 물질의 혼합물로서 적절히 기폭시키면 급속히 격렬한 화학적 반응을 일으킨다.

(2) 폭발 시 격렬한 화학반응으로 인해 발생된 기체는 팽창하며 압력과 열의 상승을 동반한다.

(3) 폭발은 폭약이 고체에서 순간적으로 기체 상태로 변하는 것이다.

(4) 폭발물이 폭파되었을 때는 유독한 가스가 발생할 수 있다.

(5) 폭파속도가 빠를수록 파괴력이 강하다.

(6) 폭약은 반응에 따라 저성능, 고성능 폭약으로 구분한다.

2. 저성능 폭약

(1) 흑색가루와 연기가 없는 가루가 가스 상태로 변화한다.

(2) 1,300FPS(Firepower Score, 화력지수) 이하이다.

(3) 폭약이 없어질 때까지 분자와 분자가 탄다.

(4) 폭발시켰을 때 열의 발생도가 느리다.

(5) 저성능 폭발은 파괴력보다 밀어내는 힘이 강하다.

3. 고성능 폭약

(1) 고체에서 순간적으로 기체의 상태로 변한다. 이 형태를 폭발이라 한다.

(2) 3,200FPS 이상이다.

4. 폭약사용의 장·단점

장점	단점
① 작업 진행 시간이 절약된다. ② 경제적이고 노동력이 감소된다. ③ 장비가 간단하다.	① 고도로 훈련된 기술자가 필요하다. ② 까다로운 안전수칙 준수가 요구된다. ③ 언제나 위험성이 따른다.

02 발파용 폭약 기폭제(뇌관)

발파용 폭약을 기폭시키는 데 사용되는 것은 뇌관, 도화선, 도폭선 등이 있으며, 이러한 기폭제는 기폭되기 위한 예민성, 즉 기폭 감도에 따라 적용되어야 한다.

1. 뇌관 Blasting Cap

철, 구리, 알루미늄의 관체에 기폭약, 첨장약을 장전하여 화약 또는 폭약을 폭발시키는 것을 뇌관이라고 한다. 뇌관은 크게 전교장치가 있는 전기식 뇌관, 전교장치와 연시장치가 있는 전기 지연식 뇌관, 전교장치가 없는 비전기식 뇌관으로 나눌 수 있다.

(1) **전기식 뇌관** : 뇌관 자체에 두 가닥의 가닥(Leg Wire)이 달려 있으며 각 선에 전류를 통하는 순간 점폭약이 폭발하는 백색의 뇌관을 전기식 뇌관, 즉 순발 전기 뇌관이라고 한다.

(2) **전기 지연식 뇌관** : 관체 내의 점폭약 위에 연시약을 장전하여 점화약이 발화할 때의 화염으로 연시약이 연소하고 일정시간 경과 후 점폭약이 폭발하도록 된 뇌관으로 지발 전기 뇌관이라고도 한다. 다량의 폭발물을 한 번의 점화로 순차적인 폭발을 원할 때 사용한다.

(3) **공업 뇌관** : 공업 뇌관 또는 비전기식 뇌관은 말 그대로 전기를 사용하지 않는 뇌관을 말한다. 도화선을 이용한 방법과 플라스틱 튜브를 이용한 방법 등이 있다.

2. 도화선

(1) 분말 흑색화약을 심약으로 하여 마사, 면사, 테이프 등으로 피복한 것에 방수제(아스팔트류)가 도장된 직경 5mm의 화공품을 도화선이라 한다.

(2) 일정한 시간이 필요하거나 거리가 떨어져 있는 뇌관을 점화할 때 사용한다.

※ **도화선의 특징**

① 폭연한다.
② 사용 전 끝에서 15cm(6inch) 자른다(침수 및 부식의 우려방지).
③ 1ft당 연소시간은 약 40초이다.
④ 심은 흑색화약으로서 서서히 연소한다.
⑤ 균일한 속도로 연소하여 비전기식 뇌관 또는 다른 폭발물에 불꽃을 전달한다.

Chapter 04 잠수 작업

3. 도폭선

(1) 도화선과 형상이 비슷하나 성능은 다르다.

(2) 백색의 펜트라이트(PETN)를 심약으로 하여 섬유, 플라스틱, 금속관 등으로 피복 및 방수가 된 5~5.5mm의 화공품이다.

전기식 뇌관

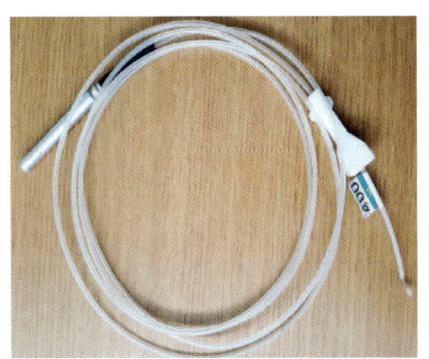 

비전기식 뇌관 및 도화선

::: 확인 문제 :::

1 도화선에 대해 잘못 기술한 것은?

① 전기식 뇌관 폭파에 사용된다.

② 1피트당 연소시간은 약 40초이다.

③ 심은 흑색화약으로써 서서히 연소한다.

④ 사용 시 6인치 정도 끊어낸다.

정답 ①

03 폭파와 폭약의 주요사항

1. 주요 폭파 이론

(1) 도폭선이나 도화선을 사용한 폭파 시 안전대피거리의 산출 공식

$$300ft \times \sqrt[3]{사용폭약(파운드)}$$

(2) 수중발파를 하 때 수압을 보정하기 위해 매 수심(m)당 0.01kg/㎥의 장약량을 증가시켜야 한다.

(3) 직경 6inch(15cm) 이상의 철봉이나 각봉을 폭약으로 절단하려 할 때 지환식(가락지)으로 장전하여야 효과가 좋다.

(4) 도화선 1ft가 타는 데 소요되는 시간은 약 35~45초이다.

(5) 직렬회로를 구성하여 수중폭파를 하려 할 때 뇌관 1개당 필요한 전류

　① 직렬회로 : 1.5amp

　② 병렬회로 : 0.6amp

(6) 폭파과정(Explosive Train)의 순서 : 기폭약 → 보조폭약 → 주폭약

(7) 수중에서 I-빔, H-빔 절단 시 폭약량 산출은 일반적으로 육상 폭파 시보다 2배 더 가산해야 한다.

(8) 수중 철판 절단에서 가장 효과적인 폭파 방법은 로프 차지(Rope Charge)이다.

2. 주요 폭약

(1) 뇌관의 첨장약과 도폭선의 심약으로 사용되는 백색폭약 : PETN

(2) 수중 철판 절단에 가장 효과적인 폭약 : 성형폭약

(3) 폭약 중 감도가 가장 둔한 폭약 : T·N·T

(4) 수중에서 앵커체인(Anchor Chain) 절단 시 가장 효과적인 폭약 : 블라스팅 젤라틴(Blasting Gelatin)

(5) 폭파속도가 가장 빠르며 온도변화에 우수한 폭약 : C-4

Chapter 04 잠수 작업

:: 확인 문제 ::

1 도화선이나 도폭선을 사용한 발파 시 최소 안전대피거리의 산출식은?

① $300yd \times \sqrt[3]{사용폭약(파운드)}$

② $300feet \times \sqrt[3]{사용폭약(파운드)}$

③ $300yd \times \sqrt[3]{사용폭약(kg)}$

④ $300feet \times \sqrt[3]{사용폭약(kg)}$

정답 ②

04 폭약 취급과 발파 후 처리

1. 폭약 취급 시 안전수칙

(1) 습하지 않는 곳에 폭약을 저장한다.
(2) 직사광선이나 화염이 있는 곳에 폭약을 두지 않는다.
(3) 뇌관을 주머니에 넣고 다니지 않는다.
(4) 뇌관과 폭약은 같은 상자에 보관하지 않는다.
(5) 폭약과 뇌관은 반드시 다른 창고에 보관해야 한다.
(6) 불발 발생 시 최소한 30분간 기다린다.
(7) 도폭선과 도화선을 착각하면 안되므로 같이 두지 않는다.

2. 발파 후 처리

(1) 폭발음 수가 점화 수와 같은가를 확인하여야 한다.
(2) 발파 후 대기시간(30분 이상)을 경과한 후에 화약류의 장전개소에 접근하여야 한다.
(3) 터널 내에서 발파 후의 가스에 의한 위험을 배제하고, 부석의 유무에 대한 점검을 한후 발파 개소에 접근하여야 한다.
(4) 발파 후 점검은 대기시간 경과 후 지휘자의 지시에 따라서 도화선의 잔재, 구멍 끝의 확인, 잔유물의 유·무 등을 점검하여야 한다.

Chapter 04 잠수 작업

(5) 유수 또는 용수가 있는 장소는 불발과 잔류약이 많으므로 특히 주의하여 점검하여야 한다.

(6) 잔류약을 확인하고 수거한 후에는 화약류 보관장소에 반납하여야 한다.

(7) 삽입봉, 삽입물은 이전장소에 정돈해 두어야 한다.

(8) 최후 발파상황을 공사책임자에게 보고하여야 한다.

(9) 수중폭파 작업 시 잠수작업의 최소 안전거리는 1,800m(2,000yd) 이상이어야 한다.

확인 문제

1 폭약취급 시 안전수칙에 관한 내용 중 틀린 것은?

① 뇌관과 폭약은 같은 상자에 보관한다.

② 사용 전 도화선은 끝에서 15cm 정도 자른다.

③ 도폭선은 도화선과 함께 보관해서는 안 된다.

④ 짧은 퓨즈를 사용하지 않는다.

정답 ②

06 보조사 및 줄신호

01 보조사 *Tender*의 역할

1. 보조사의 자격

(1) 보조사는 수중의 잠수사와 가장 밀접한 관계를 가지는 협력자로서 잠수에 관한 지식뿐만 아니라 작업을 능동적으로 보조할 수 있는 순발력, 융통성이 있어야 한다.

(2) 잠수작업의 시작과 동시에 보조사 외의 일에 개입할 수 없을 뿐만 아니라 잠수사의 모든 행동을 주시하면서 수중의 잠수사에게 비상사태가 발생했을 때는 민첩하게 안전조치를 취해야 한다.

(3) 자격기준은 최소 30세 이상이어야 하며, 직업 교육 훈련 촉진법, 유해·위험작업의 취업 제한에 관한 규칙에 따른 표면공급식 잠수의 기본과정을 수료하고, 국가기술자격 잠수기능사보 이상의 자격증을 취득한 자로서 최소한 3개월 이상의 현장 경험과 30회 이상의 잠수 경험이 있어야 한다.

2. 보조사 *Tender*가 하는 역할

(1) 줄이 느슨하지 않아야 한다.
(2) 줄신호는 주어진 절차에 따라 이루어져야 한다.
(3) 보조사는 잠수사의 상태를 알아보기 위해 2~3분에 한 번씩 줄을 한번 당겨 잠수사에게 신호해야 하며, 잠수사가 줄을 한번 당겨 신호를 보내오면 잠수사의 상태가 좋다는 뜻이다.
(4) 잠수사는 줄이 장애물에 걸리거나 늘어질 가능성이 있다는 사실을 항상 유의하여야 한다.
(5) 보조사는 생명줄에 1~1.5m의 여유를 주어 잠수사의 활동에 지장을 주지 않아야 한다.
(6) 공기 호스가 얼마 정도 풀려나갔는지를 알고 있어야 한다.
(7) 호스를 통해 오는 감각으로 잠수사의 움직임을 알 수 있어야 한다.
(8) 생명줄을 8자로 사린다.

확인 문제

1 보조사가 하는 역할 중 틀린 것은?

① 호스를 통해 오는 감각으로 잠수사의 움직임을 알 수 있어야 한다.

② 공기 호스가 얼마 정도 풀려나갔는지 알고 있어야 한다.

③ 잠수사가 항상 어디에 있는가를 알고 있어야 한다.

④ 잠수사가 활동하기 편하도록 호스를 되도록 많이 여유를 준다.

정답 ④

02 잠수신호법(안전보건공단)

신호방법	신호종류	신호내용
1. 보조사 – 잠수사에게	1번 당김	이상 유·무 확인 / 하잠 시는 정지
	2번 당김	하잠하라. / 상승 시는 너무 많이 올라왔으니 지시까지 하잠하라.
	3번 당김	상승준비
	4번 당김	상승하라.
	2-1번 당김	알았다. 또는 전화(신호)에 응하라.
2. 잠수사 – 보조사에게	1번 당김	정지 / 하잠 시는 해저도착
	2번 당김	하잠시켜라.
	3번 당김	늦추어진 줄을 당겨라(상승준비).
	4번 당김	상승시켜라.
	2-1번 당김	알았다. 또는 전화(신호)에 응답하다.
3. 특수신호	1-2-3번 당김	짧은 줄을 보내라.
	5번 당김	긴 줄을 보내라.
	2-1-2번 당김	슬레이트를 보내라.
4. 비상신호	2-2-2번 당김	나는 엉켰다. 다른 잠수사의 도움이 필요하다.
	3-3-3번 당김	나는 엉켰다. 그러나 혼자 풀 수 있다.
	4-4-4번 당김	나를 즉시 상승시켜라.

신호방법	신호종류	신호내용
5. 공기 신호	3-2번 당김	공기를 더 많이 보내라.
	4-3번 당김	공기를 줄여라.
6. 탐색 신호	① 탐색줄 없이 — 1번 당김	정지하여 너의 주위를 살펴라.
	2번 당김	줄을 늦추면 보조사로부터 멀리 가고, 줄을 당기면 보조사 쪽으로 오라.
	3번 당김	보조사를 향해 오른편으로 가라.
	4번 당김	보조사를 향해 왼편으로 가라.
	7번 당김	탐색 시작, 탐색 끝.
	② 탐색줄 사용 — 1번 당김	정지하여 너의 주위를 탐색하라.
	2번 당김	추로부터 물러나라.
	3번 당김	추를 향해 오른편으로 가라.
	4번 당김	추를 향해 왼편으로 가라.
	7번 당김	탐색 시작, 탐색 끝.

줄신호하는 잠수사

> **확인 문제**
>
> **1** 잠수사가 수중작업 중 사용하는 비상신호인 "나를 즉시 상승시켜라"의 줄신호는?
>
> ① 1-1-1　　　② 2-2-2　　　③ 3-3-3　　　④ 4-4-4
>
> 정답 ④

03 수중 탐색조사

1. 서클링(원) 탐색

소수 인원으로 수중시정이 불량한 심해에서 탐색면적이 적고 수심이 깊을 때 사용

(1) 원형 탐색의 시작점은 탐색줄의 표시, 조류의 방향, 빛이 보이는 범위, 손목 나침반에 의해 결정한다.

(2) 360° 전 방향을 탐색한 후에는 시작점에서 탐색 범위를 2배 정도 이동하여 반대 방향으로 탐색해야만 생명줄이 엉키지 않는다.

(3) 강한 조류 및 장애물로 인하여 원형 탐색이 불가능하다면 직사각형(잭 스테이) 탐색으로 전환한다.

(4) 잠수사가 부이 라인을 타고 내려간다.

2. 사자스(수영자 예인)탐색

수중 시정이 불량한 심해와 탐색면적이 넓은 지역에서 고도의 기술이 필요하며 많은 잠수사들이 수영자의 인도를 받아 탐색하는 것

3. 텐더드 탐색 Tended Search

: 조류가 세고 탐색면적이 넓은 곳에 적합한 탐색

(1) 다이빙 플랫폼(Diving Platform)에서 보조한다.

(2) 표준탐색 신호를 사용한다.

(3) 텐딩 라인(Tending Line)에 장력을 유지한다.

(4) 텐딩 라인 탐색지역에 맞게 한다.
(5) 모든 신호에 응답을 하여야 한다.
(6) 수상(Top Side)의 지시에 따른다.
(7) 탐색줄이 보조사와 연결되어야 한다.
(8) 탐색줄의 길이가 충분히 길어야 한다.

4. 잭 스테이

수중 시정이 좋고 탐색 면적이 적합한 탐색

부표   수중 릴

수색에 필요한 장비

: 확인 문제 :

1 텐더드 탐색의 설명에 해당하지 않은 것은?

① 잠수사가 부이 라인을 타고 내려간다.
② 다이빙 플랫폼에서 보조한다.
③ 표준탐색 신호를 사용한다.
④ 텐딩 라인에 장력을 유지한다.

정답 ①

07 수중촬영

01 수중촬영

1. 수중촬영 시 주의 사항
(1) 카메라가 흔들리지 않도록 하여, 셔터스피드와 조리개를 조절하여 촬영한다.
(2) 정확하게 피사체의 앵글을 잡고, 가능한 피사체를 크게 찍는다.
(3) 태양광을 고려해서 촬영한다.
(4) 피사체에 대하여 카메라를 수평으로 향하여 찍는다.
(5) 피사체의 실거리를 측정 후 카메라 눈금에 거리를 맞추어 놓고 촬영한다.
(6) 수중촬영 시 고려되어야 할 가장 중요한 사항은 물의 탁도(투명도)이다.

2. 피사계 심도
(1) 피사체 전후의 초점이 잘 맞는 것을 피사계 심도가 깊다고 하고, 피사체 전후의 초점이 흐려져 있는 것을 피사계 심도가 얕다고 한다.
(2) 동일한 조리개 값에서 초점 길이가 짧은 광각 렌즈는 피사계 심도가 깊고, 초점 길이가 긴 망원 렌즈의 피사계 심도는 얕다. 즉 피사체의 주변이 피사체의 초점보다 흐리게 나오는 것을 피사계 심도가 얕다고 하고, 피사체와 주변의 초점이 비슷할수록 피사계 심도가 깊다고 표현한다.
(3) 조리개를 이용하여 조리개를 좁힐수록 피사계 심도가 깊어지고, 열수록 심도가 얕아진다. 즉, 촬영거리가 가깝고 조리개 구멍을 크게 할수록 피사계 심도는 얕아진다. 조리개 구멍을 작게 할수록 피사계 심도는 깊어진다.

3. 기타 수중촬영의 주요사항
(1) 수중촬영 시 카메라에 사용되는 렌즈 : 표준 렌즈, 광각 렌즈, 망원 렌즈, 매크로(접사) 렌즈, 줌렌즈 등
(2) 수중전용 카메라의 경우 보통 초점거리가 35mm인 렌즈를 표준 렌즈라고 한다.(육상의 표준 렌즈는 50mm이고 수중의 표준 렌즈 35mm).
(3) 수중촬영 시에 물체를 정확하게 조명하기 위하여 스트로보(플래시)를 주제가 나타나는 곳의

약간 뒤쪽 방향에서 겨누어야 가장 좋다.
(4) 투명도가 흐린 수중에서는 스트로보 강도를 낮춰 촬영하는 것이 효과적이다.
(5) 수중용 플래시 사용 후 건전지는 분리하여 보관한다.

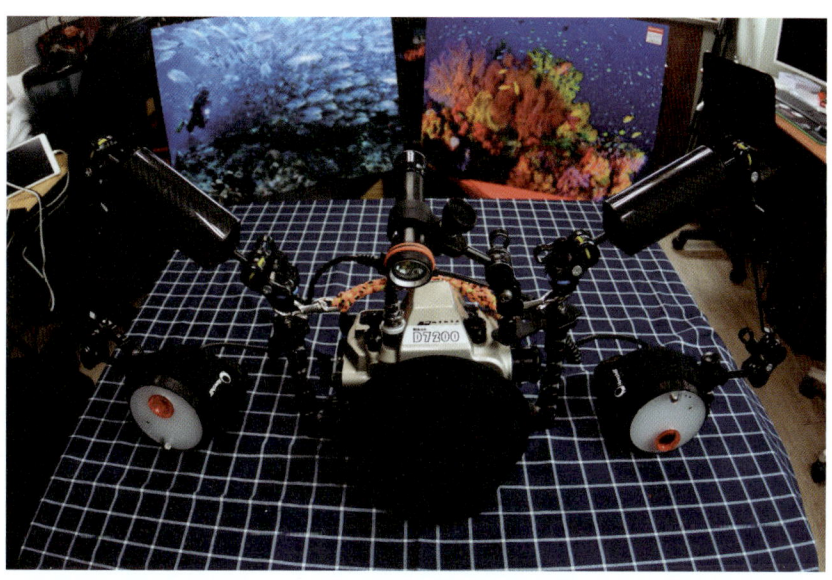

수중 카메라

확인 문제

1 다음 중 수중촬영 시 고려되어야 할 가장 중요한 사항은?

① 수온　　② 수심　　③ 물의 혼탁성　　④ 조석

정답 ③

08 구조 및 예인

01 해난구조

해난구조는 실시하는 구역에 따라 재난구조, 항만구조, 전투구조, 연안구조로 나뉜다.

1. 재난구조
(1) 특징 : 해상에서 자력 운항이 불가능한 선박과 항공기 등을 구조하는 것으로 소화, 방수, 배수 작업을 하여 부력을 회복시켜 안전한 항구나 수리 조선소를 예인한다.
(2) 적용 : 화물선은 선박의 복원력을 고려하여 적화물을 버려야 할 경우가 있으며, 또 침수되는 화물선에 곡물이 적재되었을 때는 반드시 곡물을 먼저 버려야 한다. 곡물이 수분을 흡수하게 되면 팽창하고 팽창된 곡물이 화물칸의 격벽을 파손시켜 인양 작업에서 선박의 강도를 저하시키기 때문이다.

2. 항만구조
(1) 특징 : 수로와 묘박지 등의 항만 내에서 실시되는 일반적 구조를 말하며 태풍, 적의 공격 등으로 좌초 및 침몰한 선박을 구조하여 항만 사용이 원활하도록 수로를 개통시킨다.
(2) 적용 : 비교적 수심이 낮아 효율적으로 잠수작업을 할 수 있고 연안구조에 비해 다양한 인양 작업과 공법을 활용할 수 있다.

3. 전투구조
(1) 특징 : 전투 지역 내에서 소규모 전투를 병행하면서 실시되는 구조로서 상륙 해안의 장애물 제거, 수로 개통, 좌초된 함정의 이초 및 예인, 항만 복구 등을 실시한다.
(2) 적용 : 전쟁 중 적과 대치 상태에서 신속한 구조 활동이 전개되어야 하기 때문에 다른 구조와는 달리 구조대원의 특별한 훈련과 경험, 숙달이 필요하고 지휘 통제가 요구된다.

4. 연안구조
(1) 특징 : 연안 해역에서 침몰 또는 좌초된 선박을 구조하는 것으로 해양 기상과 기후, 해안과의 거리, 자재의 신속한 지원 등을 고려해야 하므로 가장 까다롭고 어려운 분야의 구조이다.
(2) 적용 : 해상법상 연안 해역이라 함은 '바닷가와 만조수위선으로부터 영해의 외적한계까지의

바다'로 정의하고 있지만 연안구조는 상업주의를 기반으로 그 영역이 대양 및 심해저구조, 해양오염방제까지 모두 포함하고 있다.

확인 문제

1 소화, 방수, 배수 후 안전한 항구로의 예인이 주 임무인 구조는?

① 재난구조　　　② 항만구조　　　③ 전투구조　　　④ 복합구조

정답 ①

02 예인의 안전수칙

1. 즉시 분해할 수 없는 기구는 사용하지 않는다.
2. 정지하여 예색을 전달·연결한 후 기관 회전을 3~5회전씩 증가시켜 전진하며 예색을 준다.
3. 충돌 좌초의 위험이 없는 한 천해에서 예색을 길게 한 채 급회전하지 않는다.
4. 회전 시 피예선이 예선의 정횡 방향에 있지 않도록 한다.
5. 가능한 투묘 후 예색을 연결한다.
6. 심하게 꼬인 와이어는 예색으로 사용하지 않는다.
7. 침몰이 확실하다고 느껴질 때는 예색을 사용하지 않는다.
8. 풍파가 심한 해상에서 짧은 예색을 사용하지 않는다.
9. 항소 상에 피예선을 방치해두지 않는다.
10. 윤활장치가 원활하지 않으면 프로펠러를 고정시켜야 한다.
11. 피예선은 언제라도 투묘할 수 있도록 준비해 둔다.
12. 예선은 반드시 예색 감시원을 배치한다.
13. 대양 예인 시 가장 좋은 방법은 프로펠러를 제거하는 것이다.

Chapter 04 잠수 작업

:: 확인 문제 ::

1 예인 시 지켜야 할 안전수칙에 어긋나는 것은?

① 피예선의 침몰이 확실해도 예색을 자르면 안 된다.

② 피예인선에는 언제든지 투묘할 수 있도록 준비해 둔다.

③ 예선에는 예색 감시원을 배치한다.

④ 윤활장치가 원만하지 않으면 프로펠러를 고정시킨다.

정답 ①

09 기관

01 기관

1. 4행정 기관의 동력을 얻는 과정
(1) 흡입행정 : 실린더 내에 연료와 공기의 혼합공기를 흡입하는 행정
(2) 압축행정 : 실린더 내에 흡입된 새 공기를 피스톤의 상승 작용에 의해 압축하는 행정
(3) 폭발행정 : 혼합가스 연소하여 피스톤을 밀어 내리는 행정
(4) 배기행정 : 배기밸브가 열리면서 동력 행정에서 일을 한 연소가스를 실린더 밖으로 배출하는 행정

> **알아둡시다!**
> 실린더가 4개면 4기통, 실린더가 6개면 6기통이다.

2. 기관에 사용되는 윤활유의 주요사항
(1) 시동이 잘 안 걸리거나 출력이 급격히 떨어질 때, 매연이 지나치게 많이 나올 때는 기관을 즉시 정지시키고 엔진 오일량을 체크한다.
(2) 엔진오일이 부족하면 윤활기능이 떨어지고 기관 내부가 마모되며 엔진이 과열될 수 있다. 반대로 너무 많으면 마찰증가로 연비가 나빠지고 출력이 떨어진다.
(3) 기관에서 엔진을 시동하기 전에 가장 먼저 검사하여야 할 곳은 윤활유 계통이다.
(4) **윤활유가 연소실에 올라오는 원인**
   ① 피스톤과 실린더 사이의 간극이 클 때(마모에 의함)
   ② 윤활유 주입량이 과다할 때
   ③ 유압이 높아 실린더 벽에 과다한 오일을 분출시킬 때
(5) 엔진오일에 먼지가 많이 들어가면 윤활장치 순환부에 막힘이 생긴다.
(6) **기관에 사용되는 윤활유**
   ① 인화점과 발화점이 높은 것이 좋다.
   ② 점도가 클수록 온도에 대한 점도 변화가 적다.
   ③ SEA 번호는 점도점만을 나타낸다.

④ 응고점이 낮은 것이 바람직하다.

(7) **시동 후 엔진이 몇 분간 돌아가다 정지되는 경우의 원인**

① 연료의 혼합이 부적합하다.

② 엔진이 너무 차갑다.

③ 연료의 공급이 원활하지 못하다.

(8) 일반적인 소형 선외기모터(Out Side Motor)의 운전용연료(휘발류)와 윤활유의 혼합지율은 50:1이다.

> **알아둡시다!**
>
> 기관 중 일산화탄소(CO)가 가장 많이 발생되는 것은 가솔린 기관으로 대기오염의 원인이다.

확인 문제

1 다음 나열된 기관 중 일산화탄소가 가장 많이 발생되는 것은?

① 디젤 기관　　② 가솔린 기관　　③ LPG 기관　　④ Jet 기관

정답 ②

02 기관의 배수 펌프

1. 배수 펌프(디젤 펌프)의 종류

(1) **배수 펌프**(Diesel Pump) : 해난 구조 작업에서 침몰 선박의 부력 회복을 위해 사용되는 가장 중요한 장비이다.

(2) **수중 펌프**(Submersible Pump) : 펌프에 수중 모터가 달려 있어 물속에 잠긴 상태에서 배수한다.

(3) **공기식 펌프** : 일반적으로 가볍고 소형이기 때문에 취급이 용이하다.

(4) **유압 수중 펌프** : 유해 기체가 차 있거나 폭발 가능성이 있는 사고 선박의 배수 작에서 어떠한 장비와도 상관없이 자체적으로 작업을 할 수 있다.

2. 배수 펌프(디젤 펌프)의 특징

(1) 기계의 구조가 단순하다.

(2) 원리는 대개 원심력 펌프이다.

(3) 흡입에 비해 배출은 중요하지 않다.

(4) 수면과 가까울수록 효율이 높아진다.

3. 펌프 작동 시 배수되지 않는 이유

(1) 회전 속도가 너무 낮을 때

(2) 흡입 호스에서 공기가 샐 때

(3) 여과기에 이물질이 끼었을 때

(4) 흡입 호스가 펌프 헤드보다 높을 때

(5) 시동 시 흡입 호스에 물이 완전히 차 있지 않았을 때

(6) 임펠러가 막혔거나 부러졌을 때

4. 기타 주요사항

(1) 임펠러는 러너(Runner)라고도 하는데 증기 터빈이나 반동 수차에 있어서 증기 또는 물의 에너지를 받아 회전하면서 물을 빨아올리는 구조이다.

(2) 구조 선박의 배수작업을 위해 배수 펌프(Pump)를 설치할 때 가장 중요하게 다루어야 할 펌프의 부분은 석션(Suction)계통의 확인이다.

(3) 원심력 구조펌프의 흡입(양수)고는 25ft(7.7m)를 기준으로 제작되었다.

(4) 원동력이 디젤기관인 구조 펌프의 열효율은 약 32~38% 정도이다.

(5) 구조 펌프 설치 시 유지각은 15° 이상 초과해서는 안 된다.

Chapter 04 잠수 작업

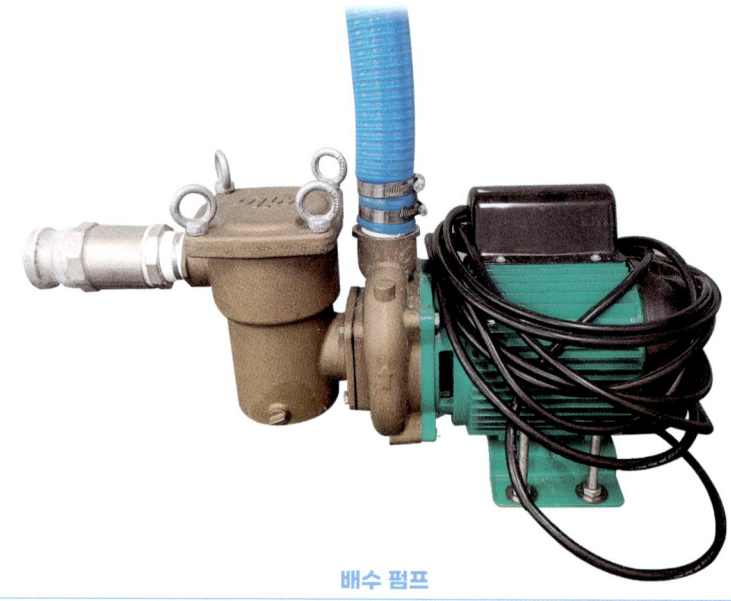

배수 펌프

: 확인 문제 :

1 배수 펌프 작동 시 배수가 되지 않는 이유 중 틀린 것은?

① 회전 속도가 너무 낮을 때
② 흡입 호스에서 공기가 샐 때
③ 흡입 호스가 펌프 헤드보다 낮을 때
④ 여과기에 이물질이 끼었을 때

정답 ③

10 해양오염

01 해양오염 방지 및 제거

1. 해양오염은 해양 생태계 파괴, 연근해 전조 발생, 지구 온난화 현상, 해수의 질을 손상, 해양환경의 퇴적성 저하, 물의 자정작용 저하 등의 영향을 준다.
2. 선체의 바닥에 부착된 해양생물들이 미치는 영향
   (1) 선박의 속도를 감소시킨다.
   (2) 연료 소비를 증가시킨다.
   (3) 다른 지역의 생태계를 교란한다.
   (4) 선체 방식장치의 효율을 저하시킨다.
   (5) 생물 종의 다양성을 감소시킨다.
3. 해양환경보존 대책
   (1) 유해방오도료 등의 사용을 금지한다.
   (2) 오탁방지시설을 한다.
   (3) 가능한 현장에서는 구조물의 제작을 피하고 가설 조립을 한다.
   (4) 레일 사용 시 밑에 완충제를 삽입하여 소음 및 진동을 최소화한다.
   (5) 유리, 금속, 석유화학제품, 플라스틱은 자연 상태에서 잘 분해되지 않으므로 재활용이나 재사용 등을 고려한다.
   (6) 해안과 수중의 쓰레기, 산업폐기물을 정기적으로 치운다.

수중 폐그물

태안 기름 유출 사고

Chapter 04 잠수 작업

:확인 문제:

1 해양오염과 가장 관계가 적은 것은?

① 해저면 확장
② 지구 온난화 현상
③ 해양생태계 파괴
④ 연근해 적조 발생

정답 ①

Chapter 04 잠수 작업
핵심 포인트

1. 수중공사
- 수중에서 인원장비 등으로 수중해저의 시설물을 설치하거나 지장물을 해체하는 공사를 수중공사라 한다.
- 시방서에는 전문시방서와 공사시방서가 있다.

2. 섬유색(로프)
- 천연 로프과 합성 로프으로 나누어진다.
- 천연 로프 : 마닐라 로프, 사이잘 로프, 대마 로프, 면사 로프
- 합성 로프 : 나일론 로프, 폴리프로필렌 로프, 폴리에스터 로프

3. 와이어로프의 구조특징 및 종류
- 와이어로프는 강선으로 만들어진다.
- 같은 굵기의 로프라도 강선의 수가 많을수록 강선이 가늘고 로프가 유연하다.
- 도금한 와이어는 가해지는 열로 인하여 10% 정도 강도가 약해진다.

4. 로프의 결색 및 취급방법
- 올가미 매듭은 제일 많이 쓰이는 매듭법이다.
- 와이어로프는 꺽이지 않게 유의해야 한다.
- 와이어로프는 그리스를 발라 보관하여야 한다.

5. 비파괴 검사 NDT : Non-destructive Testing
- 비파괴 검사는 대상물은 파괴하지 않고 진행되는 검사방법이다.
- 비파괴 검사에 주로 적용되는 방법은 7가지이다.
- 비파괴 검사 적용방법은 제품의 성질, 상태 내부구조 등에 따라 달라진다.

6. 수중용접
- 수중용접에는 크게 건식과 습식으로 나누어진다.
- 수평용접 시 15~45°를 유지한다.
- 두상용접 시 각도는 35~55°를 유지한다.
- 수직용접 시 용접봉을 하향식으로 하여야 물거품이 잠수사의 시야를 방해하지 않는다.

7. 수중절단
- 피복아크 절단은 간편하나 감전의 위험이 있다.
- MAPP가스는 감전의 위험이 없다.
- MAPP가스는 구리와 쉽게 반응하여 폭발의 위험이 있다.

8. 각종 가스용기의 도색 구분
- 산소 : 녹색
- 수소 : 주황색
- 수중절단 작업 시 철의 산화작용에 의해 가장 많이 생성되는 가스는 수소이다.

9. 수중 절단 및 용접 안전수칙
- 모든 전선의 연결점 및 전극봉 홀더에는 전류가 통과하며 노출된 부분은 완전히 절연시켜야 한다.
- 용접봉 교환 시 감독관에게 신호하여 전류를 단절시키고 교환한다.
- 수중 아크 작업 중 배기가 되지 않은 가스의 폭발 위험을 인지한다.

핵심 포인트

10. 아크 용접기
- 아크 용접기는 직류와 교류로 나누어진다.
- 직류 아크 용접기의 종류 : 전동발전형, 정류기형, 엔진구동형
- 교류 아크 용접기의 종류 : 탭 전환형, 가동철심형, 가동코일형, 리액터형

11. 피복제 Flux의 역할
- 아크를 안정시킨다.
- 용접 금속의 응고 냉각 속도를 완화시켜 조직을 좋게 한다.
- 용적을 미세화하여 용착 효율을 높인다.

12. 수중용접의 토치
- 구조가 간단해야 한다.
- 무게가 가벼워야 한다.
- 전극봉을 쉽게 갈아 끼울 수 있어야 한다.

13. 전기안전 등의 안전수칙
- 완벽한 절연을 확인한다.
- 사용 시에만 전기를 통하게 한다.
- 용접봉이 자신을 향하지 않도록 한다.

14. 폭발과 폭약
- 저성능 폭약과 고성능 폭약으로 나누어진다.
- 작업 진행 속도가 절약되고, 경제적이며 노동력이 감소하는 장점이 있다.
- 고도로 훈련된 기술자를 요구하며 까다로운 안전수칙과 위험성이 따르는 단점이 있다.

15. 발파용 폭약 기폭제(뇌관)
- 뇌관은 전기식 뇌관, 전기 지연식 뇌관, 공업 뇌관으로 나누어진다.
- 도화선은 균일한 속도로 연소하여 비전기식 뇌관 또는 다른 폭발물에 불꽃을 전달한다.
- 도폭선은 도화선과 형상은 비슷하나 성능은 다르다.

16. 폭파와 폭약의 주요사항
- 폭약 중 감도가 가장 둔한 폭약은 T.N.T
- 수중에서 앵커체인 절단 시 가장 효과적인 폭약은 블라스팅 젤라틴이다.
- 폭파 속도가 가장 빠르며 온도변화에 우수한 폭약은 C-4이다.

17. 폭약 취급과 발파 후 처리
- 습하지 않는 곳에 폭약을 저장한다.
- 폭약과 뇌관은 반드시 다른 창고에 보관해야 한다.
- 불발 발생 시 최소한 30분간 기다린다.

18. 보조사 Tender의 역할
- 줄이 느슨하지 않아야 한다.
- 줄신호는 주어진 절차에 따라 이루어져야 한다.
- 생명줄을 8자로 사린다.

19. 잠수신호법(안전보건공단)
- 모든 신호는 주어진 대로 답하라.
- 신호는 부드럽고, 절도 있게 하라.
- 신호는 위에 정해진 것 외에 필요에 따라 보조사 간에 특수신호를 제정하여 사용할 수 있다.

Chapter 04 잠수 작업

핵심 포인트

20. 수중 탐색 조사
- 원형 탐색 필수 장비 : 부표, 줄, 추
- 조류나 해류가 있는 장소에서 스쿠버 잠수로 수중조사를 할 때는 해저 바닥으로 다닌다.
- 얼음 밑 다이빙할 때 가장 중요한 안전장비는 안전밧줄이다.

21. 수중촬영
- 피사체 전후 초점이 잘 맞는 것을 피사계 심도가 깊다라고 한다.
- 피사체 전후 초점이 맞지 않는 것을 피사계 심도가 얕다라고 한다.
- 셔터스피드는 빠르게 하여야 사진이 흔들리지 않는다.

22. 해난구조
- 해난구조는 재난구조, 항만구조. 전투구조, 연안구조로 나뉜다.
- 재난구조 시 선박에 곡물 등 수분을 흡수하거나 중량이 무거워 인양에 어려움이 생기는 장애물은 제거한다.
- 구조 종류 중 연안구조가 가장 까다롭다.

23. 예인의 안전수칙
- 침몰이 확실하다고 느껴질 때는 예색을 사용하지 않는다.
- 예선은 반드시 예색 감시원을 배치한다.
- 대양 예인 시 가장 좋은 방법은 프로펠러를 제거하는 것이다.

24. 기관
- 4행정 기관 : 흡입, 압축, 폭발, 배기
- 소형 선외기의 운전용연료(휘발류)와 윤활유 비율은 50 : 1
- 시동을 걸기 전에 엔진 오일량을 체크한다.

Chapter 04 잠수 작업

핵심 포인트

25. 기관의 배수 펌프
- 배수 펌프(디젤 펌프) 종류 : 배수 펌프(디젤 펌프), 수중 펌프, 공기식 펌프, 유압 수중 펌프
- 배수 펌프(디젤 펌프)는 기계의 구조가 단순하다.
- 수면과 가까울수록 효율이 좋아진다.

26. 해양오염 방지 및 제거
- 해양오염의 영향은 해양생태계 파괴, 연근해 적조 발생, 지구온난화 현상 등
- 선체 바닥에 부착된 해양생물들은 선박의 속도를 감소시키고, 연료유 소비를 증가시킨다.
- 해양환경보존 대책으로 해안과 수중의 쓰레기, 산업폐기물을 정기적으로 치운다.

Chapter 04 잠수 작업 종합편

01 수중조사를 계획할 시 고려해야 할 사항으로 가장 거리가 먼 것은?

① 조석
② 조류
③ 선박의 운항 빈도
④ 수중구조물 탐지기 작동

02 선박이나 해양구조물의 부식방지를 위한 아노드(anode)의 재질은?

① 아연　　　② 은
③ 니켈　　　④ 납

03 공사의 세부적인 시공기준이 제시되어 있는 것은?

① 전문시방서　　　② 시공계획서
③ 단위공정표　　　④ 설계도면

04 물막이(Cofferdam)의 가장 좋은 설치 방법은?

① 간조시 설치 만조시 배수
② 정조시 설치 저조시 배수
③ 만조시 설치 만조시 배수
④ 만조시 설치 간조시 배수

05 표준양생은 콘크리트를 수중에서 양생할 때 수온을 몇도 전후로 유지하는 것을 말하는가?

① 10도　　　② 15도
③ 20도　　　④ 25도

06 방파제 축조 시 위치선정에 가장 영향을 적게 주는 요소는?

① 방파제의 길이
② 공사용 석재 공급 거리
③ 수심
④ 주변 어장의 위치

07 오탁방지막의 구성품이 아닌 것은?

① 플로트(Float)
② 캔버스(Canvas)
③ 스토퍼(Stopper)
④ 체인(Chain)

08 수심 20m에 있는 딱딱한 펄 바닥에 폭 30cm, 깊이 50cm 정도의 긴 도랑을 파려고 할때 다음 중 가장 적합한 것은?

① 공기제토기(Air Lift)
② 크레인(Crane)
③ 드릴(Drill)
④ 워터제트(Water Jet)

정답　01 ④　02 ①　03 ①　04 ④　05 ③　06 ④　07 ③　08 ④

Chapter 04 잠수 작업 종합편 | 문제은행

09 천연섬유 로프의 취급 및 보관에 관한 설명으로 가장 적합한 것은?

① 오른편색은 시계방향으로 시킨다.
② 보관시 구리스나 오일 등을 발라 그늘진 곳에 보관한다.
③ 섬유색 뭉치에서 로프를 풀 때는 바깥쪽부터 푼다.
④ 취급 시 최대한의 장력을 주어야 한다.

10 해난구조작업에 주로 많이 사용되는 로프 중 천연섬유 로프가 아닌 것은?

① 햄프   ② 시살
③ 테크론   ④ 마닐라

11 다음 섬유 로프 중 강도가 가장 큰 것은?

① 마닐라 로프
② 폴리에스테르 로프
③ 폴리프로필렌 로프
④ 나일론 로프

12 천연섬유색인 시살(Sisal)의 특징은?

① 강도는 섬유색 중 가장 높다.
② 수중에서 아주 유연하다.
③ 세색(small stuff)으로 사용치 않는다.
④ 수중용으로 많이 사용된다.

13 굵기가 다른 로프의 연결시 사용되는 결색은?

① Sheet Bend
② Constrictor Knot
③ Anchor Bend
④ Rolling Hitch

14 섬유색의 취급 및 보관에 대한 설명으로 틀린 것은?

① 일반적으로 섬유색은 직사광선에 약하므로 그늘진 곳과 통풍이 잘되는 곳에 보관해야 한다.
② 산성물질, 페인트, 구리스, 유류 등과 접촉하지 않아야 한다.
③ 섬유색을 사릴 때는 꼬임을 방지하기 위해 둥글게 또는 8자로 사려야 한다.
④ 섬유색 뭉치에서 로프를 풀 때, 엉킴방지를 위해 바깥쪽부터 풀어내야 한다.

15 와이어로프가 꺾이게 되면 파단력이 몇% 감소되어 국부적인 마모를 유발하고 강도가 약해지는가?

① 20%   ② 30%
③ 50%   ④ 60%

정답 09 ① 10 ③ 11 ④ 12 ④ 13 ① 14 ④ 15 ④

16 2 × 6 × 37의 와이어의 표시중 숫자의 의미가 옳은 것은?

① 2 = 강도
② 6 = 둘레
③ 37 = 묶음의 수
④ 37 = 각 가닥의 강선 수

17 와이어로프의 규격 표시는 다음 중 어느 것으로 하는가?

① 강도　　② 둘레
③ 직경　　④ 길이

18 와이어로프의 피단력 계산공식은?

① $C^2 × 0.9$톤　　② $C^2 × 1.2$톤
③ $C^2 × 4$톤　　　④ $D^2 × 6$톤

19 와이어로프에 크기는 무엇을 기준으로 하는가?

① 직경　　② 둘레
③ 가닥수　④ 반경

20 동일한 규격일 때 샤클(Shackle)의 강도는?

① 훅의 3배　　② 훅의 5배
③ 체인의 2배　④ 체인의 3배

21 수중용접에서 사용하는 직류 아크 발전기의 종류가 아닌 것은?

① 전동 발전식　② 기관 발전식
③ 가동 철심형　④ 정류식

22 수중에서 수평 필렛 용접시 용접봉의 각도는 몇 도를 유지하여야 가장 좋은 효과를 얻을 수 있는가?

① 진행방향 5° ~ 20°
② 진행방향 15° ~ 45°
③ 진행방향 40° ~ 55°
④ 진행방향 55° ~ 75°

23 다음 중 수중용접 시 주로 사용하는 전압은?

① 40V　　② 100V
③ 300V　 ④ 400V

24 수중용접 시 피복제(Flux)에 의해 가장 많이 생성되는 기체는?

① 산소　② 질소
③ 수소　④ 헬륨

25 수중 용접 절단 시 정극성일 경우 음(-)극의 연결은 어디에 하는가?

① 작업물
② 특별한 구분이 없다.
③ 홀더나 토치
④ 접지 클램프

정답 16 ④ 17 ③ 18 ③ 19 ① 20 ② 21 ③ 22 ② 23 ① 24 ③ 25 ③

26 용접발전기 중 발전형과 정류기형을 비교했을 때 정류기형의 특징에 속하는 것은?

① 고장이 나기 쉽고 소음이 많다.
② 보수 점검이 간단하다.
③ 구동부와 발전부로 구성한다.
④ 용접시 아크가 잘 발생하지 않는다.

27 다음 중 수중용접 시 일반적으로 널리 사용되는 발전기의 용량은?

① 200A DC
② 300A DC
③ 200A AC
④ 300A AC

28 수중용접 또는 절단시 쓰이는 용접봉 또는 절단봉에 입혀진 "피복제(Flux)"의 역할과 거리가 먼 것은?

① 아크를 안정시킨다
② 절연작용을 한다.
③ 슬래그가 되어 용착금속의 급랭을 막아 조직을 좋게 한다.
④ 용접봉 또는 절단봉의 빠른 소모를 방지한다.

29 다음 중 수중 용접에서 용접봉과 모재와의 각도로 가장 적합한 것은?

① 30°
② 45°
③ 60°
④ 15°

30 수중용접 발전기는 잠수사의 안정성을 위해서 어떤 종류의 전류를 사용하는가?

① 직류
② 교류
③ 직류나 교류나 관계없다.
④ 작업 상황에 따라 달라진다.

31 수중 수직용접에서 상향식(위보기, Overhead)으로 할 때 진행 방향 기준으로 봉의 가장 적절한 각도는?

① 5~15도
② 15~30도
③ 30~40도
④ 35~55도

32 잠수사가 수직 용접을 하려고 할 때 용접봉을 하향식으로 하면 좋은 이유는?

① 물거품이 잠수사의 시야를 방해하지 않기 때문에
② 용접각도의 유지가 용이하기 때문에
③ 강도가 연성이 높아지기 때문에
④ 전류의 조절이 유리하기 때문에

정답 26 ② 27 ② 28 ④ 29 ② 30 ① 31 ④ 32 ①

33 수중 용접 및 절단에 대한 설명 중 틀린 것은?

① 절단 토치는 산소 누설이 없어야 한다.
② 수중용접 홀더는 전도체로 되어 있다.
③ 수중용접 전선의 연결점은 완전히 절연해야 한다.
④ 수중절단의 전극 홀더는 절연체로 되어 있다.

34 용접봉(rod)을 위에서 아래로 향하며 하는 용접은?

① 수평 용접   ② 아래보기 용접
③ 위보기 용접   ④ 수직 용접

35 다음 중 수중시야가 매우 어두운 환경에서 수중용접 시 가장 적절한 차광렌즈번호는?

① NO.4   ② NO.5
③ NO.6   ④ NO.7

36 수중 수직용접을 할 때 하향식을 사용하는 이유로 가장 적합한 것은?

① 더욱 견고하게 하기 위하여
② 전류 조절이 용이하기 때문에
③ 정밀한 용접에 적합하기 때문에
④ 피복제의 기포가 시야를 방해하지 않으므로

37 수중절단시 사용되는 산소의 설명 중 해당되지 않는 것은?

① 순도는 99.5% 이상이어야 한다.
② 순도는 1% 떨어지면 절단 능력은 25% 감소된다.
③ 산소통은 녹색이며, 좌선나사이다.
④ 산소 자체는 연소하는 성질이 없고 다른 물질의 연소를 돕는 조연제의 기체이다.

38 두꺼운 철판(6mm 이상)의 수중 산소아크 절단 시 절단 표면과 전극봉의 각도로 가장 적합한 것은?

① 45°   ② 90°
③ 30°   ④ 0°

정답 33 ② 34 ④ 35 ① 36 ④ 37 ③ 38 ②

39 수중 절단 작업을 할 때 사용되는 보호렌즈에 관한 설명으로 옳지 않은 것은?

① NO. 2, 6, 8, 10 등으로 구분된다.
② 번호가 낮을수록 어두운 것이다.
③ 필요할 때마다 사용할 수 있도록 탈착이 가능해야 한다.
④ 물의 혼탁도와 작업수심에 따라 알맞은 렌즈를 선택해야 한다.

40 산소아크(OXY-ARC)방식으로 6mm의 철판을 강철관절단봉을 이용하여 절단하려고 할 때 토치의 적정산소 압력으로 가장 적합한 것은? (단, 수심에 따른 압력과 호스 길이에 따른 압력강하의 값은 고려하지 않는다.)

① 2.6kg/cm²   ② 3.7kg/cm²
③ 5.3kg/cm²   ④ 6.8kg/cm²

41 메탈아크(Metal ARC) 절단법에 관한 설명으로 옳지 않은 것은?

① 고열에 의한 용해 절단법이다.
② 산화되는 절단법이다.
③ 비철금속의 절단에 효과적이다.
④ 높은 전류가 필요하다.

42 수중 산소아크 절단 시 공기호스로 사용하였던 것을 산소호스 대용으로 사용할 수 없는 주 이유는?

① 폭발의 위험이 있다.
② 강도가 약하다.
③ 연결구가 맞지 않는다.
④ 색깔이 틀리다.

43 수심 20m에서 초고온절단봉으로 산소아크절단을 한다면 수심에 따른 압력보정값이 0.105 kgf/cm²일 때 적절한 산소압력은? (단, 육상 산소압력은 6kgf/cm² 임)

① 약 6kgf/cm²
② 약 8kgf/cm²
③ 약 10kgf/cm²
④ 약 12kgf/cm²

44 다음 중 비철금속 절단에 가장 효과적인 수중 절단 방법은?

① 산소아크(oxy-arc) 절단법
② 강철관 절단봉의 산소 아크 절단법
③ 피복아크(metal-arc) 절단법
④ 산소-수소 절단법

정답 39 ② 40 ① 41 ② 42 ① 43 ② 44 ③

45 MAPP 가스 절단방법의 설명 중 틀린 것은?

① 비금속류도 절단할 수 있다.
② 슬래그이 영향이 적다.
③ 간단한 경량 잠수기구로도 절단 가능하다.
④ 사용기체는 수소와 산소이다.

46 수중절단에서 사용되는 산소통의 설명으로 틀린 것은?

① 산소의 순도는 절단효율과 비례한다.
② 색깔은 녹색이다.
③ 사용 시 밸브는 1/2회전만 연다.
④ 우선나사를 사용한다.

47 전극봉이 모두 소모되어 교환할 시에 제일 먼저 취할 행동은?

① 전류 중단 신호를 보낸다.
② 토치를 절단 위치에서 뗀다.
③ 전극봉을 빼낸다.
④ 상승한다.

48 수중 용접과 절단에 대해 기술한 내용 중 틀린 것은?

① 수중절단과 용접을 하는 경우 교류발전기를 가장 많이 쓴다.
② 용접이나 절단작업시를 제외하고 전원은 항상 차단해야 한다.
③ 절단·용접봉의 끝단이 잠수사 쪽을 향해서는 안된다.
④ 절단과 용접에 동일한 발전기를 사용할 수 있다.

49 수중에서 전기를 사용할 때 잠수사가 지켜야 할 사항 중 틀린 것은?

① 잠수사는 자기의 몸이 작업물, 토치 및 물과 완전히 절연된 복장을 갖춘다.
② 고무장갑과 같이 절연되는 장갑을 사용한다.
③ 잠수사가 실제로 전기를 사용하지 않아도 항상 전류를 통하게 한다.
④ 용접봉을 사용하면 잠수사는 전류 통과 신호를 보낸다.

50 수중 용접 절단 작업 시 안전스위치에 관한 설명 중 틀린 것은?

① 보조사가 작동시킬 수 있는 위치에 둔다.
② 회로를 열 때는 잠수사의 지시에 따른다.
③ 회로를 닫을 때는 보조사의 판단에 의한다.
④ 모든 변동사항은 잠수사에게 지시를 받는다.

정답 45 ④ 46 ③ 47 ① 48 ① 49 ③ 50 ③

51 수중용접 또는 절단 시 사용되는 차광렌즈의 설명 중 틀린 것은?

① 눈을 보호하는 역할을 한다.
② 자외선을 차단시킨다.
③ 번호가 높을수록 밝은 것이다.
④ 차광 렌즈는 #4, 6, 8 등의 번호가 있다.

52 밀폐된 격실에서 수중 절단할 때 취해야 할 가장 중요한 조치는?

① 잠수사가 모서리에 다치지 않게 안전조치를 한다.
② 모서리에 전극봉을 잘 접촉시킨다.
③ 가스 누출구를 만들어야 한다.
④ 가능한 전류를 낮춘다.

53 직류 아크용접기의 종류가 아닌 것은?

① 정류기형
② 탭 전환형
③ 전동 발전형
④ 엔진 구동형

54 수중용접에 있어서 아크(Arc)의 안정성은 전류에 따라 어떠한가?

① 교류가 직류보다 안정성이 높다.
② 직류가 교류보다 안정성이 높다.
③ 직류와 교류는 안정성의 차이가 없다.
④ 사용환경에 따라 다르다.

55 일반적인 수중 산소아크 절단법에 관한 사항에 해당하지 않는 것은?

① 발전기가 필요없다.
② 일반적으로 가장 널리 사용되는 방법이다.
③ (-)극은 전극봉에 연결한다.
④ 정극성으로 연결한다.

56 현재 국내에서 아크 용접봉의 코드분류는 어디에 규정하고 있는가?

① ISO 9100
② KS S 6001
③ KS G 9001
④ KS D 7004

57 수중 용접 또는 절단 시 쓰이는 용접봉 또는 절단봉에 입혀진 '피복제(Flux)'의 역할과 거리가 먼 것은?

① 아크를 안정시킨다.
② 절연작용을 한다.
③ 슬래그가 되어 용착금속의 급랭을 막아 조직을 좋게 한다.
④ 용접봉 또는 절단봉의 빠른 소모를 방지한다.

정답 51 ③ 52 ③ 53 ① 54 ② 55 ① 56 ④ 57 ④

58 다음 중 수중폭파용으로 적합하지 않은 폭약은?

① 트리니트로톨루엔(Trinitrotoluene)
② 헥소겐(RDX, Hexogen)
③ C-4(Composition 4)
④ 암모늄 나이트래이트(Ammonium Nitrate)

59 다음 폭약 중 펜트리트(PETN)에 대한 설명이 아닌 것은?

① 물에 용해되지 않는다.
② 충격에는 둔감하고 마찰에는 예민하다.
③ 뇌관에는 예민하고 화염으로는 점화되지 않는다.
④ 뇌관의 첨장약과 도폭선의 심약에 사용된다.

60 다음 중 수중발파공법을 선정할 시 가장 중요하게 고려해야 하는 것은?

① 수심
② 파도
③ 조류
④ 천공조건

61 다음의 폭약 중 수중 폭파에 적합하지 않은 것은?

① 티엔티(T.N.T)
② 젤라틴 다이너마이트
③ 분말 다이너마이트
④ 교질 다이너마이트

62 비 전기식 뇌관의 기폭제인 도화선(safety fuse)의 사용 전 연소시간을 재어야 하는 이유 중 가장 적합한 것은?

① 예민도 측정 때문이다.
② 성능 및 강도검사 때문이다.
③ 대피 시간 측정 때문이다.
④ 강력한 효과를 얻기 위함이다.

63 수중작업에서의 폭약 사용 시 장점이 아닌 것은?

① 시간이 절약된다.
② 노동력이 감소한다.
③ 장비가 비교적 간단하다.
④ 작업이 안전하다.

64 수중폭파에서 사용되는 회로구성 중 그림과 같은 것은?

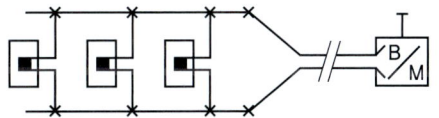

① 직렬 회로
② 병렬 회로
③ 지연식 회로
④ 직·병렬 회로

65 수중발파를 할 때 수압을 보정하기 위해 매 수심(m)당 얼마의 장약량을 증가시켜야 하는가?

① $0.01 kg/m^3$
② $0.1 kg/m^3$
③ $0.5 kg/m^3$
④ $1 kg/m^3$

정답 58 ④ 59 ② 60 ① 61 ③ 62 ③ 63 ④ 64 ② 65 ①

66 직경 15cm(6inch) 이상의 철봉이나 각봉을 폭약으로 절단하려할 시 어떠한 방법으로 장전하여야 높은 효과를 얻을 수 있는가?

① 한쪽만 장전한다.
② 지환식(Sock)으로 장전한다.
③ 대각선으로 장전한다.
④ 엇갈림식(Stagger)으로 장전한다.

67 다음 중 수중발파에 사용되는 전기뇌관의 첨장약으로 가장 적합한 폭약은?

① 펜트리트
② 니트로글리세린
③ 니트로셀룰로오스
④ C-4

68 비전기식 뇌관의 점화용이며 사용 전 15cm를 자르는 것은?

① 펜트리트
② 다이너마이트
③ 도화선
④ 도폭선

69 전기뇌관 발파 시 준수해야 할 안전수칙에 해당되지 않는 것은?

① 발파회로 내에 제조회사가 다른 전기뇌관을 사용해서는 안된다.
② 정전기가 일어나는 곳에서는 발파를 해서는 안된다.
③ 뇌우가 일어나는 곳에서 발파를 해서는 안된다.
④ 뇌관과 폭약은 안전한 장소에서 같이 보관한다.

70 수중폭파시 한번 기폭시켜 순차적으로 여러 개를 폭파시키려면 어떤 뇌관을 사용하는 것이 가장 적합한가?

① 전기식 뇌관
② 비전기식 뇌관
③ 지연식 뇌관
④ 발전식 뇌관

71 폭발에 대해 잘못 기술한 것은?

① 폭발시 화학반응으로 압력과 열의 상승이 동반된다.
② 폭발은 폭약이 고체에서 순간적으로 기체 상태로 변하는 것이다.
③ 폭파속도가 느릴수록 파괴력이 강하다.
④ 폭발물이 폭파되었을 때는 유독한 가스가 발생할 수 있다.

72 수중발파에 관한 내용으로 옳지 않은 것은?

① 폭발물을 적재한 선박으로부터 500feet(152.4m)이내에서는 발파작업을 해서는 안된다.
② 수중발파작업을 하고 있는 곳으로부터 2000yard(1828m)이내에서는 잠수를 하지 말아야 한다.
③ 불발된 폭파는 30분 후에 폭발물에 접근하여야 한다.
④ 폭발의 충격파는 잠수사의 신체가 물 표면에 어느 정도 잠겨 있느냐에 따라 손상 정도가 달라지며 물밖에 있는 신체는 영향을 받지 않는다.

정답 66 ② 67 ① 68 ③ 69 ④ 70 ③ 71 ③ 72 ①

73 폭굉의 특징이 아닌 것은?

① 기체에서 고체로 변화
② 폭속이 최초에는 낮지만 나중에는 일정해짐
③ 폭속은 1000m/s 이상
④ 폭약의 충격, 마찰, 가열 등에 의한 폭발

74 소할발파 중 가장 효율적인 발파방법은?

① 사공법   ② 복토법
③ 천공법   ④ OD법

75 수중폭파 안전수칙으로 옳지 못한 것은?

① 폭약과 뇌관은 같은 상자에 보관한다.
② 폭약 상자를 개방할 때 철재공구를 사용해서는 안 된다.
③ 뇌관을 보관용기 또는 폭약으로부터 꺼낼시 당기거나 장력을 주지 않아야 한다.
④ 뇌관을 폭파 회로에 연결할 때까지 뇌관도선의 분로장치를 제거하지 않아야 한다.

76 27 파운드의 다이너마이트 폭약을 사용하려고 한다. 최소의 안전대피거리는?

① 약 180m(600feet)
② 약 210m(700feet)
③ 약 240m(800feet)
④ 약 270m(900feet)

해설 • 300feet × $\sqrt[3]{사용폭약(파운드 : lbs, lb)}$
  • $300 × \sqrt[3]{27} = 300 × 3 = 900feet$

77 발파에 관련한 설명으로 옳지 않은 것은?

① 수중발파는 해저암의 상태에 따라 내부장약발파인 천공발파와 외부장약발파인 표면발파로 구분한다.
② 잠수사에 의한 천공방법은 주로 착암기를 사용하여 천공하며, 좁은지역이나 정밀도가 요구되는 경우에 적절하다.
③ 자유면은 1~6의 자유면이존재하며, 자유면의 수가 적을수록 발파효과가 크다.
④ 소할발파법에는 천공법, 복토법, 사공법 등이 있으며 천공법이 가장 양호하다.

78 폭발물 취급 안전수칙에 관한 설명이 옳지 않은 것은?

① 폭발물 취급에 대해 훈련받은 사람이면 취급이 가능하다.
② 화약류는 안정을 위해 얼리지 않도록 보관하여야 한다.
③ 화약류에 충격을 가해서는 안된다.
④ 화약류 주위에서는 담배를 피우지 않는다.

79 항해 중의 선박이 발파지역에서 몇m 이내에 있을 때 발파 점화를 하면 안 되는가?

① 약460m   ② 약500m
③ 약540m   ④ 약600m

정답 73 ① 74 ③ 75 ① 76 ④ 77 ③ 78 ① 79 ①

80 수중발파에서 불발탄이 발생하였을 경우 최후 폭파시도로부터 얼마 후에 불발탄을 처치하여야 하는가?

① 10분
② 15분
③ 20분
④ 30분

81 도화선이나 도폭선을 사용 전 끝에서 15cm(6인치) 정도 절단해야 하는 이유는?

① 침수 및 부식의 우려 때문
② 폭발의 위험 때문
③ 끝단에는 안전을 위해 이물질로 채워졌기 때문
④ 내수성 제재로 되어 있기 때문

82 줄신호의 특수신호 중 2-1-2의 의미는?

① 긴 줄을 보내라.
② 기록판을 보내라.
③ 공기 공급을 늘려라.
④ 나는 엉켰다. 그러나 혼자 풀 수 있다.

83 잠수사가 수중 작업 중 사용하는 비상신호인 "나를 즉시 상승시켜라"의 줄신호는?

① 1-1-1
② 2-2-2
③ 3-3-3
④ 4-4-4

84 잠수중인 잠수사가 보조사에게 "1-2-3" 신호를 보냈다. 무슨 뜻인가?

① 나는 엉켰다.
② 수중 기록판을 보내라.
③ 짧은 줄을 보내라.
④ 긴 줄을 보내라.

85 다음 줄신호 중 "통화신호 또는 줄신호에 응답하라"는 줄신호는?

① 2-1
② 1-2
③ 1-2-3
④ 2-1-3

86 줄 당김 신호 중 잠수사가 보조사에게 4회 당김의 의미는?

① 끌어 올려라
② 줄을 늦추어 달라
③ 늦춘 줄을 당겨라
④ 밑바닥에 닿았다

87 수중의 잠수사에게 표준신호에서 탐색신호로 전환하려고 지시할 때의 줄신호는?

① 잠수사가 7번 당긴다.
② 보조사가 7번 당긴다.
③ 잠수사가 4-3번을 당긴다.
④ 보조사가 4-3번을 당긴다.

정답 80 ④ 81 ① 82 ② 83 ④ 84 ③ 85 ① 86 ① 87 ②

88 다음 줄신호 중 특수신호가 아닌 것은?

① 5
② 1-2-3
③ 2-1-2
④ 2-2-2

89 줄신호 중 보조사가 잠수사에게 "상승준비" 하라는 신호는?

① 1번 당김
② 2번 당김
③ 3번 당김
④ 4번 당김

90 잠수사가 보조사에게 3회 당기는 줄신호를 하였다. 어떤 의미인가?

① 해저 도착
② 이상없음
③ 늦춘 줄을 당기시오
④ 상승시키시오

91 비상신호 중 '나는 엉켰다. 그러나 혼자 풀 수 있다.'의 줄신호 방법은?

① 1-2-3
② 2-1-2
③ 3-3-3
④ 4-4-4

92 탐색 신호 중(탐색 줄을 사용치 않을 때) "정지하여 너 있는 곳을 탐색하라"의 신호 방법은?

① 1번 당김
② 2번 당김
③ 3번 당김
④ 4번 당김

93 소수 인원으로 제한된 좁은 구역에서 수중탐색 시 사용되는 탐색방법으로 가장 좋은 것은?

① 수영자 예인탐색
② 써클링 탐색
③ 그리드라인 설치법
④ 잭스테이 탐색

94 탐색작업이 끝난 후 표준신호로 전환하고자 할 때 적합한 줄신호는?

① 잠수사가 3번을 당긴다.
② 보조사가 4번을 당긴다.
③ 잠수사가 7번을 당긴다.
④ 보조사가 7번을 당긴다.

95 하잠줄을 사용하여 잠수할 때의 장점이 아닌 것은?

① 빨리 하잠할 수 있다.
② 정확한 작업지점에 내려갈 수 있다.
③ 조류에 떠밀리지 않는다.
④ 하잠 및 상승 속도를 조절하기 쉽다.

정답 88 ④ 89 ③ 90 ③ 91 ③ 92 ① 93 ② 94 ③ 95 ①

96 수중탐색 방법 중 원형탐색의 필수 장비가 아닌 것은?

① 나침반　② 부표
③ 줄　　　④ 추

97 수중 시정이 불량한 심해에서 가장 적합한 탐색방법은?

① 서클링 탐색　② 잭스테이 탐색
③ 사자스 탐색　④ 텐더드 탐색

98 수중촬영 시 주의 사항으로 가장 거리가 먼 것은?

① 카메라가 흔들리지 않도록 해야 한다.
② 정확하게 피사체의 앵글을 잡아야 한다.
③ 가능한 피사체를 크게 찍는 것이 좋다.
④ 산호초에 몸을 단단히 지지하고 촬영을 해야 한다.

99 다음 중 수면부터 20m 범위 내의 수중촬영 시 고려되어야 할 가장 중요한 사항은?

① 탁도　② 수심
③ 수온　④ 명도

100 다음 중 수중촬영의 피사계 심도에 영향을 미치지 않는 것은?

① UV 필터
② f/stop 값
③ 피사체와의 촬영거리
④ 초점거리가 다른 렌즈의 사용

101 수중촬영법에 관한 설명으로 가장 거리가 먼 것은?

① 가능하면 피사체에 대하여 카메라를 수직으로 향해 촬영한다.
② 광각 렌즈는 가까운 곳에서 먼 곳까지 초점을 맞추기 쉬운 장점이 있다.
③ 좋은 사진을 촬영하기 위해서는 피사체에 대하여 카메라를 수평으로 향하여 찍는다.
④ 피사체의 실거리를 측정 후 카메라 눈금에 거리를 맞추어 놓고 촬영한다.

102 수중촬영 시 피사체가 빠른 속도로 움직인다면 카메라의 조리개와 셔터를 어떻게 하는 것이 가장 적절한가?

① 조리개는 닫아 주고 셔터 속도는 느리게 해준다.
② 조리개는 닫아 주고 스트로브의 광량을 낮게 한다.
③ 조리개는 열어 주고 셔터 속도는 느리게 해준다.
④ 조리개는 열어 주고 셔텨 속도는 빠르게 해준다.

정답　96 ①　97 ①　98 ④　99 ①　100 ①　101 ①　102 ④

103 수중촬영에서 고려되는 가이드 넘버(guide number)란?

① 인공광원의 광량을 말한다.
② 피사체의 심도를 말한다.
③ 셔터스피드를 말한다.
④ 조리개의 크기를 말한다.

104 수중촬영 시의 초점거리에 관한 설명 중 옳지 않은 것은?

① 초점거리가 짧아지면 화각이 넓어진다.
② 초점거리가 짧아지면 피사계 심도가 깊어진다.
③ 초점거리와 화각은 무관하다.
④ 초점거리와 사진의 넓이는 반비례한다.

105 ISO 100, f5.6/125초가 적정노출일 때, ISO를 200으로 하였다면, 적정노출의 조리개 및 셔터 스피드는?

① f5.6/60초
② f5.6/250초
③ f8/60초
④ f8/250초

106 다음 중 동일한 렌즈를 사용하여 촬영하였을 때 피사계 심도에 대한 설명이 맞는 것은?

① 촬영거리와 피사계 심도는 무관하다.
② 촬영거리가 멀수록 피사계 심도는 깊다.
③ f/stop값이 적을수록 피사계 심도가 깊다.
④ 촬영거리가 가까울수록 피사계심도가 깊다.

107 수중에서 잠수사의 눈에 피사체의 거리가 3m로 보일 때 카메라의 뷰파인더로 보는 거리는 얼마로 맞주어야 성확한 촬영이 되는가?

① 3m
② 4m
③ 5m
④ 6m

108 수중카메라 중 하우징을 사용하지 않는 수중 카메라의 사용 후 관리방법으로 틀린 것은?

① 맑은 물(담수)로 씻는다.
② 맑은 물(담수)에 5~10 분간 담근다.
③ 바로 직사광선에 말린다.
④ O-링을 검사한다.

정답 103 ① 104 ③ 105 ② 106 ② 107 ① 108 ③

109 카메라의 조리개와 관련한 내용 중 맞는 것은?

① 셔터 속도와 조리개는 비례한다.
② 조리개 구멍의 크기와 피사계 심도는 관계가 없다.
③ 조리개 구멍이 적을수록 빛이 적게 들어온다.
④ 조리개 구멍에 관계없이 빛은 일정량으로 들어온다.

110 수중 카메라의 조리개 설명으로 틀린 것은?

① 렌즈의 유효직경을 변경시키고 들어오는 광선의 양을 조절한다.
② 화상 전체의 밝기를 고르게 한다.
③ 같은 노출을 유지하기 위해서는 조리개 구멍을 작게 할수록 셔터의 속도는 빠르게 해야된다.
④ 조리개의 숫자를 작게 할수록 들어오는 빛의 양은 커진다.

111 침몰선박의 일반적인 구조 작업의 기본 순서로 옳은 것은?

① 탐색 → 방수 → 인양 → 배수 → 예인
② 탐색 → 인양 → 방수 → 배수 → 예인
③ 탐색 → 방수 → 배수 → 인양 → 예인
④ 방수 → 인양 → 배수 → 탐색 → 예인

112 다음 중 가장 어렵고 까다로운 구조는?

① 인명구조 ② 항만구조
③ 연안구조 ④ 재난구조

113 침몰선박의 인양방법에는 조석 인양, 기계적 인양, 부력 인양 등이 있는데 이러한 인양방법을 선택할 때 고려되는 사항 중 가장 비중이 낮은 것은?

① 장비 ② 수심
③ 경제성 ④ 선박의 크기

114 해난구조작업에 사용되는 와이어로프는 꺾임, 굴곡이 일어나지 않도록 해야 한다. 와이어로프가 꺾이게 되면 파단력이 몇 %가 감소되나?

① 약 40% ② 약 50%
③ 약 60% ④ 약 70%

115 해난구조작업 시 수리한 방수재의 구조 결함을 방지 및 보강하기 위해 지주목을 설치하는데, 일반적인 지주목간의 최대각도는?

① 45° ② 90°
③ 130° ④ 160°

정답 109 ③ 110 ③ 111 ① 112 ① 113 ① 114 ③ 115 ②

116 얼음 밑 다이빙(ice diving)을 할 때 기본적으로 가장 중요한 안전장비는?

① 수중전등　② 보조 공기통
③ 안전밧줄　④ 온수 잠수기 장비

117 구조용 체인 한 절(shot)의 길이는?

① 약 18m　② 약 27m
③ 약 35m　④ 약 45m

118 해난구조작업 중에 와이어(wire)의 일시적인 고리(eye)를 만들 때 사용되는 방법은?

① 쇼트 스플라이스(short splice)
② 롱 스플라이스(long splice)
③ 아이 스플라이스(eye splice)
④ 와이어로프 클립(wire lope clip)

119 해난구조방법 결정 시 고려사항으로 가장 거리가 먼것은?

① 구조를 위한 경비
② 선박의 파손상태
③ 동원 가능한 인원
④ 장비구매계획

120 침몰선에 설치하는 코퍼댐(Cofferdam, 방축)의 사용이 가능한 최고 수심은?

① 40피트　② 50피트
③ 60피트　④ 70피트

121 오일 드럼통 1개의 인양력은 약 몇 kg 인가?

① 100　② 130
③ 150　④ 250

122 다음 중 선박의 장거리 예인 시 예색의 길이로 가장 적합한 것은?

① 500 ~ 600feet
② 600 ~ 700feet
③ 900 ~ 1000feet
④ 1200 ~ 1500feet

123 좌초선을 이초할 때 사용되는 방법이 아닌 것은?

① 부력을 최대한 복원시킨다.
② 해저면과의 마찰력을 증가시킨다.
③ 조차를 이용한다.
④ 구조선 예인능력을 극대화시킨다.

정답　116 ③　117 ②　118 ④　119 ④　120 ②　121 ④　122 ④　123 ②

Chapter 04 잠수 작업 종합편 | **문제은행**

124 좌초반응력에 대해 설명한 내용 중 틀린 것은?

① 좌초반응력은 좌초선의 부력을 복원하여 줄일 수 있다.
② 좌초선의 부력과 선체 무게의 변화에 따라 그 값이 달라진다.
③ 좌초된 배를 이초시키는데 필요한 수평 당김의 힘이다.
④ 좌초반응력과 바닥의 마찰계수를 알면 이초력을 계산할 수 있다.

125 예인 시 지켜야 할 안전수칙에 어긋나는 것은?

① 윤활장치가 원만하지 않으면 프로펠러를 고정시킨다.
② 예선에는 예색 감시원을 배치한다.
③ 피예선에는 언제든지 투묘할 수 있도록 준비해 둔다.
④ 피예선의 침몰이 확실해도 예색을 자르면 안 된다.

126 다음 중 가솔린 기관에서 공기와 연료의 혼합비율로 가장 효율적인 것은?

① 10 : 1   ② 15 : 1
③ 20 : 1   ④ 25 : 1

127 엔진의 마력(Horse power)에 관한 설명이 옳은 것은?

① 소 한 마리의 힘을 말한다.
② 엔진의 크기이며, 가솔린 기관의 단위 마력이 높다.
③ 기관의 힘을 나타내는 단위이며, 단위 시간에 하는 일의 양을 말한다.
④ 기관·터빈·모터의 출력축에서의 마력은 추력마력이다.

128 선박의 수면하 파공개소 침수상태의 방수시 지주목 설치방법 중 틀린 것은?

① 지주의 길이는 그 두께의 30배를 초과하지 않게 한다.
② 쐐기는 지주목과 폭이 같아야 하고 쐐기의 길이는 폭의 6배가 적당하다.
③ 지주목 설치는 반드시 그 각이 90°를 넘게하여야 한다.
④ 뒷판(strong back)목은 지주목의 크기와 동일해야 한다.

129 기관에 사용되는 윤활유에 대한 설명으로 틀린 것은?

① 인화점과 발화점이 높은 것이 좋다.
② 점도가 클수록 온도에 대한 점도변화가 크다.
③ SEA 번호는 점도점만을 나타낸다.
④ 응고점이 낮은 것이 바람직하다.

정답 124 ③ 125 ④ 126 ② 127 ③ 128 ③ 129 ②

130 수랭식 기관에서 냉각수로 많이 쓰이는 것은?

① 해수　　② 경수
③ 청수　　④ 산성분이 많은 해수

131 침선 인양에서 배수 펌프를 이용할 시 고려되는 사항과 거리가 먼 것은?

① 가급적 용량이 큰 배수 펌프를 많이 사용해야 한다.
② 내부방수방법을 주로 사용해야 한다.
③ 흘수선 아래에 패칭이 되어 있어야 한다.
④ 펌프의 배수량 또는 침수량으로 부양 속도를 조절하여야 한다.

132 배수 펌프에 관한 설명으로 옳지 않은 것은?

① 흡입계통에 기밀이 유지되어야 한다.
② 흡입구의 수직 길이가 약 8m이내여야 한다.
③ 기계의 구조와 손질이 복잡하다.
④ 공회전시 임펠러가 손상되기 쉽다.

133 배수 펌프의 구조에서 물의 흡입에 주역할을 하는 것은?

① 회전축　　② 플라이 휠
③ 파이로트　　④ 임펠러

134 배수 펌프 설치 시 펌프의 유지각도는 몇 도를 초과해서는 안되는가?

① 15도　　② 25도
③ 30도　　④ 35도

135 배수 펌프에서 흡입과정에 주로 이용되는 힘은?

① 원심력　　② 추력
③ 중심력　　④ 원추력

136 다음의 쓰레기들 중 수중환경에 가장 나쁜 영향을 미치는 것은?

① 플라스틱류　　② 유리병
③ 음식물　　④ 종이류

137 법령에서 규정한 잠수사의 건강진단 주기에 관한 설명으로 옳은 것은?

① 일반건강진단은 1년에 1회 이상, 특수건강진단은 2년에 1회 이상
② 일반건강진단은 2년에 1회 이상, 특수건강진단은 1년에 1회 이상
③ 일반건강진단 및 특수건강진단 각각 1년에 1회 이상
④ 일반건강진단은 1년에 1회 이상, 특수건강진단은 6개월에 1회 이상

정답　130 ③　131 ②　132 ③　133 ④　134 ①　135 ①　136 ①　137 ③

138 고기압 작업에 대한 기준 법령 제6조 [잠수시간]에서는 사업주는 잠수작업에 근로자를 종사하게 하는 때의 잠수시간을 기준으로 명시하고 있다. 잠수작업 시 근로시간에 대한 내용이 옳은 것은?

① 1일 2시간, 1주 18시간을 초과하지 아니할 것
② 1일 5시간, 1주 24시간을 초과하지 아니할 것
③ 1일 6시간, 1주 34시간을 초과하지 아니할 것
④ 1일 8시간, 1주 40시간을 초과하지 아니할 것

139 법으로 규정한 잠수사의 1일 최대근로시간은?

① 4시간　　② 6시간
③ 8시간　　④ 수심에 따라 다르다.

140 잠수사의 1일 근로시간이 규정되어 있는 법령은?

① 근로기준법령
② 직업안전법령
③ 고용보험법령
④ 산업안전보건법령

141 잠수작업에 필요한 자격·면허·경험 또는 기능을 가진 근로자외의 자를 잠수작업에 고용할 수 없도록 규정한 법률은?

① 고용보험법　　② 직업안정법
③ 산업안전보건법　　④ 근로기준법

142 상법상 해난구조(salvage)의 정의를 기준으로 할 때 다음 중 해난구조가 성립되지 않은 것은?

① 좌초선박의 어초
② 선박의 화재를 집압하는 행위
③ 침몰한 선박(화물)의 인양
④ 선박 또는 적하의 구조가 없는 인명만의 구조

143 법률에 의해 잠수작업에 필요한 자격·면허·경험 또는 기능을 가진 근로자외의 자를 잠수작업에 고용했을 경우 사업주의 벌칙은?

① 500만원 과태료
② 3년 이하의 징역 또는 2천만원 이하의 벌금
③ 2년 이하의 징역 또는 2천만원 이하의 벌금
④ 1년 이하의 징역 또는 1천만원 이하의 벌금

정답　138 ③　139 ②　140 ④　141 ③　142 ④　143 ②

144 법령상 사업자의 잠수사에 대한 건강진단의무를 위반 했을 때 사업주가 받는 벌칙은?

① 500만원 이하의 과태료
② 500만원 이하의 벌금
③ 1000만원 이하의 과태료
④ 1000만원이하의 벌금

145 잠수사는 1년에 1회 이상 일반건강검진을 받도록, 법령에 명시되어 있다. 이를 위반 했을 시 사업주가 받는 벌칙은?

① 300만원 이하의 과태료
② 500만원 이하의 과태료
③ 1000만원 이하의 과태료
④ 6개월 이하의 징역 또는 300만원 이하의 과태료

146 수중작업에 필요한 면허, 자격, 경험 등을 가진 근로자 외에 당해 수중작업을 시켰다면 사업주의 벌칙은?

① 300만원 이하의 벌금
② 500만원 이하의 벌금
③ 1000만원 이하의 벌금
④ 2000만원 이하의 벌금

147 잠수사의 1일 근로시간을 초과하게 작업을 진행시켰다면 사업주가 받는 벌칙기준은?

① 3개월 이하의 징역
② 6개월 이하의 징역
③ 1년 이하의 징역 또는 1천만원 이하의 벌금
④ 3년 이하의 징역 또는 2천만원 이하의 벌금

148 부력을 제공하기 위해 침몰 선박에 부착하는 물체는?

① 폰툰(pontoon)
② 에어리프트(airlift)
③ 워터 젯(water jet)
④ 활차(beach gear)

149 자체무게가 20톤인 살베지 폰툰의 인양력은? (단, v = 1600FT^3)

① 약 46톤　　② 약 32톤
③ 약 26톤　　④ 약 12톤

정답 144 ③ 145 ③ 146 ④ 147 ④ 148 ① 149 ③

150 다음 중 풀링(Pulling) 또는 레잉(Laying) 방식의 파이프라인 공사 시 가장 적합한 접합 방법은?

① 균일 접합　② 용접 접합
③ 슬레이브 접합　④ 플렌지 접합

151 선박의 침수 방지를 위해 사용되는 지주용 방수재로 적합하지 못한 나무는?

① 전나무로 만든 것
② 매듭이 없는 곧은 것
③ 페인트칠을 한 것
④ 황송으로 만든 것

152 다음 중 침수중인 선박에서 먼저 제거해야 할 적화물은?

① 유류　② 목재
③ 철강재　④ 곡물

153 잠수사가 일정수심에서 1분 당 실제 필요한 공기량을 의미하는 것은?

① MMP　② ft^3/m
③ ACFM　④ SCFM

154 좌초선 어초에 필요한 좌초반응력을 계산할 때 사용되는 방법이 아닌 것은?

① 흘수의 변화에 의한 방법
② 과도한 전후부 둘레의 방법
③ 침수 인치당 톤수에 의한 방법
④ 선수흘수의 변화에 의한 방법

155 잠수사에게 장애를 가장 많이 주는 해저 지질의 형태는?

① 모래　② 진흙펄
③ 자갈　④ 산호질

156 침몰선의 부력복원 방법으로 적합하지 않은 것은?

① 방수 및 배수
② 공기 주입
③ 특수 거품 채우기
④ 퇴적물 준설

정답　150 ④　151 ③　152 ④　153 ③　154 ②　155 ②　156 ④

핵심기출 모의고사 1회

01 수중에서 가장 빨리 흡수되는 색은?

① 빨강　　② 주황
③ 노랑　　④ 파랑

02 다음 중 가장 무거운 물은?

① 바닷물　　② 민물
③ 증류수　　④ 빗물

03 기체의 용해도는 어느 경우에 가장 높은가?

① 온도는 낮고 압력은 높을 때
② 온도는 높고 압력은 낮을 때
③ 온도와 압력이 모두 높을 때
④ 온도와 압력이 모두 낮을 때

04 수중의 압력을 나타낼 때 사용하는 절대압력은 수압과 무엇을 합한 것과 같은가?

① 산소압　　② 질소압
③ 계기압　　④ 대기압

05 부력과 밀도와의 관계를 옳게 나타낸 것은?

① 액체의 밀도와 관계없이 부력은 일정하다.
② 물의 밀도는 공기보다 약 800배 낮다.
③ 밀도가 큰 액체가 큰 부력을 준다.
④ 물은 수심이 깊을수록 밀도가 낮다.

06 연료의 불완전연소에 의해 발생하며 무색, 무미, 무취하나 화학적 활성이 높기 때문에 인체에 치명적일 수 있는 기체는?

① 탄산가스(CO_2)
② 일산화탄소(CO)
③ 질소(N_2)
④ 헬륨(He)

07 수압1에 해당되는 해수 수심은?

① 20m(66ft)　　② 17m(55ft)
③ 10m(33ft)　　④ 3m(10ft)

08 다음 중 열의 전도율이 가장 낮은 것은?

① 철　　② 헬륨
③ 물　　④ 공기

정답　01 ①　02 ①　03 ①　04 ④　05 ③　06 ②　07 ③　08 ④

09 파도의 모양에 영향을 미치는 요소들과 가장 거리가 먼 것은?

① 바람의 방향 ② 바람의 속도
③ 수심 ④ 수온

10 해류가 있는 곳에서 하류에서 상류로의 잠수 방법으로 가장 적합한 것은?

① 수면에 떠서 전진한다.
② 바닥에 붙어서 전진한다.
③ 수면과 바닥을 교차하면서 유영한다.
④ 해류가 약해질 때를 기다린다.

11 역류(이안류)에 대한 설명 중 가장 적합한 것은?

① 항상 일정한 속도로 흐른다.
② 남극에서 적도를 향해 흐르는 해류이다.
③ 해안에서 바다 쪽으로 흐른다.
④ 수심이 얕은 곳으로 흐른다.

12 탄산음료수의 병마개를 뽑으면 거품이 솟아오르는 이유는?

① CO_2가 분해하기 때문이다.
② 용액 위의 압력이 줄어들면, 기화현상이 발생하기 때문이다.
③ 수증기가 생기기 때문이다.
④ 온도가 올라가게 되어 포화용해도가 줄기 때문이다.

13 수면에서 심호흡을 한 후 호흡을 멈춘 상태로 수심 10m까지 잠수하였다면 허파 내부 기체의 압력상태는?

① 변화가 없다.
② 압력이 증가한다.
③ 압력이 감소한다.
④ 사람에 따라 변화할 수도, 안 할 수도 있다.

14 태평양의 강한 표층해류로, 북적도해류가 필리핀의 루손섬 부근에서 북동쪽으로 방향을 틀어 일본의 동부해안까지 흐르면서 형성되었으며, 우리나라의 서해와 동해로 흐르는 난류와 가장 관계가 깊은 것은?

① 쓰시마 해류 ② 리만 해류
③ 북적도 해류 ④ 쿠로시오 해류

15 바닷물과 강물의 밀도는 어느 것이 더 높은가?

① 바닷물
② 강물
③ 수심에 따라 다르다.
④ 수온에 따라 다르다.

16 상어를 만났을 때의 조치법이나 상어 출현의 예방법과 가장 거리가 먼 것은?

① 어둡고 반사되지 않는 잠수복을 착용한다.
② 상어가 공격행동을 보일 때는 막대기, 또는 딱딱한 물체로 눈이나 코를 내리치며 방어한다.
③ 오리발(핀)로 물소리를 크게 내어 도망가게 한다.
④ 고기를 사냥하지 않는다.

정답 09 ④   10 ②   11 ③   12 ②   13 ②   14 ④   15 ①   16 ③

17 재잠수 또는 반복잠수(Repetitive Diving)란?

① 잠수 후 10분 후 12시간 이내에 잠수하는 것
② 잠수 후 1시간 후 6시간 이내에 잠수하는 것
③ 잠수 후 5분 이내 즉시 잠수하는 것
④ 잠수 후 24시간 경과 후 잠수하는 것

18 감압병(벤즈)의 치료방법으로 가장 적합한 것은?

① 재잠수를 한다.
② 온천목욕으로 휴양한다.
③ 재압챔버를 이용한다.
④ 특별한 치료법이 없으므로 안정시킨다.

19 중추신경계 감압병 증상과 가장 거리가 먼 것은?

① 현기증　　② 마비
③ 질식　　　④ 부종

20 공기색전증 환자를 병원으로 후송할 때 또는 응급처치로 가장 좋은 방법은?

① 공기 방울의 크기를 줄이기 위하여 몸을 차게한다.
② 운동을 시켜 체내의 질소가스를 빨리 배출시킨다.
③ 100%의 산소를 공급한다.
④ 진정 진통제를 복용 시키고 뜨거운 온천목욕을 시킨 후 후송한다.

21 지나치게 깊은 수심의 무호흡 잠수 시 가장 특징적으로 나타날 수 있는 건강장애는?

① CO중독증　　② 산소독성
③ 폐 압착증　　④ 폐기종

22 중이 압착증은 잠수과정 중 언제 잘 발생하는가?

① 하잠 중　　② 해저체류 중
③ 상승 중　　④ 어느 때나 똑같다.

23 수중에서 상승 시 인체에 발생된 기포가 가장 흔히 자리하는 위치는?

① 복부　　② 두부
③ 피부　　④ 관절부

24 감압표는 무엇인가?

① 잠수한 작업내용을 기록하는 표
② 잠수작업의 순서를 표시하는 표
③ 수심에 따른 잠수시간의 한계 등을 나타내는 표
④ 잠수장비의 목록을 작성하는 표

정답　17 ①　18 ③　19 ④　20 ③　21 ②　22 ①　23 ④　24 ③

25 무호흡 잠수를 할 때 수중에 오래 있기 위하여 여러 번의 심호흡을 하는 경우가 많은데 이러한 행동이 매우 위험한 이유는?

① 상승 시 저산소증을 초래하므로
② 상승 시 과탄산가스증을 초래하므로
③ 하잠 시 고산소증을 초래하므로
④ 하잠 시 과탄산가스증을 초래하므로

26 호흡기체 속의 질소는 우리 인체 성분 중 어느 것에 가장 잘 용해되는가?

① 혈액
② 지방질
③ 근육
④ 뼈

27 잠수 시 알맞은 호흡법은?

① 느리고 깊게
② 느리고 얕게
③ 빠르고 얕게
④ 빠르고 깊게

28 20m(66ft)수심에서 작업하던 스쿠버 잠수사가 최대로 숨을 들이마신 후, 잠수장비를 벗어 버리고 맨몸으로 긴급히 부상하려 한다. 허파가 파열되지 않게 하기 위해서는 이론적으로 최소 몇 L의 공기를 내뿜어야 하는가? (단, 허파의 총 용적은 6L이며 내뿜어야 하는 공기량은 대기압 상태로 구하시오)

① 6L
② 12L
③ 18L
④ 내뿜지 않아도 된다.

29 다음 중 감압병 예방을 위하여 가장 중요한 것은?

① 표면체류시간
② 잔여질소시간
③ 감압
④ 하잠률

30 공기색전증의 특징 중 틀린 것은?

① 상승 중 또는 수면 도착 10분 이내에 발생한다.
② 팔다리 마비, 어지러움증 등이 급속히 나타난다.
③ 어깨, 무릎 등에 극심한 통증이 나타난다.
④ 재압실 치료를 해야 한다.

31 다음 중 가장 깊이 잠수할 수 있는 방식은?

① 스쿠버 잠수
② 포화잠수
③ 잠수정
④ 대기압 잠수복

32 스쿠버 잠수 중 긴급 사태 발생 시 제일 먼저 버려야 할 장비는?

① 공기통
② 부력조절기
③ 칼
④ 중량벨트(Weight Belt)

33 잠수에 사용되는 고무제품은 잠수 후 어떻게 보관하는가?

① 직사광선에 말린다.
② 청수로 씻어 더운 곳에서 말린다.
③ 청수로 씻고 서늘한 곳에 보관한다.
④ 종류별로 분류하여 쌓아 보관한다.

정답 25 ① 26 ② 27 ① 28 ② 29 ③ 30 ③ 31 ② 32 ④ 33 ③

34 수쿠버용 호흡조절기(regulator)의 1단계와 2단계에 대한 설명으로 맞는 것은?

① 1단계에서의 압력은 수압보다 약 9kg/cm²(≒130psi) 정도 높은 압력이다.
② 1단계와 2단계의 압력은 수압보다 낮은 압력이다.
③ 2단계에서의 압력은 수압보다 낮은 압력이다.
④ 2단계에서 압력은 수압과 관계없이 항상 일정한 압력을 유지한다.

35 비만한 사람이 마른 사람에 비해 심해 잠수에 불리한 이유는?

① 체구가 커 특수 잠수복이 필요하기 때문이다.
② 피하층이 두꺼워 쉽게 떠오르기 때문이다.
③ 지방질이 많아 질소가 체내에 잘 녹기 때문이다.
④ 대체로 운동신경이 둔하기 때문이다.

36 부력조절기의 용도 중 틀린 것은?

① 표면에서의 부력 확보
② 하잠할 때의 부력 조절
③ 수중에서의 중성부력 유지
④ 수중물체 인양시의 부력 활용

37 나침반(compass)의 사용방법으로 옳은 것은?

① 자침이 움직일 수 있도록 수평으로 유지한다.
② 공기통에 가깝게 붙여 사용한다.
③ 알콜계 윤활유를 내부에 채워 사용한다.
④ 회전 숫자판을 제거한 후 사용한다.

38 스쿠버 잠수 시 수중칼에 관한 설명 중 틀린 것은?

① 중량벨트에 맨다.
② 허벅지 또는 종아리에 맨다.
③ 한쪽은 칼, 한쪽은 톱이다.
④ 바닷물에 강한 금속이다.

39 스쿠버용 공기통의 압력이 3000PSI는 몇 kg/cm²인가?

① 160.6kg/cm² ② 190kg/cm²
③ 210kg/cm²   ④ 230kg/cm²

40 공기압축기를 정지한 후 파이로트 밸브(pilot valve)를 잠그는 주 이유는?

① 잔여공기를 완전히 배출하기 위하여
② 공기 파이프 계통의 파손을 방지하기 위하여
③ 다음 운전시 엔진의 부하를 적게하기 위하여
④ 드레인을 빼기 위하여

정답 34 ① 35 ③ 36 ④ 37 ① 38 ① 39 ③ 40 ③

41 혼합기체(Mixe Gas) 잠수와 관련이 없는 것은?

① 헬륨은 대량생산 시 화학적인 방법을 통해 인공적으로 제조, 생산된다.
② 헬륨 등의 불활성기체와 산소를 혼합한 것이다.
③ 공기잠수에서 오는 질소마취를 배제할 수 있다.
④ 공기잠수 시 보다 더 깊이 잠수할 수 있다.

42 스쿠버 잠수의 장점이 아닌 것은?

① 체류시간의 무제한
② 양호한 기동성
③ 장비의 간편성
④ 적은 인원의 지원

43 심해 잠수용 헬멧에 부착되어 있는 역지밸브(non return valve)에 관한 내용이 옳은 것은?

① 공기 공급조절 밸브
② 공급된 공기는 나올 수 없는 밸브
③ 공기를 정화시키는 밸브
④ 산소를 사용할 때만 사용하는 밸브

44 수심측정 호스에 대한 내용 중 맞는 것은?

① 일반적으로 내경은 3/8inch이다.
② 견고한 고압호스를 사용한다.
③ 호스의 끝단이 잠수사의 가슴 정도에 위치한다.
④ 제작일자로부터 3년 경과 후 매년 압력검사로 한다.

45 수퍼라이트-17헬멧의 이어폰(earphone)과 마이크로폰(microphone)의 저항(Ω)을 맞게 짝지은 것은?

① 이어폰 – 8Ω, 마이크로폰 – 8Ω
② 이어폰 – 4Ω, 마이크로폰 – 8Ω
③ 이어폰 – 8Ω, 마이크로폰 – 10Ω
④ 이어폰 – 4Ω, 마이크로폰 – 4Ω

46 물막이 공사를 원활히 수행하기 위한 필수 검토사항에 포함되지 않는 것은?

① 위치 선정
② 단면 선정
③ 기자재 확보
④ 일정 및 시공계획 수립

47 Eye Splice에 대한 설명중 옳은 것은?

① Eye Splice는 영구적인 고리를 만들 때 사용한다.
② Thimble 없이 만드는 것을 Hard Eye라 한다.
③ Thimble 사용하여 만드는 것을 Soft Eye라 한다.
④ 20%의 강도가 감소된다.

48 선박 구난에 사용되는 나일론 로프는 같은 직경의 마닐라 로프보다 몇 배 강한가?

① 약1.5배   ② 약2.75배
③ 약3.5배   ④ 약4배

정답 41 ① 42 ① 43 ② 44 ③ 45 ① 46 ② 47 ① 48 ②

49 같은 굵기의 로프 끝단을 연결 시 가장 많이 사용되는 결색은?

① Bow Line(올가미 매듭)
② Square Knot(바른 매듭)
③ Anchor Bend(닻줄 매듭)
④ Rolling Hitch(겹감아 매듭)

50 용접에 사용되는 비파괴 검사 중 수중에서 사용불가한 검사법은?

① 방사선투과검사
② 자기탐상검사
③ 초음파투과법
④ 침투탐상검사

51 4mm 용접봉을 가지고 수평 수중용접 시 가장 적절한 전류(A)는?

① 140 ~ 180
② 170 ~ 210
③ 200 ~ 240
④ 240 ~ 280

52 MAPP가스 절단방법에 관한 설명 중 틀린 것은?

① 비금속류도 절단할 수 있다.
② 슬래그의 영향이 적다.
③ 간단한 경량 잠수기구로도 절단 가능하다.
④ 산소아크 절단보다 예열시간이 짧다.

53 다음 중 수중 Oxy-Arc 절단에 필요한 기체는?

① 산소
② LPG와 공기
③ 산소와 아세틸렌
④ 수소와 산소

54 수중 용접 및 절단 시 전류와 관련한 내용으로 틀린 것은?

① 육상용접은 AC 전원을 사용하고, 수중 용접/절단은 DC 전원을 사용한다.
② 전류는 음극(−)에서 양극(+)으로 흐른다.
③ 용접 홀더 및 절단 토치는 절연체를 사용한다.
④ 음극(−)은 작업물에 연결하고, 양극(+)은 홀더 또는 토치에 연결한다.

55 수중 산소아크 절단에 사용되는 초고온 절단봉에 관한 설명 중 틀린 것은?

① 정극성으로 하며 400A의 전류가 사용된다.
② 부도체 절단이 가능하다.
③ 장봉형은 150A, 나선형은 200~300A가 필요하다.
④ 12V 또는 24V 직류 배터리로 점화시킬 수 있다.

정답 49 ② 50 ④ 51 ② 52 ④ 53 ① 54 ② 55 ①

56 전극봉의 연소율과 전류의 관계는?

① 반비례한다.
② 제곱으로 비례한다.
③ 서로 아무런 관계가 없다.
④ 비례한다.

57 전압이 40V이고, 저항이 0.5Ω일 때 흐르는 전류의 양은?

① 20A　② 40A
③ 80A　④ 200A

58 수중발파 작업 시 정전한 폭약의 폭력이 부족하여 암석을 파괴하지 못하고 폭력이 공구쪽으로 빠져나가 전색물만 날려 보내는 것은?

① 공발　② 불발
③ 사압　④ 순폭

59 수중에서 앵카체인 절단 시 가장 효과적인 폭약은?

① 콤포지션 씨포(composition C-4)
② 초안폭약
③ AN-FO 폭약
④ 테트릴(TETRYL)

60 전기뇌관 발파 시 준수해야 할 안전수칙과 가장 거리가 먼 것은?

① 발파회로 내에 제조회사가 다른 전기뇌관을 사용해서는 안된다.
② 정전기가 일어나는 곳에서는 발파를 해서는 안된다.
③ 뇌우가 일어나는 곳에서 발파를 해서는 안된다.
④ 뇌관과 폭약은 안전한 장소에서 같이 보관한다.

정답　56 ④　57 ③　58 ①　59 ①　60 ④

:: 핵심기출 모의고사 · 2회

01 섭씨온도를 절대온도로 바꾸는 공식은?(단, K는 절대온도, C는 섭씨온도)

① K = C + 273.15
② K = C − 273.15
③ K = C + 173.15
④ K = C − 173.15

02 부피가 100L인 고무풍선을 바닷물 속에 가지고 들어갔을 때 수심 40m에서의 부피는?(단, 압력 이외의 다른 조건 변화는 무시한다.)

① 20L
② 25L
③ 33L
④ 50L

03 태양빛의 가시광선 중 물속으로 가장 깊게 들어갈 수 있는 색깔은?

① 빨강
② 노랑
③ 파랑
④ 주황

04 수중 20m에서의 계기(Gauge)압력은?

① 1기압
② 2기압
③ 3기압
④ 4기압

05 음파의 수중 전달 속도는 공기보다 약 몇 배 빠른가?

① 2배
② 3배
③ 4배
④ 10배

06 수중에서 잠수사가 소리의 방향을 대기 중에서 보다 판단하기 어려운 이유는?

① 수압 때문이다.
② 수온 때문이다.
③ 소리의 전달속도 때문이다.
④ 소리의 매질이 같으나 온도가 다르기 때문이다.

07 압력과 부피의 관계를 설명한 법칙은?

① 찰스의 법칙
② 보일의 법칙
③ 돌턴의 법칙
④ 헨리의 법칙

08 해류의 생성 원인으로 가장 거리가 먼 것은?

① 수온의 차이
② 지진과 화산폭발
③ 지구의 회전
④ 바람

정답 01 ① 02 ① 03 ③ 04 ② 05 ③ 06 ③ 07 ② 08 ②

09 수심 20m에서 공기로 호흡하고 있는 잠수사는 육상보다 몇 배 높은 밀도의 공기를 호흡하고 있는가?

① 1배
② 2배
③ 3배
④ 4배

10 조류에 대한 설명으로서 적합하지 않은 것은?

① 조류는 달과 해의 인력에 의해 생긴다.
② 만월 때 조류의 흐름이 가장 약하다.
③ 조류의 속도가 1knot 이상일 때에는 스쿠버 잠수가 불가능하다.
④ 우리나라 서해안에서 잠수 시 각별히 조류에 유의해야 한다.

11 다음 설명 중 옳은 것은?

① 수중에서는 물체가 실제보다 크고 멀리 보인다.
② 수중에서는 물체가 실제보다 가깝고 크게 보인다.
③ 수중에서는 육상보다 소리의 전달 속도가 늦어 방향 측정이 어렵다.
④ 빛의 굴절로 수중에서는 빨간색이 가장 깊은 곳까지 도달한다.

12 심해 잠수 시 사용하는 혼합기체 배합과 가장 밀접한 관계가 있는 사항은?

① 돌턴(Dalton)의 법칙
② 아르키메데스의 법칙
③ 샤를(Chales)의 법칙
④ 수심에 따른 부피변화

13 일반적으로 해면에서의 절대압력은?

① 0기압
② 1기압
③ 2기압
④ 3기압

14 절대압력 1기압은 계기압력으로 몇 기압인가?

① 0기압
② 1기압
③ 2기압
④ 10기압

15 밀도가 높은 공기를 호흡할수록 호흡저항은?

① 커진다.
② 작아진다.
③ 관계없다.
④ 온도에 따라 커지거나 작아진다.

16 재압챔버의 압력시험 중 틀린 것은?

① 시설에 처음 설치된 후 실시한다.
② 이동되어 재설치 시 실시한다.
③ 매 작동 시 시작 전마다 실시한다.
④ 매 2년마다 실시한다.

17 다음 중 잠수 시 질소마취를 예방하기 위한 방법으로 가장 적합한 것은?

① 계속 호흡한다.
② 깊이 잠수하지 않는다.
③ 초과호흡을 하지 않는다.
④ 상승속도를 천천히 한다.

18 잠수 중 고막이 파열되어 찬물이 귓속으로 들어간 경우 발생할 수 있는 증세는?

① 호흡곤란　② 심한 작열감
③ 심한 두통　④ 심한 현기증

19 감압병 환자를 치료하는 방법 중 가장 적합한 것은?

① 즉시 재압실에 넣고 치료한다.
② 즉시 수중감압을 실시한다.
③ 온천수에 찜질한다.
④ 즉시 진정제를 투여한다.

20 호흡정지 잠수(무호흡)를 하는 해녀의 경우 감압병의 발생 여부에 대한 설명으로 가장 옳은 것은?

① 얕은 수심에서 잠수하므로 발생하지 않는다.
② 호흡정지 시간이 짧으므로 발생하지 않는다.
③ 반복해서 계속 잠수하면 발생할 수 있다.
④ 어떠한 경우에도 발생하지 않는다.

21 산소중독의 예방에 관한 설명으로 가장 거리가 먼 것은?

① 산소사용한계수심을 지킨다.
② 가급적 잠수 시의 운동량을 많도록 한다.
③ 자신이 호흡하는 기체의 종류를 알고 최대 수심에서 산소분압이 어느 정도인지 파악한다.
④ 산소를 사용하여 재압치료 중이거나 감압 중에는 치료 및 감압 규정에 따라 공기호흡 주기를 지킨다.

22 감압표 사용 시 사용되는 해저체류시간이란?

① 물속에 들어가 있는 시간
② 바닥에 도착해서 바닥을 떠날 때까지
③ 해면 출발 직후부터 해저 출발 직전까지
④ 바닥에 도착한 때부터 물 위에 올라왔을 때 까지

23 감압병의 증상 중 가장 많이 발생하는 것은?

① 관절통　② 현기증
③ 신경마비　④ 의식상실

24 잠수 시 탄산가스 축적의 예방 방법과 가장 거리가 먼 것은?

① 긴장을 풀고 천천히 심호흡을 한다.
② 호흡기 성능이 좋은 것을 사용한다.
③ 잠수 중 숨을 참지 않는다.
④ 숨을 조금씩 빨리 쉰다.

25 감압병 발생과 수중 온도와의 관계 중 옳은 것은?

① 찬물에 잠수하면 찬 사이다에서 기포가 적게 생기는 것처럼 감압병 발생률이 낮다.
② 더운물에서 잠수하면 감압병이 발생하지 않는다.
③ 찬물에서 잠수하면 감압병 발생률이 증가한다.
④ 찬물에서의 잠수와 감압병은 관계가 없다.

정답　18 ④　19 ①　20 ③　21 ②　22 ③　23 ①　24 ④　25 ③

26 잔여질소시간을 산출하는 주된 이유는?

① 신체에 남아 있는 잔여질소가 빠져나갈 때까지의 시간을 알기 위하여
② 재잠수의 해저체류시간에 반드시 더해야 하는 시간을 계산하기 위하여
③ 잠수를 하기 위해 수면에 있어야 하는 최소한의 시간을 산출하기 위하여
④ 잠수 후에 남아 있는 비감압 시간의 양을 알기 위하여

27 잠수 작업을 마치고 잠수선으로 복귀한 잠수사가 수면 도착 5분 이내에 어지러움증을 호소하였다면, 어떤 건강장애일 가능성이 가장 큰가?

① 공기색전증
② 경증 감압병
③ 중증 감압병
④ 중이의 기압 증가로 인한 현기증

28 감압병을 일으키는 주 요인은?

① 과포화 상태의 질소
② 과포화 상태의 산소
③ 공기의 팽창
④ 탄산가스의 감소

29 잠수 중 일산화탄소 중독에 걸릴 우려가 있는 경우는?

① 잠수장비가 좋지 못한 것을 사용했을 경우
② 수중에서 중노동을 했을 경우
③ 심해 잠수를 했을 경우
④ 엔진 배기가스가 압축공기 중에 섞여 있을 경우

30 호흡이 정지되어 혈액순환이 장애를 받아 인체에 산소공급이 중단되었을 때 가장 먼저 손상되는 조직은?

① 허파 ② 심장
③ 신경 ④ 뇌

31 다음 중 오늘날 사용되는 스쿠버 장비의 발명에 관련이 있는 사람은?

① 죠반니 보렐리(Giovanni Borelli)
② 윌리엄 핍스(William Phipps)
③ 아우구스트 시베(Augutus Siebe)
④ 쟈크 이브 구스토(Jaques. Y. Cousteau)

32 스쿠버 잠수에서 스노클(Snorkel) 사용의 장점이 아닌 것은?

① 표면수영 시 잠수사의 피로를 덜어준다.
② 얼굴을 물속에 둔 채 수영할 수 있다.
③ 수면에서 탱크의 공기를 아낄 수 있다.
④ 잠수사의 안면압착을 예방한다.

정답 26 ② 27 ① 28 ① 29 ④ 30 ④ 31 ④ 32 ④

33 잠수복을 사용한 후 보관 방법으로 가장 적합한 것은?

① 비누로 깨끗하게 씻은 다음 보관한다.
② 양지바른 곳에서 건조한 후 보관한다.
③ 그늘에서 건조한 후 옷걸이에 걸어 보관한다.
④ 구겨진 곳을 펴기 위해 무거운 것으로 눌러둔다.

34 스쿠버용 호흡조절기(Regulator)를 사용한 후의 손질방법으로 옳은 것은?

① 원활한 공기 소통을 위해 이물질 마개를 개방해둔다.
② 해수를 씻어낼 때는 배출단추를 눌러 담수를 넣어준다.
③ 부식방지를 위해 다이아프램에 실리콘그리스를 바른다.
④ 손질이 끝나면 공기통에 연결한 후 배출단추를 눌러 공기를 통과시킨다.

35 나침반(compass)의 사용방법으로 가장 적절한 것은?

① 석유제 윤활유를 사용한다.
② 회전 숫자판을 제거하고 사용한다.
③ 공기통에 가깝게 붙여서 사용한다.
④ 사용시 수평을 유지한다.

36 국내에서 규정하는 고압기체저장통은 1차 재검사 후 2차 재검사는 몇 년 후 수압검사를 실시하는가?

① 1년   ② 2년
③ 3년   ④ 5년

37 다음 중 기체압축기 등에서 엔진오일의 양이 부족하면 어떤 현상이 나타나는가?

① 출력이 증대된다.
② 연소작용이 안된다.
③ 기관 내부가 마모된다.
④ 엔진이 과속 회전한다.

38 바위가 많은 곳에서 표면공급식 잠수장비로써 잠수를 할 때의 적절한 방법과 가장 거리가 먼 것은?

① 항상 공기를 적게 사용한다.
② 공기 호스의 여분을 가지고 다닌다.
③ 보조사로 하여금 늦추어진 줄을 당기도록 한다.
④ 공기의 사용을 증가시키고 다닌다.

39 밴드마스크(KMB) 잠수 시 비상공기통을 착용하여야 하는 기준이 되는 수심은?

① 10 m   ② 15 m
③ 18 m   ④ 23 m

정답 33 ③ 34 ④ 35 ④ 36 ③ 37 ③ 38 ① 39 ③

40 공기흡입기(Air Lift)의 파이프 직경이 10인치, 공기공급호스 직경이 2인치일 경우 분당 흡입량(ft^3)은? (단, 분당 요구 공기량을 충족한다고 가정한다.)

① 100 ~ 200
② 200 ~ 400
③ 700 ~ 800
④ 900 ~ 1000

41 수상에 요구하지 않더라고 슈퍼라이트-17헬멧을 착용한 2명의 잠수사가 수중에서 서로 통화가 가능하려면 통화선은 몇 가닥이어야 하는가?

① 2가닥
② 3가닥
③ 4가닥
④ 6가닥

42 수심측정호스에 대한 내용 중 맞는 것은?

① 일반적으로 내경은 3/8inch이다.
② 견고한 고압호스를 사용한다.
③ 호스의 끝단이 잠수사의 가슴 정도에 위치한다.
④ 제작일자로부터 3년 경과 후 매년 압력검사를 한다.

43 스쿠버 잠수시 예비공기를 사용하기 시작하면 가장 우선적으로 취해야 할 행동으로 가장 적합한 것은?

① 즉시 상승한다.
② 감독관의 지시를 받는다.
③ 하던 일을 다 끝내고 상승한다.
④ 수심에 따라 잠수사 스스로 판단한다.

44 4행정 기관의 행정 순서로 알맞은 것은?

① 흡입 → 압축 → 폭발 → 배기
② 흡입 → 폭발 → 압축 → 배기
③ 폭발 → 압축 → 배기 → 흡입
④ 압축 → 배기 → 폭발 → 흡입

45 국내에서 재압챔버(기압조절실)와 관련하여 기준과 규정을 정하고 있는 법령은?

① 고압가스안전관리법
② 산업안전보건법
③ 산업안전보건법시행령
④ 산업안전보건기준에 관한 규칙

46 표준양생은 콘크리트를 수중에서 양생할 때 수온을 몇 ℃ 전후로 유지하는 것을 말하는가?

① 10℃
② 15℃
③ 20℃
④ 25℃

47 다음 나일론 로프에 관한 설명 줄 잘못된 것은?

① 흡습성이 크고, 내후성이 적다.
② 유류에 접촉되어도 강도 저하가 없다.
③ 가벼우면서도 내구성이 강하다.
④ 신장률이 크고, 내마모성이 약하다.

정답 40 ③ 41 ③ 42 ③ 43 ① 44 ① 45 ④ 46 ③ 47 ①

48 동일한 규격일 때 샤클(Shackle)의 강도는?

① 훅의 3배 ② 훅의 5배
③ 체인의 2배 ④ 체인의 3배

49 소말뚝 매듭과 비슷하나 잘 풀리지 않도록 마지막 끝을 원줄 밑으로 넣은 매듭법은?

① Sheet bend
② Constrictor kont
③ Clove hitch
④ Timber hitch

50 수중용접작업 중 전선의 불량으로 인해 인체에 흐르는 전류가 잠수사의 근육수축을 유발하고 지배력을 상실케 하는 전류량으로 가장 적절한 것은?

① 1mA 이내 ② 2 ~ 5 mA
③ 5 ~ 10 mA ④ 10 ~ 20 mA

51 다음 중 초고온 절단봉을 구성하고 있는 특수 합금봉에 대한 설명 중 맞는 것은?

① 산소 공급을 원활하게 한다.
② 산소 공급 시 독자적인 연소와 아크를 발생한다.
③ 아크를 발생하며 전원 차단 시 아크는 꺼진다.
④ 전원공급을 수월하게 한다.

52 수중절단 작업 중 산소 공병을 교환하려한다. 고압가스 창고에 각종 색깔의 압력 용기가 있을 때 산소 용기의 색깔은?

① 흑색 ② 녹색
③ 적색 ④ 회색

53 다음 중 수중용접 및 절단 시 위험이 가장 크게 수반되는 것은?

① 수소 가스 ② 휘발유 가스
③ 연료류 ④ 페인트류

54 다음 중 직류 아크 발전기의 종류가 아닌 것은?

① 전동발전식 ② 엔진구동식
③ 정류식 ④ 탭전환식

55 피복제(flux)의 설명 중 가장 적합한 것은?

① 전극봉의 강도를 높게 한다.
② 아크를 시작하고 계속 유지시킨다.
③ 절연을 방지한다.
④ 전기가 봉의 밖으로 계속 흐르도록 유지한다.

정답 48 ② 49 ② 50 ④ 51 ② 52 ① 53 ① 54 ④ 55 ②

56 직경 8인치 파이프 또는 각봉을 폭약으로 절단할 시 가장 효과가 높은 장전 방법은?

① 정중앙 장전
② 양쪽 장전
③ 지환식 장전
④ 계단식 장전

57 비전기식 뇌관의 점화용이며 사용 시 15cm 정도를 제거하고 사용하는 것은?

① 펜트리트
② 다이너마이트
③ 도화선
④ 헥소겐(RDX)

58 도화선이나 도폭선을 사용한 발파시 최소안전 대피거리의 산출식은?

① $300yd \times \sqrt[3]{\text{사용폭약(파운드)}}$
② $300feet \times \sqrt[3]{\text{사용폭약(파운드)}}$
③ $300yd \times \sqrt[3]{\text{사용폭약(kg)}}$
④ $300feet \times \sqrt[3]{\text{사용폭약(kg)}}$

59 항해 중의 선박이 발파지역에서 몇 m 이내에 있을 때 발파점화를 하면 안되는가?

① 약 460m
② 약 500m
③ 약 540m
④ 약 600m

60 잠수작업 및 작업 전·후 보조사(tender)가 하는 작업 및 기본 준비사항에 대한 설명으로 틀린 것은?

① 생명줄을 잠수사의 활동력을 감안하여 최소 3m 이상의 여유를 준다.
② 생명줄을 8자로 사린다.
③ 공기호스가 얼마 정도 풀려나갔는지 알고 있어야 한다.
④ 호스를 통해 오는 감각으로 잠수사의 움직임을 알 수 있어야 한다.

정답 56 ③ 57 ③ 58 ② 59 ① 60 ①

핵심기출 모의고사 · 3회

01 저온 하에서 잠수복을 착용하지 않은 채 잠수를 하는 경우 체온이 급격히 떨어지는 이유와 가장 관계가 있는 것은?

① 열의 복사
② 열의 대류
③ 열의 전도
④ 열의 방사

02 다음 중 수중에서 가장 깊은 곳까지 투과되는 빛은?

① 주황
② 빨강
③ 노랑
④ 파랑

03 수면에서 심호흡을 한 후 호흡을 멈춘 상태로 물속 10m 수심까지 잠수하였을 경우 허파 내부의 공기체적(부피)의 변화는?

① 변화가 없다.
② 체적이 감소한다.
③ 체적이 증가한다.
④ 체적이 증가하다 감소한다.

04 해파가 해안으로 접근해오면 파도의 속도는 어떠한 변화를 보이는가?

① 조석작용에 의해 감소된다.
② 염분도 증가에 따라 가속된다.
③ 해저의 마찰에 의해 가속된다.
④ 해저의 마찰에 의해 감소된다.

05 태평양에서 무역풍과 가장 관계가 있는 해류는?

① 북적도 해류
② 적도 반류
③ 수중 피류
④ 쿠릴 해류

06 잠수 호흡 기체인 헬륨에 관한 설명 중 틀린 것은?

① 색, 맛, 냄새가 없는 매우 가벼운 기체로 다른 원소와 잘 결합하는 불안정한 기체다.
② 불활성기체로 질소마취와 같은 작용이 없다.
③ 가벼우므로 흡기 저항이 적어 심해잠수에 이용된다.
④ 음성이 똑바르게 나오지 않는 결점이 있다.

정답 01 ③ 02 ④ 03 ② 04 ④ 05 ① 06 ①

07 지구를 둘러싸고 있는 기체의 무게로 해면을 누르는 힘을 무엇이라고 하는가?

① 대기압　　　② 기압
③ 절대압　　　④ 계기압

08 수중에서의 소리속도를 공기에서의 소리속도와 비교하면?

① 4배 정도 빠르게 전달된다.
② 6배 정도 빠르게 전달된다.
③ 8배 정도 빠르게 전달된다.
④ 같다.

09 너울이 해안에 가까워지면 어떻게 변하는가?

① 파장이 짧아지고 파고는 낮아진다.
② 파장이 길어지고 파고는 높아진다.
③ 파장이 길어지고 파고는 낮아진다.
④ 파장이 짧아지고 파고는 높아진다.

10 다음 중 비활성기체가 아닌 것은?

① N_2　　　② O_2
③ He　　　④ Ne

11 잠수사에게 공급되는 호흡기체의 압력이 잠수사의 허파압력보다 낮으면 호흡할 때 어떤 현상이 나타나는가?

① 흡입과 배출이 모두 쉽다.
② 흡입은 어렵고 배출은 쉽다.
③ 흡입은 쉽고 배출은 어렵다.
④ 흡입과 배출이 모두 어렵다.

12 물안경 압착을 방지하려면 어떻게 해야 하는가?

① 코로 공기를 물안경 속으로 불어 넣는다.
② 물안경을 꽉 조여 맨다.
③ 물안경을 느슨하게 맨다.
④ 좋은 물안경을 쓴다.

13 대기압, 계기압 및 절대압의 관계로 가장 적합한 것은?

① 2계기압은 1대기압+1계기압을 말한다.
② 계기상에 나타난 압력의 표식은 대기압을 포함한 수치이다.
③ 절대압은 대기압과 계기압을 합한 수치이다.
④ 절대압은 대기압과 동일하다.

정답　07 ①　08 ①　09 ④　10 ②　11 ②　12 ①　13 ③

14 잠수사가 수중에서 물안경을 통해 사물을 볼 때 실제보다 크게 보이는 주된 이유는?

① 빛의 확산 현상
② 빛의 흡수 현상
③ 빛의 속도 변화 현상
④ 빛의 굴절 현상

15 잠수 중 수중의 어느 곳에서 소리가 발생하는지 구분하기 어려운 주 이유는?

① 수압으로 고막이 영향을 받기 때문이다.
② 물속에서는 소리가 전달되지 않기 때문이다.
③ 물속에서는 소리가 아주 빠르게 전달되기 때문이다.
④ 물의 무게는 고막을 찌그러뜨리기 때문이다.

16 스쿠버 잠수사가 상승 중에 호흡을 정지하였을 때의 설명으로 가장 적합한 것은?

① 기포의 잡음이 적어지므로 주위의 소리가 잘 들린다.
② 공기가 팽창하여 폐 파열의 원인이 된다.
③ 공기가 압착되어 폐 압착의 원인이 된다.
④ 질소마취가 심해진다.

17 스쿠버 잠수사가 해면상에서 호흡을 멈추고 쓰러졌을 때의 올바른 구급법은?

① 정신을 잃지 않도록 얼굴을 때리며 소생하도록 노력한다.
② 가능한 수면에서 즉시 가슴압박을 실시한다.
③ 구명의를 띄우고 주위의 도움을 요청한다.
④ 즉시 해면상에서 인공호흡을 시작해야 한다.

18 잠수 중 발생하는 외이 압착증의 예방법으로 가장 좋은 것은?

① 중이 압착증의 예방법과 같다.
② 귀마개를 착용한다.
③ 머리와 양쪽 귀를 덮는 고무모자를 쓴다.
④ 외이 속에 공기나 물이 잘 드나들게 한다.

19 잠수 중 몸속에 이산화탄소가 축적되는 원인과 가장 거리가 먼 것은?

① 수중에서의 심한 노동
② 호흡조절기의 과다한 저항
③ 공기를 아끼면서 호흡
④ 빠른 하잠

정답 14 ④ 15 ③ 16 ② 17 ④ 18 ④ 19 ④

20 잠수사에게 발생할 수 있는 이압성 골괴사의 특징에 대한 설명으로 틀린 것은?

① 대개의 경우 통증이나 관절운동 제한 등의 증상이 발생하지 않는다.
② 제일 많이 발생하는 부위는 두개골이다.
③ 주기적으로 X-ray를 찍어 진단하는 것이 가장 좋다.
④ 효과적인 예방책과 치료법은 아직 개발되지 않았다.

21 잠수사의 수심과 해저체류시간을 근거로 감압표에 의해 적절한 감압 절차를 마련하여 효율적인 잠수활동을 하기 위한 절차는?

① 감압계획
② 잠수감압표
③ 잠수기록도표
④ 반복기호지정표

22 잠수 중 상승속도는 2초에 몇 cm가 가장 적절한가?

① 15cm
② 25cm
③ 30cm
④ 35cm

23 심장으로부터 산소가 풍부한 혈액을 조직에 전달하는 혈관으로 벽이 3겹으로 되어 있는 것은?

① 동맥
② 정맥
③ 모세혈관
④ 소정맥

24 스쿠버 잠수사가 수면 도착 즉시 의식을 상실하였을 경우 가장 빈번하게 일어나는 잠수병은?

① 이산화탄소 과다증
② 중추신경계 산소 독성
③ 중증 감압병
④ 공기색전증

25 감압병 치료 방법 중 가장 바람직한 것은?

① 재압챔버로 치료한다.
② 온천목욕을 한다.
③ 얕은 물로 올라온다.
④ 수중에서 다시 잠수한다.

26 압축공기 잠수의 허용수심이 제한 받는 이유 중 가장 최초로 나타나는 것은?

① 밀도 증가로 인한 산소, 이산화탄소 교환 장애
② 중추계 산소 독성
③ 호흡계 산소 독성
④ 질소마취 현상

정답 20 ② 21 ① 22 ③ 23 ① 24 ④ 25 ① 26 ④

27 다음 중 가장 효과적인 인공호흡법은?

① 가슴을 손으로 압박하는 방법

② 복부를 손으로 압박하는 방법

③ 입과 입을 통한 인공호흡

④ 환자를 엎드리게 한 후 등을 손으로 압박하는 방법

28 공기통의 수압검사에 대한 내용중 맞는 것은?

① 공기통의 수압검사는 10년 이내는 매 5년마다 2번의 검사를 한다.

② 충전압력의 $\frac{3}{5}$배의 압력으로 재질 강도를 검사한다.

③ 공기통에는 사용 후에 항상 공기를 완전히 비워두어야 한다.

④ 공기통을 매년 수압검사를 하도록 법으로 규정하고 있다.

29 공기감압표상 반복기호지정표의 의미는?

① 반복해서 잠수한 수심

② 잔여질소량의 알파벳 문자

③ 표면경과시간

④ 반복하는 감압표

30 선체의 바닥에 부착된 해양생물들이 미치는 영향에 관한 내용이 틀린 것은?

① 선박의 속도를 감소시킨다.

② 연료유 소비를 증가시킨다.

③ 다른 지역의 생태계를 교란한다.

④ 선체 방식장치의 효율을 증대시킨다.

31 스쿠버 잠수장비의 장점이 아닌 것은?

① 장구를 빨리 해체할 수 있다.

② 적은 인원으로 지원이 가능하다.

③ 기동성이 좋다.

④ 해저 체류시간을 무한정로 할 수 있다.

32 사용 중인 잠수복(wet suit)을 보관유지 할 때 가장 좋은 방법은?

① 직사광선에 말린다.

② 선선하고 그늘진 곳에 걸어둔다.

③ 상자에 넣어둔다.

④ 비닐봉지에 밀폐시켜 보관한다.

33 에어 리프트(Air lift)란?

① 공기를 분사하는 장치

② 공기를 이용하여 모래 등을 빨아올리는 장치

③ 공기를 이용하여 모래 등을 불어내는 장치

④ 물을 이용하여 모래 등을 퍼올리는 장치

정답 27 ③ 28 ① 29 ② 30 ④ 31 ④ 32 ② 33 ②

34 상용압력이 3000psi 인 공기통을 수압검사할 때 약 몇psi까지 압력을 올리는가?

① 3000psi　　② 5000psi
③ 6000psi　　④ 9000psi

35 동력전달장치의 엔진에 윤활유를 보충 시 적정량보다 과다하면 발생할 수 있는 1차적인 요인은?

① 공기가 오염된다.
② 기관의 회전속도가 빨라진다.
③ 기관의 회전속도가 늦어진다.
④ 연소실에 윤활유가 올라와 연소된다.

36 표면공급식 잠수가 스쿠버 잠수보다 유리한 이유가 아닌 것은?

① 잠수를 오래할 수 있다.
② 기동성이 좋다.
③ 안전 및 작업진척 확인이 용이하다.
④ 통신이 용이하다.

37 수퍼라이트 헬멧의 역지밸브(Non-Return) 검사는 언제 하는가?

① 매일 첫 잠수 전
② 잠수 후 세척 시
③ 일주일 간격으로
④ 잠수 후 보관 시 한 번씩

38 다음 수심측정호스에 대해 틀린 것은?

① 내경 1/4 인치이다.
② 외경 3/8 인치이다.
③ 제작일로부터 5년 경과 후 매년 압력시험 한다.
④ 약 150psig로 압축했을 때 압력감소 없이 1분간 유지해야 한다.

39 수심 40m에서 잠수 작업 시 호흡 여과기 표준 공기순도의 한계를 벗어나는 기체는?

① 산소 : 20% ~ 22%
② 탄화수소 : 최대 35ppm
③ 일산화탄소 : 최대 20ppm
④ 이산화탄소 : 최대 1000ppm

40 기체압축기 동력장치로서 기관식 장치에 대한 설명 중 옳은 것은?

① 전원이 없어도 사용가능하고 휴대가 간편하다.
② 전기식에 비해 소음이 적다.
③ 매연이 발생하지 않는다.
④ 2행정 기관의 행정순서는 흡입-폭발, 압축-배기이다.

정답　34 ②　35 ④　36 ②　37 ①　38 ②　39 ②　40 ①

41 잠수현장에 용량이 부족한 저압공기압축기가 있다면 또 다른 저압공기압축기를 연결하여 사용하면 용량과 압력은 어떻게 되는가?

① 용량은 2배 증가, 압력은 1배 감소
② 용량은 2배 증가, 압력은 일정
③ 용량과 압력이 일정
④ 용량과 압력이 감소

42 재압챔버의 압력 검사 시기에 대한 설명 중 틀린것은?

① 최초 설치 시
② 제작일자로부터 매2년마다
③ 이동 또는 재설치 시
④ 설치된 장소에서 5년마다

43 챔버의 기본 밸브 색깔 중 틀린 것은?

① 산소공급밸브 : 녹색
② 공기공급밸브 : 회색
③ 공기배출밸브 : 은색
④ 헬륨 – 산소밸브 : 오렌지색

44 다음 중 잠수종(diving bell)의 중요 구성요소로 적합하지 않은 것은?

① 기체장치   ② 원격장치
③ 아크릴 돔   ④ 통화장치

45 물갈퀴(swim fins)에 관한 내용 중 틀린 것은?

① 추진력을 증가시킨다.
② 상승 및 하잠시 기동력이 증가된다.
③ 양손을 다른 목적으로 사용하는데 도움을 주지 못한다.
④ 유연성과 기동성을 부여한다.

46 수중에서 단단한 펄의 고랑을 파거나 쌓여있는 퇴적물을 해체시킬 때 쓰이는 장비로 가장 적합한 것은?

① 굴삭기   ② 워터젯트
③ 공기식 펌프   ④ 공기흡입기

47 합성섬유색의 특징으로 옳은 것은?

① 내구성이 낮다.
② 비중이 높다.
③ 유연도가 낮다.
④ 강도가 강하다.

48 와이어 클립 체결시 클립간 간격 공식은?

① $D \times 4$ ② $D \times 5$
③ $D \times 6$ ④ $D \times 7$

정답 41 ② 42 ④ 43 ③ 44 ② 45 ③ 46 ② 47 ④ 48 ③

49 굵기가 다른 로프의 연결 시 사용되는 결색은?

① Sheet Bend(묶기 매듭)
② Constrictor Knot(콘스트릭터 매듭)
③ Anchor Bend(닻줄 매듭)
④ Rolling Hitch(겹감아 매듭)

50 정극성으로 결선할 때 수중용접에서 모재에 공급되는 전극은?

① 양극(+)
② 음극(-)
③ AC전원
④ 양극과 음극의 교차

51 피복 금속 아크(METAL-ARC) 절단에 가장 많이 사용되는 전극봉은?

① 강철관 절단봉
② 탄소 가우징 절단봉
③ 방수처리된 일반용접봉
④ 초고온 용접봉

52 다음 중 수중용접 및 절단작업의 특성에 대한 설명으로 옳은 것은?

① 전선의 크기는 mm^2로 나타낸다.
② 차광렌즈가 어두울수록 번호(No)가 낮다.
③ 절단작업시 산소병은 20℃ 이하로 유지한다.
④ 용접시 정극성은 봉의 녹음이 빠르다.

53 수중 피복아크 절단에 대한 내용과 가장 거리가 먼 것은?

① 산소 사용을 못할시 비상수단으로 사용된다.
② 놋쇠, 청동 등 비철금속에 효과적이다.
③ 얇은 철판의 절단에 효과적이다.
④ 산화삭용에 의해 질단된다.

54 수중용접봉의 피복제(flux)에 대한 설명 중 가장 거리가 먼 것은?

① 아크를 안정시킨다.
② 절연 역할을 한다.
③ 녹슬지 않게 한다.
④ 물의 접촉을 막는 기포막을 형성한다.

55 T.N.T 27 파운드를 사용하여 폭파시 안전대피거리는?

① 900 피트
② 1000 피트
③ 1200 피트
④ 1500 피트

정답 49 ① 50 ① 51 ③ 52 ① 53 ④ 54 ③ 55 ①

56 폭발물의 반응을 나타내는 "m/s"는 무엇을 말하는가?

① 폭파 속도
② 예민도
③ 화약계수
④ 도화선의 연소시간

57 수중조사를 계획할 시 고려해야 할 사항으로 가장 거리가 먼 것은?

① 조석
② 조류
③ 선박의 운항 빈도
④ 수중구조물 탐지기 작동

58 폭약취급 시 안전수칙에 관한 내용 중 틀린 것은?

① 뇌관과 폭약은 같은 상자에 보관한다.
② 사용 전 도화선은 끝에서 15cm 정도 자른다.
③ 도폭선은 도화선과 함께 보관해서는 안 된다.
④ 짧은 퓨즈를 사용하지 않는다.

59 수중용접 및 절단에서 잠수사와 잠수보조자(Tender)의 준수사항으로 가장 적합한 것은?

① 실제로 용접이나 절단을 할 때 전원은 항상 도통시켜야 한다.
② 잠수사는 토치(Torch)와 접지 사이에 들어가서 작업해야 한다.
③ 절단봉 교환 시 전원을 차단하고 실시한다.
④ 양극(+)에 전극봉을 연결한다.

60 잠수사가 수중 작업 중 사용하는 비상신호인 "나를 즉시 상승시켜라"의 줄신호는?

① 1-1-1
② 2-2-2
③ 3-3-3
④ 4-4-4

정답 56 ① 57 ④ 58 ① 59 ③ 60 ④

저자

표형근

㈜한국과학잠수연구소[KSDI] 대표이사
(사)한국수중과학회 이사
(사)대한수중핀수영협회 이사
세계수중연맹[CMAS] Instructor Trainer

류석민

군산대 수산학석사
잠수산업기사
에스엠해양안전 대표
세계수중연맹[CMAS] Instructor

출제기준에 딱 맞춘
빠른합격 잠수기능사 필기 총정리

2024년 2월 15일 인쇄
2024년 2월 24일 발행

저자 | 표형근, 류석민

저자와의 협의하에 인지첨부 생략

발행인 | 김정태
발행처 | 도서출판 미림원
출판신고 | 제2023-000025호
주소 | 경기도 남양주시 다산중앙로 146번길 7
전화 | 031-513-4600
팩스 | 031-513-4900

ISBN 978-89-94204-63-5 13530
정가 25,000원

- 파본은 구입하신 서점에서 교환해 드립니다.
- 이 책은 저작권법에 의해 보호받는 저작물이므로 무단전재와 복제를 금합니다.